꿈과 반역의 실학자

유수원

꿈과 반역의 실학자
유수원

초판 제1쇄 발행   2007. 9. 20.
초판 제2쇄 발행   2009. 2. 16.
지은이   한영우
펴낸이   김경희
펴낸곳   ㈜ 지식산업사
　　　　본사　●　경기도 파주시 교하읍 문발리 520-12
　　　　　　　　전화 (031)955-4226~7 팩스 (031)955-4228
　　　　서울사무소　●　서울시 종로구 통의동 35-18
　　　　　　　　전화 (02)734-1978　팩스 (02)720-7900
　　　　인터넷영문문패　www.jisik.co.kr
　　　　전자우편　jsp@jisik.co.kr
　　　　등록번호　1-363
　　　　등록날짜　1969. 5. 8.

책값은 뒤표지에 있습니다.

ISBN 978-89-423-1102-6　　03990

이 책을 읽고 문의하고자 하는 이는
지식산업사 전자우편으로 연락 바랍니다.

책을 내면서

4년 전에 정년을 맞이한 뒤로 전에 발표했던 인물 관련 논문들을 하나씩 책자로 펴내는 일에 몰두해 왔다. 올해 초에 발간한 《실학의 선구자 이수광》이 첫 번째이고, 이번에 내는 유수원이 두 번째다. 곧 펴낼 수성기의 제갈량 양성지(梁誠之)는 세 번째가 될 것이다.

《우서(迂書)》라는 명저를 내놓은 소론계 인사 유수원(柳壽垣)은 영조대 을해옥사(乙亥獄事, 1755)에 연루되어 형장의 이슬로 사라지고, 그 후손들의 행방이나 무덤조차 어디에 있는지 알 수 없는 미궁의 인물이지만, 그가 생전에 남긴 발자취는 놀라운 것이었다.

《우서》는 당대에도 기서(奇書)로 평가되어 조정 대신들 사이에서 회자되었고, 영조는 그를 불러 관제개혁의 방안을 묻고 이를 개혁에 반영시키기도 했다. 균역법(均役法)도 《우서》에 자극받은 바가 크다고 본다. 특히 당쟁의 폐단과 그 배경이 되는 양반문벌(兩班門閥)을 정면으로 비판하고 나선 것은 가슴을 서늘하게 할 만큼 신랄하다.

유수원은 귀가 어두워 스스로 호를 농암(聾巖)이라 했다. 양성지도 말이 어눌하여 스스로 눌재(訥齋)라는 호를 썼으니, 신체적 약점이 오히려 사람을 더욱 강하게 만드는 것인지도 모르겠다.

작년에 한림대학 한국학연구소 사업으로 《다시, 실학이란 무엇인가》를 엮어 냈는데 기대 이상으로 학계의 관심을 끌고 있다. 실학에 대한 열기가 식지 않았다는 증좌(證左)일 것이다. 유수원은 실학자로서 큰 주목을 받지 못했으나, 앞으로는 실학(實學) 또는 북학(北學)을 이해하는 데 비켜갈 수 없는 인물로 평가될 것이다.

대학의 현직을 떠난 뒤로 연구생활을 계속할 수 있게 된 것은 나를 특임교수로 받아 준 한림대학교의 배려와 지원 덕이다. 학교당국에 먼저 감사를 표하지 않을 수 없다.

원고를 직접 읽고 미숙한 표현을 바로잡아 준 대학 동문 김경희 사장과 김성률 씨를 비롯한 편집부 여러분의 노고에도 감사를 드린다.

2007년 9월

한 영 우

차 례

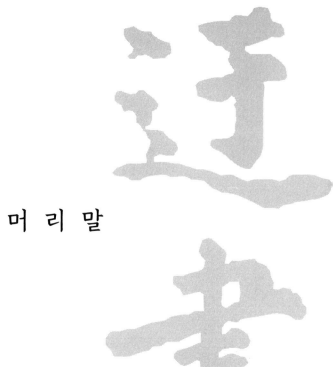

머 리 말

머리말

　조선 후기 실학사상(實學思想)을 이해하는 데 빼놓을 수 없는 인물이 귀머거리 학자 농암(聾庵) 유수원(柳壽垣, 1694~1755)이다. 그는 당쟁이 치열했던 경종-영조 대 전반기에 활동했던 인물로서 노론(老論)과 경쟁관계에 있던 소론(少論) 가문이었다. 노론이 득세한 시대에 그는 관리로서는 크게 현달하지 못하고, 마침내 소론 급진파의 역모(逆謀)에 몰려 영조 31년(1755)의 을해옥사(乙亥獄事)에 연루되어 62세로 생애를 마쳤다.

　역모로 일생을 마감했기 때문에 그는 조선왕조가 멸망할 때까지 거의 200년 동안 누구도 공개적으로는 그를 언급하지 않았다. 그러나 그가 40대에 저술한 명저 《우서(迂書, 1729~1737 무렵)》는 왕조가 망한 일제시대부터 다시 조명을 받기 시작했다.

　《우서》를 처음으로 학계에 소개한 것은 1915년 조선총독부에서 발행한 《조선도서해제(朝鮮圖書解題)》로서, 그 사부(史部)에서 작자를 미상으로 보고, 그 내용은 "정령(政令)에 관한 77종의 사항을 들어 그 연혁과 이해편부(利害便否)를 문답체로 기술하고 소견을 발표한 내용"이라고 소개했다. 다시 말해 《조선도서해제》를 편찬한 일본인 서지학자 마에마 코사쿠(前間恭作)는 《우서》는 알고 있었으나, 그 작자는 모르고 있었다.

그 뒤 조선총독부에서 1937년에 편찬한 《조선인명사전(朝鮮人名辭書)》에서는 《우서》의 저자를 '유수항(柳壽恒)'으로 오기(誤記)하고, 《문과방목(文科榜目)》에 소개된 간단한 인적 사항을 소개했다. 다시 말해 《문과방목》을 통해 유수원의 신원을 일단 확인하는 데는 성공했으나, '원(垣)'이라는 글자를 '항(恒)'으로 잘못 알았던 것이다.

이렇게 유수원과 《우서》가 차츰 학계에 알려지면서 《우서》를 조선시대 연구자료로 직접 이용한 첫 연구자는 시카타 히로시(四方博)였다. 그는 1938년에 발표한 〈이조 인구에 관한 신분계급별적 고찰〉(《조선경제의 연구》에 수록)에서 《우서》에 대해 다음과 같은 주기(註記)를 달았다. "저자 미상, 시대는 대체로 현종으로부터 숙종에 이르는 시대, 즉 우리들이 문제로 삼는 시기의 초년 무렵이라 추측된다. 여러 문제에 대한 견해가 매우 투철하며, 이조인(李朝人)의 저작으로서는 이색적인 것이다." 여기서 시카타는 조선 후기 신분계급을 연구하는 과정에 《우서》에서 제기한 양반문벌(兩班門閥)에 관한 언급을 17~18세기 초의 신분계급상을 알려주는 원사료로 이용했던 것이다. 시카타는 《우서》의 저작시대를 사실에 가깝게 이해하고 있으나, 그도 《우서》의 저자가 누구인지는 모르고 있었다.

한편, 일제시대 한국인으로서 《우서》와 그 저자인 유수원을 정확하게 언급한 이는 위당(爲堂) 정인보(鄭寅普)였다. 그는 1942년에 쓴 〈해학유서서문(海鶴遺書序文)〉에서 유수원을 조선 후기 실학자(實學者)의 한 사람으로 꼽았다. 정인보는 유수원이라는 인물을 처음으로 정확하게 이해하고 있었으며, 그를 '실학자'의 한 사람으로까지 인정했는데, 이는 정인보가 유수원과 마찬가지로 소론계(少論系) 인사였기 때문일 것이다. 다시 말해 유수원이 죽은 뒤에도 200년 동안 소론계(少論系) 인사들 사이에서는 유수원의 이름이 잊혀지지 않고 기억되고 있었음을 알 수 있다.

실제로 《우서》는 유수원 당대에도 이미 소론 대신(大臣)들 사이에
서는 기서(奇書)로서 큰 주목을 받았다. 영조 13년(1737) 10월 24일에
이종성(李宗城)은 대신들이 유수원과 《우서》에 관해 논하는 자리에서
"유수원이 … 일서(一書)를 편찬했는데, 시정(時政)의 득실을 극론하
고, 근원을 찾아내고 맥락이 관통했다"고 평했다.[1]

한편 같은 자리에서 이광좌(李光佐)도 "나도 일찍이 그 책을 보았
는데 참으로 기이한 책이었다. 스스로 《우서》라고 불렀다"고 말했
다. 이어 윤순(尹淳)은 "조현명(趙顯命)이 그 책을 일러 동서(東書)라고
했는데 모두 7권이다. 이 책은 국가의 적폐가 골수에까지 파고 들어
왔다고 말하고, 이를 변통하고 바로잡을 계책을 말했는데, 비록 그
계책을 시험하여 써 보지는 못했으나 견식과 언의(言議)는 일세를 뛰
어넘고 있다"고 말했다.

이상 유수원과 《우서》를 칭송한 이종성(李宗城), 이광좌(李光佐), 윤
순(尹淳), 조현명(趙顯命) 등은 모두 쟁쟁한 소론계 대신들이었다.

그러나 유수원의 개혁안이 당시로서는 매우 급진적인 것이고, 또
그를 알아주는 소론 온건파의 정치적 영향력이 한계가 있었기 때문
에 그의 개혁안이 모두 수용되지는 못했다. 하지만 영조는 한때 그
를 불러 관제개혁의 방향을 자문한 사실이 있었고, 또 영조의 회심
적 업적인 균역법(均役法) 실시를 비롯하여, 이조낭관의 통청권과 한
림의 회천법을 혁파하는 등 몇 가지 관제개혁은 《우서》의 영향을
받은 것으로 보인다. 이 점은 뒤에 다시 살피게 될 것이다.

비록 《우서》의 영향력이 제한적이라 하더라도 그가 제시한 개혁
안은 분명히 시대를 앞서가는 혜안을 담고 있으며, 실제로 그가 제
시한 새로운 국가건설안은 오늘의 시각에서 볼 때 근대적인 지표와
매우 근접해 있다는 점이 놀랍다. 《우서》가 근대 학자들의 관심을

---

1) 《승정원일기》 제861책.

끌게 된 연유도 여기에 있다고 하겠다.

해방된 뒤 유수원의 생애와 《우서》를 학계에 다시 소개한 것은 한영국(韓榮國) 교수였다. 한 교수는 1971년에 서울대학교 고전간행회에서 펴낸 영인본 《우서》에 〈해제(解題)〉를 썼다.2) 여기서 유수원의 생애와 《우서》의 내용을 간단히 소개하였는데, 이 영인본이 학계에 알려지면서 1970년대 초부터 본격적으로 《우서》에 대한 연구가 시작되었다.

그런데 《우서》에 대한 연구는 연구자의 관심분야에 따라 특정분야에 국한하여 단편적으로 연구하는 방향으로 전개되었다. 예를 들면, 그의 상공업사상은 강만길(姜萬吉) 교수가,3) 그의 화폐사상은 원유한(元裕漢) 교수가,4) 그의 신분개혁사상은 한영우(韓永愚)5)가 각각 연구했다.

그러나 유수원 연구가 시작된 지 이미 35년 이상의 세월이 지났음에도 그의 개혁사상의 중심축을 이루고 있는 관제(官制), 재정(財政), 부세(賦稅)에 대한 개혁안에 대해서는 아직까지도 본격적인 연구가 시도된 바 없다. 유수원의 개혁안은 관제, 재정, 상공업, 신분, 부세 등 당시 국정의 모든 현안에 대한 총괄적 개혁안이 일관된 유기적 체계 속에서 전개된 것임에도 이렇게 연구자의 단편적인 관심 속에서 고립적으로 부조적(浮彫的)인 연구가 진행된 것은 크나큰 아쉬움이 아닐 수 없다.

---

2) 한영국, 〈우서해제〉, 《우서》(영인본, 서울대 고전간행회, 1971).
　 한영국, 〈농암 유수원의 정치, 경제사상(사)〉, 《대구사학》 10집, 1976.
　 한영국, 〈우서해제〉, 《우서》(번역본, 민족문화추진회), 1981.
3) 강만길, 〈조선 후기 상업의 문제점 ― 《우서》의 상업정책 분석〉, 《한국사연구》 6집, 1971.
4) 원유한, 〈조선 후기 화폐유통구조 개선론의 일면 ― 유수원의 현실적 화폐론을 중심으로〉, 《역사학보》 56집, 1972.
5) 한영우, 〈유수원의 신분개혁사상〉, 《한국사연구》 8집, 1972.

사실 18세기 전반기에 이 정도의 체계적인 개혁안을 제시한 인물은 달리 없었다고 할 수 있다. 아마 당대에 유수원과 견줄 만한 개혁사상가를 든다면 성호(星湖) 이익(李瀷, 1681~1763)을 들 수 있을 것이다. 이익은 출생연대는 유수원보다 13년 빠르나 사망연대는 오히려 유수원보다 8년이 늦다.

당파 때문에 남인(南人)으로 평생을 경기도 안산(安山)의 농촌에 묻혀 살면서 명저 《성호사설(星湖僿說)》을 쓴 이익은 17세기 말부터 18세기 초 사이에 서울 근교의 농촌생활에서 체험한 현실을 바탕으로 하여 주로 붕당정치, 문벌, 과거제도, 농촌경제를 비판했으나, 상공업문제에 대해서는 거의 관심을 두지 않았다. 아니 오히려 화폐경제나 유통경제에 대해서는 부정적 인식까지 지니고 있었다. 이에 견주어 《우서》는 서울의 도시적 분위기에서 살았던 경험이 바탕이 되어서인지 이용후생(利用厚生)과 관련된 상공업육성에 비상한 관심을 쏟고 있으며, 국가운영 전반을 상공업경제에 알맞게 바꾸려는 개혁안을 담고 있다고 할 수 있다.

유수원의 이용후생(利用厚生)과 상공업 중심의 개혁안은 18세기 후반기에 등장한 노론 북학파(北學派)의 이용후생론(利用厚生論)과 매우 비슷하다. 그런 점에서 유수원은 '북학(北學)'의 선구자라고도 할 수 있다. 그리고 그의 사민분업(四民分業)에 따른 신분개혁안도 그의 전후시기의 사상가와 견주어 매우 파격적이고 선구적인 사상이라 하지 않을 수 없다. 재정개혁이나 부세개혁안 등도 유수원만큼 급진적인 개혁안을 제시한 인물은 없다고 본다. 이렇게 지금 학계에서 북학(北學)을 논하면서 유수원을 논외로 하는 것은 문제가 있다고 하겠다.

유수원은 철저하게 정치에서 실사(實事), 실효(實效), 실정(實政)을 강조하고 있으며, 당시 집권층이 추구하고 있던 명분(名分)이나 의리(義理), 예론(禮論) 등에 대해서는 매우 부정적인 입장을 지니고 있다. 이런 것들은 모두 허명(虛名)을 키우고 국부민안(國富民安)을 가져오는 데 도움을 주지 못했다고 판단하고 있었다. 그러므로 그의 사상은 '실학(實學)' 바로 그것이라고 말할 수 있다.

물론, 유수원이 비판하고 극복하고자 한 의리론(義理論)이나 명분론(名分論)은, 그가 지적한 대로, 허명(虛名)으로만 끝났다고 볼 수는 없다. 그것은 그 나름의 긍정적 기능이 있었다. 적어도 왜란과 호란 이후로 흐트러진 사회를 재통합하고 국민적 자긍심을 높여준 정신적 효과는 부인하기 어렵다. 즉 집권층의 통치 이데올로기적 기능은 매우 큰 것이었다. 그러나 국가와 백성의 경제력을 키우는 실리(實利)와 사공(事功)도 버릴 수 없는 가치라면, 의리론과 명분론은 이 점에서 한계를 지닌 것은 부인할 수 없다. 따라서 조선 후기 역사를 이해하고자 할 때, 명분과 실리는 양자택일의 가치로 보기 어려운 것이다. 실제로 조선 후기는 명분파와 실리파가 때로는 갈등하고 때로는 조화를 이루면서 안정과 발전의 두 과제를 추구했다고 보아야 한다.

나는 유수원에 매료된 초창기 연구자의 한 사람으로 근 40년 전의 연구수준을 뛰어넘는 후속연구가 나오지 않는 것을 늘 안타깝게 여기고 있었다. 그 이유는 1980년대 이후로 실학연구가 급속하게 냉각된 학계동향과 관련이 있다. 그러나 유수원은 망각의 늪에 묻어버릴 인물이 결코 아니다. 그래서 결자해지(結者解之)의 의무감 비슷한 생각을 떨치지 못하고 있다. 아마 이것이 조선 후기 사상사의 빈 곳 가운데 하나를 메우는 일이 될 것이며, 나아가 18세기 초 위대한 사상가 유수원에 대한 후학의 조그만 예의일지도 모른다.

이 책은 《우서》 전반을 통독하고, 그 속에 담긴 유수원 개혁안의 전모를 통합적으로 재구성하는 데 목표를 두었다. 이 책이 얼마나

학문적 진실에 접근했는지는 알 수 없으나, 조선시대 사상사 연구의
일각에서 일생을 살아온 나의 칠순을 자축하는 조그만 기념물이 된
다면 다행으로 생각한다.

제1장 유수원의 가계와 일생

1. 유수원의 가계(家系)

《우서(迂書)》의 저자 유수원(柳壽垣)은 어떤 인물인가? 먼저 그의 가계부터 알아보자.

유수원은 노론(老論)에 의해 소론(少論) 명사들이 무더기로 일망타진된 영조 31년(1755)의 을해옥사(乙亥獄事) 때 반역죄인으로 복주(伏誅)됨으로써 62세의 인생을 형장에서 끝마쳤다. 그 뒤 왕조가 망할 때까지 그의 이름은 정사(正史)에서 사라지고, 그의 가족도 관노비로 전락하여 가계(家系)마저 제대로 이어진 것 같지 않다. 《우서》 이외에는 그의 다른 저서들이 남아 있지 않아 사생활 측면을 알기도 어렵다.

그러나 《경종실록》과 《영조실록》 혹은 《승정원일기》 등을 통해 관료로서 그의 주요 행적을 살피는 것은 어렵지 않다. 또 그는 진사시(進士試)와 문과(文科)에 합격한 경력이 있었으므로, 《사마방목(司馬榜目)》과 《문과방목(文科榜目)》을 통해서 그의 생년(生年)과 자(字), 본관(本貫), 그리고 거주지와 내외 4대조[父, 祖, 曾祖, 外祖]의 이름을 확인할 수 있다.

먼저, 그의 출생지와 생년부터 알아보자. 출생지는 충청도 충주목

(忠州牧)이다.[6] 아버지는 유봉정(柳鳳庭)으로 직위는 통덕랑(通德郎, 정5
품)이며, 본관은 조선 초기 명문집안으로 알려진 문화(文化)이다.[7] 그
러나 통덕랑은 특별히 벼슬한 기록이 없어 죽은 뒤에 아들 유수원
으로 말미암아 증직(贈職)으로 받은 것으로 보인다. 유봉정은 충주목
에서 살면서 그곳에서 유수원을 낳은 것이다. 어머니는 김징(金澄)의
딸이다.

출생연대는 《사마방목》에는 '을해년'으로, 《문과방목》에는 '갑술
년'으로 되어 있어서 서로 다른데, 을해년은 그가 죽은 해로서 기록
상 착오로 보인다. 따라서 태어난 해는 갑술년, 즉 숙종 20년(1694)
으로 봄이 타당하다.[8] 이해는 이른바 갑술옥사(甲戌獄事)가 일어나서
희빈장씨(禧嬪張氏)와 연결된 남인이 몰락하고 노론과 소론의 연합정
권이 탄생한 해이기도 하다.

유수원은 비록 시골 충주목 출생이지만, 그가 속한 문화유씨(文化
柳氏) 집안은 당당한 사대부가문이었다. 세종 대 동대문 밖 초가집에
서 비오는 날 우산을 받고 살아 청백재상(清白宰相)으로 이름을 떨친
유관(柳寬, 1346~1433)이 먼 조상이다. 유관의 후손들 가운데는 현달
한 인사들이 무수히 많았는데, 유수원 출생 당시만 해도 조부 유상
재(柳尙載, 1644~1705)는 세자[뒤의 景宗]의 교육을 맡은 시강원 보덕
(輔德, 종3품)이었으며, 큰 할아버지 유상운(柳尙運, 1636~1707)은 이조
판서로서 말년에는 숙종 대 영의정까지 올랐다. 그리고 유상운의 아
들 유봉휘(柳鳳輝, 1659~1727)는 유수원의 종숙(從叔)으로서 유수원과
는 각별한 정치적 인연을 맺고 있었다.

유수원보다 35세 연상인 유봉휘는 소론파의 핵심관료서 유수원

6) 《영조실록》 권84, 영조 31년 6월 1일 癸卯.
7) 《甲午式年司馬榜目》에 따르면 유수원의 부 유봉정은 통덕랑으로 되어 있다.
8) 《승정원일기》 제928책, 영조 17년 2월 8일조에도 유수원의 생년이 갑술년으로 소
개되고 있다.

출생 당시 예문관 검열(檢閱, 정9품)을 지내고 있었으며, 경종(景宗) 즉
위 뒤에는 왕세제인 영조(英祖)의 왕위계승을 반대하다가 영조 초에
역적으로 몰려 죽었지만, 벼슬이 우의정까지 오른 고위관료였다.

유수원의 증조부 유성오(柳誠吾)는 반남박씨 박동량(朴東亮)의 딸을
아내로 맞이했는데, 유성오의 처조카는 바로 유명한 소론파 학자관
료인 박세채(朴世采, 1631~1695)로서 유수원이 출생할 당시 좌의정이
었다. 또 숙종 대에 《사변록(思辨錄, 1703)》을 지어 주자학을 비판하
다가 송시열일파로부터 '사문난적(斯文亂賊, 주자학을 어지럽힌 반역자)'
이라는 죄를 입고 유배당한 박세당(朴世堂, 1629~1703)은 박세채의 8
촌 형이다. 박세당은 농촌경제를 서술한 《색경(穡經)》의 저자로도 유
명하다. 이들 반남박씨 집안은 소론파에 속하며, 영조 초에 일어난
이인좌난(李麟佐亂) 때에는 박필몽(朴弼夢), 박필현(朴弼顯) 등이 역모에
가담했다가 숙청당하고, 그 후손인 박사집(朴師緝)은 유수원과 가깝게
지내다가 을해옥사(乙亥獄事) 때 함께 화를 당했다. 이에 대해서는 뒤
에 다시 설명할 예정이다.

이렇게 직계보다도 방계에 소론파 명사들이 많았던 유수원은 서
울로 올라와 학업을 마치고 21세 되던 1714년(숙종 40)에 진사시(進士
試)에 3등으로 합격했다. 이때 그는 이미 아버지를 여의고 홀어머니
를 모시고 살았다.9) 그가 서울의 어느 집에서 살았는지는 알 수 없
으나, 아마도 친척집에 의탁하고 살았던 것 같다. 《방목》에는 그에
게 형제가 있었다고 기록되어 있으나,10) 이 또한 자세한 것은 알 수
없다.

유수원이 누구로부터 학문을 배웠는지도 알 수 없다. 서울에서 자

---

9) 《甲午式年司馬榜目》에 유수원은 "慈侍下雁行"으로 기록되어 있다. 이는 아버지가 없
이 홀어머니를 모시고 있으며, 안행(雁行) 곧 형제가 있다는 뜻이다.
10) 주 7) 참고.

랐다면 학당(學堂)이나 성균관에서 공부했을 것이므로 관학의 성격상 뚜렷한 사승관계(師承關係)는 없었을 것이다. 그러나 주변에 소론 명사들이 많았으므로 아마 이들의 영향을 받았을 가능성이 크다. 또 서울에서 그리 멀지 않은 경기도 안산(安山)에는 13년 선배 실학자인 성호 이익(李瀷, 1681~1763)이 살고 있었으므로 근기남인 학자들의 학문도 접했을 가능성이 크다. 그가 이황(李滉)을 존경하게 된 것도 이들 근기 남인들의 영향을 받은 것으로 보인다. 이익은 이황의 언설을 모아 유명한 《이자수어(李子粹語)》를 편찬한 바도 있다.

이 밖에도 16세기 말에서 17세기 초의 유명한 실학자 이수광(李睟光, 1563~1628)은 바로 유관(柳寬)의 외6대손이기도 하다. 이수광의 아들 이성구(李聖求, 1584~1643)와 이민구(李敏求, 1589~1670)는 인조-효종 대에 높은 벼슬을 지내고 남인(南人)으로 자정(自定)했는데, 유수원은 이수광의 후손들을 통해서 자신의 직계조상인 유관 정승의 외6대손인 이수광의 학문을 접했을 가능성은 매우 높다.

또, 16세기 후반부터 17세기 전반까지 서울에는 이수광을 비롯한 유몽인(柳夢寅), 한백겸(韓百謙) 등 쟁쟁한 학자들이 이른바 침류대학사(枕流臺學士) 또는 성시산림(城市山林)을 자처하면서 상공업 중심의 실학(實學)을 수립해가고 있었으므로,[11] 서울에서 자란 유수원이 이러한 서울학풍의 영향을 받았을 가능성은 매우 높다. 이렇게 본다면 유수원 학문의 뿌리는 아무래도 서울 및 근기남인 실학과의 연계성이 커 보인다. 실제로 《우서》에 나타난 유수원의 개혁사상은 이들과의 공통점이 너무나 많다.

---

11) 한영우, 《실학의 선구자 이수광》(경세원, 2007) 참고.

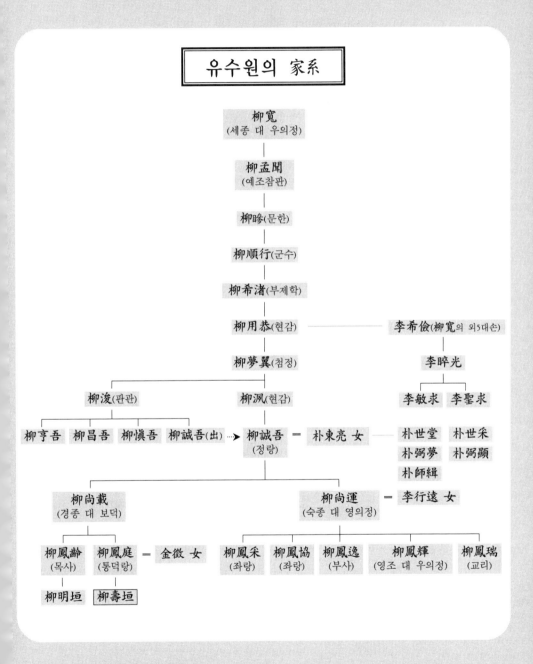

2. 경종 대 유수원의 관직생활

21세에 진사가 된 유수원은 더욱 분발하여 25세 되던 1718년(숙종 44)에 정시별시문과(庭試別試文科)에 병과(丙科)로 합격했다. 그 뒤 그가 어떤 관직을 받았는지 알 수 없으나, 4년 뒤인 경종 2년(1722) 12월 24일에 언관직인 사간원 정언(正言, 정6품)의 자리에 올랐다. 당시 29세였으니 매우 빠른 출세였다.[12]

그러나 유수원의 출세에 지장을 주는 신체적 장애가 있었다. 그는 귀머거리였다. 호를 농암(聾菴)으로 지은 것도 이와 관련이 있다. 그가 언제부터 신체적 장애를 가졌는지는 알 수 없으나, 그가 높은 벼슬자리에 오르지 못한 것은 정치적인 이유도 있으나, 신체적 조건과도 전혀 무관하다고 할 수는 없을 것이다. 자(字)는 남로(南老)이다.

그런데 유수원의 장래를 더욱 어둡게 만든 것은 당시의 정치 정세였다. 문과에 합격한 지 2년 뒤인 1720년에 숙종(肅宗)이 세상을 떠나고, 희빈장씨의 아들 경종(景宗)이 즉위하면서 정치 정세가 크게 흔들렸다. 노론계 왕비인 인현왕후(仁顯王后) 민씨를 지지했던 노론은 장희빈과 갈등이 심각했었고, 따라서 경종의 왕위계승을 달갑게 보지 않았다. 그래서 노론은 서둘러 경종의 이복동생인 연잉군(延仍君, 숙빈최씨 소생)을 왕세제(王世弟)로 책봉하여 장차 노론정권을 세우려고 했다.

노론의 왕세제 책봉은 경종을 지지하고 있던 소론파(少論派)에게는 치명적인 도전이었다. 이때 왕세제 책봉을 가장 적극적으로 반대하고 나선 것은 유수원의 종숙인 유봉휘(柳鳳輝)였다. 소론파를 대변하는 청요직을 맡아 왔던 그는 경종 1년 8월 23일 소를 올려 이미 결정된 왕세제 책봉을 취소할 것을 요구하고 나섰다. 노론이 유봉휘의

---

12) 《경종실록》 권10, 경종 2년 12월 24일 乙亥.

처벌을 주장하고 나서자 당시 소론파 영수인 우의정 조태구(趙泰耇, 1660~1723)가 유봉휘를 옹호하고 나섰다. 왕세제 책봉이 이미 결정된 마당에 이를 취소하라는 유봉휘의 진언(進言)은 '유망(謬妄, 잘못된 행동)'하지만, 그 마음만은 "나라를 위하는 단충(丹忠)"이라고 긍정적으로 평가했다.[13]

조태구의 이러한 태도는 결국 왕세제 책봉을 그대로 인정하는 것으로서 왕세제 책봉을 취소시키려는 유봉휘를 비롯한 소론 급진파에게는 매우 불만스러운 일이었다. 여기에서 소론 내부에 급진파와 온건파의 갈등이 시작되었다.

이렇게 갈등이 계속되는 가운데, 소론 급진파는 비상수단을 썼다. 왕세제를 옹호하는 김창집(金昌集), 이이명(李頤命), 이건명(李健命), 조태채(趙泰采) 등 노론 4대신들이 역모를 꾸몄다고 고발하여 모두 처단해 버린 것이다. 김일경(金一鏡)과 목호룡(睦虎龍)의 무고로 시작된 이 사건은 경종 1년(辛丑年, 1721)과 경종 2년(壬寅年, 1722)에 걸쳐 일어났는데, 이를 신임사화(辛壬士禍) 또는 임인옥(壬寅獄)이라고 부른다.

신임사화로 노론이 몰락하고 소론이 권력을 장악했으나 왕세제를 인정한 조태구가 영의정으로 올라서게 되자 소론 급진파는 사정이 다급해진 것을 느꼈다. 이대로 가면 연잉군의 왕위계승과 노론의 재등장은 기정사실이 될 것이기 때문이었다. 이에 소론 급진파를 대변하여 조태구를 탄핵하고 나선 것이 바로 유수원이다. 그는 종숙인 유봉휘의 입장을 그대로 계승한 셈이었다.

당시 사간원 정언(正言, 정6품)의 직책을 띠고 있던 30세의 유수원은 신임사화가 끝난 직후인 경종 3년(1723) 2월 18일에 소를 올려 영의정 조태구의 실정을 맹렬하게 논척했다.[14] 민생이 곤궁해지고,

---

13) 《경종실록》 권4, 경종 원년 8월 24일 壬午.
14) 《경종실록》 권11, 경종 3년 2월 18일 戊辰, 2월 19일 己巳.

기강이 무너지며, 정령(政令)이 문란해진 책임이 조태구에게 있다는
것이었다. 또 인사(人事)가 잘못되고, 조태채가 죽었을 때 부의(賻儀)
를 많이 보낸 것도 문제를 삼았다. 노론측은 유수원이 유봉휘의 사
주를 받은 것으로 믿었다.

유수원의 조태구 논척은 조태구 한 사람만을 겨냥한 것이 아니라,
우의정 최석항(崔錫恒), 이조참의 이진유(李眞儒) 등 소론 온건파 고관
들을 모두 난처하게 만들었다. 그래서 소론 대신들은 경종 3년 2월
23일 유수원을 멀리 경상도 예안현감(禮安縣監, 종6품)으로 내보냈
다.[15] 직급이 한 등급 더 떨어진 자리로 간 것이다. 유수원은 "희사
지습(喜事之習, 일을 일으키기를 좋아함)"한 인물로 비판받았다. 그런데
이틀 뒤에 우의정 최석항(崔錫恒)은 다시 소를 올려 "경박하고 일을
일으키기를 좋아하는" 유수원을 우선 파직시켜야 한다고 주장하여
임금의 윤허를 얻었다.[16] 그러니까 유수원은 예안현감으로 부임하기
도 전에 파직된 셈이다. 그의 관직생활 가운데 첫 시련이었다.

그로부터 5개월이 지난 경종 3년 7월 8일에 유수원은 강원도 낭
천현감(狼川縣監, 종6품)으로 출보(出補)되었다. 낭천은 지금의 화천(華
川)을 말한다. 예안보다도 더 산골로 내려 보낸 것이다.

3. 영조 초, 금고생활과 《우서》 편찬

유수원이 낭천현감으로 내려간 지 약 1년 뒤인 1724년 8월 25일
에 경종이 재위 4년 만에 세상을 떠났다. 소론으로서는 큰 충격이
아닐 수 없었다. 노론이 독살했을 것이라는 소문이 나돌았다. 결국

15) 《경종실록》 권11, 《경종수정실록》 권4, 경종 3년 2월 23일 癸酉.
16) 《경종실록》 권11, 경종 3년 2월 25일 乙亥.

왕위는 연잉군이 잇게 되니 이가 영조(英祖)다.

노론의 지지 속에 왕위에 오른 영조는 비록 노론과 소론을 모두 포용하는 탕평책을 표방했지만, 자연히 노론 쪽으로 기울어질 수밖에 없었다. 영조의 즉위를 그토록 반대했던 소론 강경파에 속한 유수원의 앞날은 어둡기만 했다. 종숙 유봉휘가 노론대신들을 죽인 신임사화(辛壬士禍)의 주동자로 지목되어 영조 1년(1725) 3월에 유배되었다가 영조 3년(1727)에 세상을 떠난 것도 유수원에게는 매우 불리한 환경을 만들어 주었다.

소론 강경파는 드디어 영조 4년(1728)에 다시 영조와 노론파에 대반격을 가했다. 이해 3월에 일어난 이른바 이인좌난(李麟佐亂) 또는 무신란(戊申亂)이 그것이다. 이인좌와 그 일당은 소현세자(昭顯世子, 인조의 장남)의 증손인 밀풍군(密豊君) 이탄(李坦)을 추대하고 청주(淸州) 등지에서 대규모 반란을 일으켰으나 관군에 의해 진정되었다.

이 반역사건에 가담한 소론과 남인 가운데는 정인지(鄭麟趾)의 후손인 정세윤(鄭世胤), 신숙주(申叔舟)의 11세손인 신천영(申天永), 황희(黃喜)의 13세손인 황익재(黃翼再), 조광조(趙光祖)의 8세손인 조문보(趙文普), 영의정 이덕형(李德泂)의 현손인 이지인(李志仁), 이조참판 정온(鄭蘊)의 현손인 정희량(鄭希亮), 영의정 이시백(李時白)의 증손인 이하(李河), 대사성 박동열(朴東說, 반남박씨)의 현손인 박필현(朴弼顯)과 박필몽(朴弼夢) 등 명문가문의 인사들이 다수 포함되어 세상을 놀라게 했다. 어쨌든 이 사건으로 소론의 입지는 더욱 좁아졌다.

그러나 영조는 이 난에 가담하지 않은 소론을 포용하는 탕평책을 썼다. 그리하여 35세의 유수원은 영조 4년(1728) 7월 8일에 역시 언관직인 사헌부 지평(持平, 정5품)에 임명되었다.[17] 이듬해 영조 5년(1729) 윤 7월 9일에는 다시 임금의 교서(敎書)를 짓는 지제교(知製敎)

---

17) 《영조실록》 권18, 영조 4년 7월 8일 丁巳.

29인을 선발했는데, 그 가운데 유수원도 포함되었다.[18] 지제교는 홍문관의 부제학(종2품), 직제학(정3품), 전적(종3품), 응교(정4품), 부응교(종4품), 교리(정5품), 부교리(종5품), 수찬(정6품), 부수찬(종6품)이 맡는 겸직이었다.

하지만 영조의 배려에도 유수원의 관로는 그리 순탄하게 풀리지 않았다. 노론이 그를 견제하고 나섰기 때문이다. 영조 11년(1735) 1월에 세자[사도세자]가 탄생하자 영조는 이를 기뻐하여 소론파 죄인에 대한 사유(赦宥)의 기회를 넓혀주었다. 이 과정에서 유수원도 언관(言官)과 수령(守令) 자리에 여러 차례 후보로 올랐으나 실제로 직책을 얻지는 못한 것 같다. 영조 11년 10월 8일 교리 조명택(趙明澤)이 올린 다음의 상소는 그러한 사정을 잘 말해 준다.

> 박사순(朴師順), 유수원(柳壽垣), 이보욱(李普煜), 임광(任珖)은 공의(公議)에 저지당한 자들로서 소통(疏通)했다고 가탁하여 대성(臺省, 언관)과 군읍(郡邑, 수령)에 의망(擬望)되니 식견이 있는 자들이 한탄한다.[19]

여기서 조명택이 거론한 박사순(朴師順), 유수원(柳壽垣), 이보욱(李普煜), 임광(任珖) 등은 모두 신임사화에 연루된 소론계 인사들을 말하는데, 이들이 임금의 용서를 받았다 하여 언관과 수령 등 자리에 후보로 올라가고 있는 것에 대해 공의(公議)가 개탄하고 있다는 것이다. 유수원이 《우서》에서 공의(公議)의 폐단을 신랄하게 비판하고 있는 이유를 이해할 만하다.

그런데 다른 한편에서는 유수원의 관직수여를 호소하는 상소도

---

18) 《영조실록》 권23, 영조 5년 윤7월 9일 辛巳.
19) 《영조실록》 권40, 영조 11년 10월 8일 癸酉.

올라오고 있었다. 영조 11년 11월 23일 사헌부 지평 이석표(李錫杓)
가 올린 상소가 그렇다. 이석표는 만언상소(萬言上疏)에서 시폐(時弊)를
논하는 가운데 학식이 높은 유수원(柳壽垣)이 영선(瀛選)에 누락된 것
을 안타까워했다.[20] 영조는 이석표의 상소를 가상하게 여겨 그를 함
열현감(咸悅縣監, 종6품)에 제수했다.

이렇게 유수원에 대한 조정의 여론이 둘로 갈라지고 있던 가운데
유수원이 다시 관직을 받은 것은 영조 13년(1737) 1월 8일이었다. 이
때 유수원은 사헌부 지평(持平, 정5품)에 제수되었다.[21] 처음 지평에
임명된 지 9년 만에 다시 제자리로 돌아온 것이다. 이때 나이 44세
였다. 그러나 지평생활도 오래 가지 못하고 영조 13년 10월에 다시
충청도 단양군수(丹陽郡守, 종4품)로 외보되었다가 한 달 만에 다시
사간원 정언(正言, 정6품)으로 돌아왔다. 품계가 몇 등급 떨어진 것이
다. 유수원이 《우서》에서 관료의 등급을 떨어뜨려 전직시키는 폐단
을 지적하고 있는 것은 자신의 경험과도 관련이 있을 것이다.

단양군수를 지내던 무렵 유수원은 자신의 대표작인 《우서》의 편
찬을 이미 마친 상태였고 소론파 대신들 사이에서는 책이 이미 널
리 읽혀지고 있었다. 당시 소론파의영수인 영의정 이광좌(李光佐)를
비롯하여 비변사 당상 이종성(李宗城), 우의정 조현명(趙顯命) 등이 모
두 그 책을 보았던 것이다.[22] 그리고 이를 본 소론파 대신들은 영조
에게 책을 소개하고 영조로 하여금 그 개혁안을 실천하게 할 셈이
었다.

아마도 유수원은 9년 동안 금고되어 있던 울적한 상황에서 자신
의 개혁사상을 집대성한 《우서》 저작에 몰두했던 것으로 보인다.

20) 《영조실록》 권40, 영조 11년 11월 23일 戊午.
21) 《영조실록》 권43, 영조 13년 1월 8일 丁酉.
22) 《승정원일기》 제861책, 영조 13년 10월 24일조.

그는 《우서》의 첫머리에 실은 〈기논찬본지(記論讚本旨)〉라는 글에서 《우서》를 쓰게 된 동기를 이렇게 말하고 있다.

천하만사에는 이치가 있으면 반드시 그 말이 있는 법이다. 생각해 보면, 세간에 반드시 이러한 도리가 있으므로 부득이 말하지 않을 수 없을 뿐이다. 이것이 행해지고 아니고는 논할 필요가 없다. 아, 옛날의 군자(君子)는 대개 논저(論著)가 많았는데, 그것이 행해질 것인 가 아닌가를 따지고 썼겠는가. 요컨대 마음속에 울결(鬱結, 응어리진 것)이 있는데 이를 펼 수가 없으면 하는 수 없이 기록해서 자성(自 省)할 수밖에 없다. 세상의 악착한 무리들은 두려운 마음으로 괴이 (怪異)하다고 생각하고, 조롱해서 말하기를 "저 사람이 이것을 써서 무엇을 하자는 것인가. 세상에 펴고 정치에 시행되기를 바라는가" 하면서 서로 놀라고 괴이하게 여기기를 그치지 않는다.

이 글에서 유수원이 《우서》를 쓰게 된 것은 자신의 개혁안이 반 드시 실행될 것이라는 기대감에서가 아니라, 자기의 마음속에 품은 응어리를 말로써 표현하지 않을 수 없는 절박한 심정에서 썼다는 것을 밝히고 있다. 그가 자신의 저서 제목을 《우서(迂書)》라고 단 것 도 "우활한 글"이라는 것을 스스로 인정하고 있는 것이다. 그만큼 이 책의 내용은 꿈과 이상이 넘쳐흐르고 있으며, 그래서 세상 사람 들의 비웃음도 많이 받고 있다고 피력한 것이다.

그러나 유수원이 이 책을 주변 사람들에게 널리 읽혔다는 것은 자신의 꿈이 실현되기를 기대한 것이고, 실제로 소론파 대신들이 이 책을 영조에게까지 전달하는 결과를 가져왔던 것이다.

《우서》가 영조의 귀에까지 들어가게 된 것은 유수원이 단양군수 로 있던 시절인 영조 13년(1737) 10월 24일이었다. 이날 영조(英祖)는 대신들을 만난 자리에서 인재를 추천하라고 대신들에게 말했다. 이에 비변사 당상 이종성(李宗城)이 먼저 유수원을 거론했다. "유수원이 비록 귀는 먹었지만 문장이 훌륭합니다. 책을 하나 지었는데 나라를 위한 경륜(經綸)을 논한 것입니다. 헛되이 늙는 것이 아깝습니다." 이종성의 말에 호응하여 영의정 이광좌(李光佐)도 거들었다. "신(臣)도 그 책을 보았는데 책 이름을 《우서(迂書)》라고 합니다. 주장과 논변이 매우 이채롭습니다." 이광좌의 말에 이어 윤순(尹淳)도 거들고 나섰다. "조현명(趙顯命)이 이 책을 동서(東書)라고 불렀는데 … 견식과 언의(言議)가 매우 일세를 뛰어넘는다고 합니다." 이렇게 여러 대신들이 유수원의 학문과 《우서》를 칭찬하자 영조는 승정원에 명하여 《우서》를 구해 올리라고 일렀다.[23] 이리하여 《우서》는 영조에게까지 알려지게 된 것이다.

유수원의 학문을 인정한 영조는 나흘 뒤인 영조 13년 10월 28일 대신들을 만난 자리에서 다시 "유수원을 어떻게 쓰면 실효(實效)를 거둘 수가 있겠는가? 단양군수(丹陽郡守)에서 비국(備局, 비변사) 문랑(文郎)으로 바꾸면 어떤가?"라고 말했다. 이에 이조판서 조현명(趙顯命)은 아뢰기를, "비변사는 참고할 문헌이 없습니다. 그래서 이희(李熹)를 시켜 문헌을 수집케 했는데, 일을 마치기도 전에 죽었습니다. 이제 유수원을 시켜 계속해서 일을 마치게 하면 좋겠습니다"라고 말했다. 영조는 그 말에 동의를 표하고 유수원을 단양군수에서 비변사 문랑으로 옮겨 임명했다.[24]

그러나 유수원의 비변사 문랑생활은 오래 가지 않았다. 바로 엿새 후인 11월 4일에 그는 사간원 정언(正言, 정6품)으로 다시 자리를 옮겼다.[25] 품계는 오히려 지평보다 한 단계 낮아진 것이다. 이어 이듬

---

23) 《영조실록》 권46, 영조 13년 10월 24일 戊申 및 《승정원일기》의 위 기록.
24) 《영조실록》 권46, 영조 13년 10월 28일 壬子.

해인 영조 14년(1738) 12월 14일에 유수원은 다시 사헌부 장령(掌令, 정4품)으로 승진했다.[26] 이때 나이 45세였다. 그 뒤 그는 영조 17년 (1741) 1월 현재 사복시정(司僕寺正, 정3품)에 있었고,[27] 같은 달에 부호군(副護軍, 종4품)이라는 무직(武職)을 받기도 했다.

4. 영조 17년, 《관제서승도설》 찬진

유수원이 벼슬을 그만두고 서울에서 한가로이 살고 있을 때 영조가 그를 다시 불렀다. 영조 17년(1741) 2월 8일에 영조는 유수원에게 입시(入侍)를 명했다.[28] 이때 나이 48세였다. 영조가 그를 직접 만난 것이다. 영조가 그를 부르게 된 것은 우의정 조현명(趙顯命)이 유수원 의 재주와 학문이 쓸 만하다고 추천한 까닭이었다. 유수원은 자신의 신병(身病)과 귀가 어두운 것을 이유로 처음에는 입시하지 않고 대신 《관제서승도설(官制序陞圖說)》을 임금에게 바쳤는데, 영조는 이를 보고 그날 저녁 경연(經筵)에 그를 다시 입시할 것을 명하여 만나게 된 것이었다. 영조는 《관제서승도설(官制序陞圖說)》에 관해 필담(筆談)으로 의견을 나누었다.

관제개혁안을 담은 《관제서승도설》은 지금 남아 있지 않으나, 아 마 그 내용은 《우서》 속에 담겨 있는 관제개혁안과 비슷했을 것이 다. 따라서 이 책은 《우서》 속에 있던 관제개혁안을 따로 뽑아서 도설(圖說) 형식으로 간추려 만든 것으로 보인다.

---

25) 《영조실록》 권46, 영조 13년 11월 4일 丁巳 및 《승정원일기》 제862책, 영조 13년 11월 4일조.
26) 《영조실록》 권47, 영조 14년 12월 14일 壬辰.
27) 《승정원일기》 제927책, 영조 17년 1월 27일조.
28) 《영조실록》 권53, 영조 17년 2월 8일 癸卯.

《관제서승도설》을 둘러싼 영조와 유수원의 대화는 매우 진지했다. 그만큼 영조는 유수원의 관제개혁안에 큰 관심을 보였다. 그 대화의 내용이 매우 중요하여 소개하면 다음과 같다.

임금이 그 법(관제서승도설)을 묻자, 유수원이 대답하기를, "황명(皇明)의 관제는 주(周)나라 관제의 정밀한 뜻을 가장 잘 터득한 것입니다. 오늘날에 시행하면 반드시 성과가 있을 것입니다. 세상에서 간혹 명나라 조정에서도 당론(黨論)이 있었다고 말하지만, 신은 명나라 조정에는 본래 편당(偏黨)이 없어서 270년 동안 … 당론 폐단이 없었고, 기강도 아주 엄격하였다고 생각합니다. 청나라 사람들이 비록 이적(夷狄)이라고 하지만 전적으로 명나라 제도를 적용했으므로 나라를 세운 지 100년이 되도록 당폐(黨弊)가 없습니다"고 하였다.

임금이 말하기를, "서승(序陞)의 제도는 인재를 침체되게 하는 것이 아닌가?" 하자 유수원이 귀가 먹어 대답을 하지 못하므로 주서(注書, 승정원 관리)에게 써서 보여주도록 명하고, 말하기를, "동자(董子, 董仲舒)와 가생(賈生, 賈誼) 같은 인재는 어떻게 조처하겠는가?"라고 물었다.

유수원이 말하기를, "동중서나 가생 같은 사람은 세상에 많지 않습니다. 설혹 있다 하더라도 서승법(序陞法)으로 말하면, 정자(正字, 홍문관·교서관·승문원의 9품 관리)는 3년 만에 수찬(修撰, 홍문관, 6품)에 오르고, 차차 서승하여 15년이 되면 부학당상(副學堂上, 홍문관, 정3품)에 오르고, 27년이 되면 정2품에 오릅니다. 동중서나 가의 같은 사람도 이런 관제로 등용하면 침체된다고 말하기 어렵습니다."

임금이 말하기를, "이렇게 하면 첩경(捷徑)이라고 할 수 있으나 역시 침굴(沈屈)의 폐단이 있지 않겠는가?" 또 글로 써서 보여주면서 말하기를, "정자(正字)를 뽑을 때나 삼고서승(三考序陞, 세 번 심사하여 승진시킴)할 때 무사(無私)할 수 있겠는가? 기강이 없으면 법을 따르더라도 폐단이 생기지 않겠는가?"

유수원이 대답하기를, "대명(大明)의 전시법(殿試法)은 황상(皇上)이 직접 거자(擧子)를 친시(親試)하여 그 제도가 매우 엄격합니다. 또 정자(正字)를 고선(考選, 심사하여 뽑음)할 때도 어제(御製)를 냅니다. 전하께서도 이 제도를 따라 정자를 뽑는다면, 어찌 행사(行私)의 근심이 있겠습니까."

임금이 말하기를, "무(武)와 음(蔭)은 어떻게 할 것인가?"

유수원이 말하기를, "오늘의 무과(武科)는 그 수가 몇 천, 몇 만에 이릅니다. … 만약 능문자(能文者)는 강(講)으로, 능사자(能射者)는 사(射)로써 고선(考選)하여 내삼청(內三廳)과 군문(軍門)의 장관(將官) 등으로 임명하고, 서울과 지방에서의 거관(居官, 직무수행)을 보아 고적법(考績法)을 서승한다면 곤수(閫帥, 장수)에 이르기까지 반드시 득인(得人, 마땅한 사람을 뽑음)할 것입니다. 음관(蔭官) 역시 어찌 고적서승법(考績序陞法)을 벗어날 수 있겠습니까."

임금이 말하기를, "… 내 생각에는 폐단을 구(救)하는 것은 기강을 세우고 공도(公道)를 따르는 데 있다. 좋은 법과 아름다운 제도라도 기강을 세우지 않으면 되겠는가?"

유수원이 말하기를, "전하께서는 매양 기강을 선무(先務)로 생각하시는데, 기강은 위벌(威罰)로 세워지는 것이 아니라고 생각합니다. 기강을 세우고, 공도를 회복하는 요체는 서승법 가운데 있습니다. 옥당(玉堂, 홍문관)으로 말하면, 오늘 파했다가 내일 임명합니다. 시종(侍從, 승정원)은 모든 관직의 표솔(表率, 표준)인데, 전혀 각근(恪勤)하지 못한데 어떻게 기강이 세워지겠습니까. 서승법에 따라 정자(正字, 9품)가 3년 만에 수찬(修撰, 6품)에 오르고, 수찬이 3년 만에 교리(校理, 5품)에 오르고, 교리가 3년 만에 응교(應敎, 4품)에 오르면 … 어찌 부진자(不進者)가 있겠습니까. 서승법은 예부터 이와 같았으니 각근행공(恪勤行公)하고자 하는 것입니다. 당우(唐虞, 요순)의 용인(用人)도 반드시 시험을 치러 썼으니, 삼고구재(三考九載)의 출척제도(黜陟制度)가 바로 이것입니다."

임금이 좋다고 하면서 "그 말이 맞다. 이를 시도해 보면 좋을 것이다. … 대신들과 더불어 묘당(廟堂)에서 계책을 상의한다면 반드시 도움이 많을 것이다" 하고 드디어 비변사 낭관(郎官)으로 임명하도록 명하였다.[29]

위 토론의 요지는 엄격한 임기제(任期制)와 고적법(考績法)에 따라서 3년마다 관리의 업적을 고과(考課)하여 승진시키고, 임금이 직접 시험문제를 출제하여 과거시험을 치르게 하면 관제의 기강이 잡힐 것이고, 당론(黨論)과 당폐(黨弊)가 없어진다는 유수원의 주장에 대해 영조가 마침내 동의를 표하고, 이를 실천하기 위해 유수원을 비변사의 낭관(郎官, 5품)으로 임명했다는 것이다.

영조는 유수원과 토론을 벌인 다음날에도 대신들과 주강(晝講)을 마친 다음《관제서승도》에 관해 대신들과 토론을 벌였다.[30] 영조는 먼저 지경연(知經筵) 이덕수(李德壽)에게 물었다. "경은 유수원의《관제서승도》를 보았는가? 이 책은 붕당(朋黨)을 없애는 데 일조(一助)가 되지 않겠는가?" 이덕수가 대답했다. "황조(皇朝, 明)의 관제는 비록 자세히는 모르나 붕당을 없애는 것은 쉽지 않을 것입니다." 임금이 말하기를, "황명(皇明)은 붕당이 없다는데 그런가?" 이덕수가 말하기를, "어찌 당이 없겠습니까? 동림(東林)도 큰 당입니다."

위와 같은 대화 속에서 지경연 이덕수는 유수원의 개혁안에 대해 나소 부정적인 시각을 보이고 있음을 알 수 있다. 그런데 영조는 비록 유수원의 말을 다 받아들이지는 않았지만, 전랑(銓郎, 이조의 낭관)

---

29) 위와 같음.
30)《영조실록》권53, 영조 17년 2월 9일 甲辰.

과 한천(翰薦, 예문관 관원의 回薦法)은 이미 고칠 뜻이 있었다.31) 다시 말해, 인사권을 가진 이조전랑이 삼사의 관원을 추천하는 통청권(通淸權)과 예문관 한림(翰林)들이 가지고 있던 회천권(回薦權), 곧 후임자 추천권을 폐지할 생각을 가지고 있었던 것이다.

영조는 이덕수와 토론을 가진 지 13일 뒤인 2월 22일에도 다시 조현명(趙顯命), 김재로(金在魯) 등 대신들과 더불어 유수원이 제기한 이조전랑의 통청권과 한림(翰林)이 가진 회천권을 없애는 문제를 가지고 토론했는데, 신하들도 이에 동의를 표했다. 이때 우의정 조현명은 다시 인재등용의 중요성을 말하고, 유수원, 심악(沈鍔, 沈維賢), 홍계희(洪啓禧) 등이 경학(經學)이 있고 행의(行誼)가 쓸 만하다고 하면서 적극 추천했다.

결국 영조의 결단에 따라 영조 17년 4월에 이르러 예문관 회천법이 폐지되었다.32) 이는 유수원을 비롯한 소론파의 개혁정책이 일부 반영된 것을 의미한다. 뒷날 《영조실록》을 편찬한 사관(史官)은 좌의정 송인명(宋寅明), 우의정 조현명(趙顯命), 원경하(元景夏) 등 소론파 악당인(惡黨人)들이 유수원의 《관제서승도》를 계기로 폐고(廢錮)된 친족들을 끌어들여 탕평의 길을 넓히려고 회천법을 폐지했다고 비난했다.33)

그런데 참고로 이해 유형원의 《반계수록(磻溪隧錄)》이 영조의 명으로 관인(官印)되어 사고(史庫)에 수장(守藏)되었는데, 이를 보면 영조가 남인과 소론 실학자(實學者)들의 개혁안에 대해 비상한 관심을 가지고 있었음을 알 수 있다.

그러면 영조의 지우를 입어 영조 17년 2월 8일에 비변사 낭관(郞

---

31) 위와 같음.
32) 《영조실록》권53, 영조 17년 4월 19일 癸丑 및 4월 22일 丙辰.
33) 《영조실록》권53, 영조 17년 4월 5일 己亥 및 4월 22일 丙辰.

官)으로 임명된 유수원의 관직생활은 그 뒤 어떻게 되었을까? 이듬
해인 영조 18년(1742) 1월 25일에 유수원은 세자시강원(世子侍講院)의
필선(弼善, 정4품)으로 임명되었다.[34] 당시 사도세자(思悼世子)는 8세가
되었으므로 본격적인 교육이 시작된 것인데 그 교육의 일부 책임을
유수원이 맡은 것이다. 당시 그는 49세의 장년이었다.

유수원과 사도세자의 인연은 세자의 정치경륜을 형성하는 데 적
지 않은 영향을 주었을 것이다. 뒷날 세자가 노론 벽파의 견제와 질
시를 받다가 결국 죽임을 당하게 된 배경에는 소론과 친숙한 세자
의 경력이 적지 아니 작용했을지도 모른다.

5. 영조 19~20년, 《속오례의》 편찬에 참여

유수원이 필선으로 임명된 이듬해인 영조 19년(1743)에 그는 우참
찬 이덕수(李德壽)와 더불어 《속오례의(續五禮儀)》 편찬에 참여했다.
영조가 이 책의 편찬을 명령한 것은 영조 19년 11월 14일이었는
데,[35] 이덕수는 전장령(前掌令) 유수원(柳壽垣)과 더불어 이 일을 추진
했다고 기록되어 있다. 아마 유수원의 해박한 지식을 활용하고자 한
것일 것이다.

《속오례의》는 조선 전기에 편찬된 《국조오례의(國朝五禮儀)》가 시
대가 지남에 따라 현실에 맞지 않는 점이 많이 발견되어 이를 이정
(釐正)한 것이다. 참고로 《국조오례의》는 국가의례를 길례(吉禮), 가례
(嘉禮), 흉례(凶禮), 빈례(賓禮), 군례(軍禮) 등으로 나누어 그 의례의 요
지를 그림을 곁들여 설명한 책이다.[36] 그런데 조선 후기에 이르러

---

34) 《영조실록》 권55, 영조 18년 1월 25일 乙酉.
35) 《영조실록》 권58, 영조 19년 11월 14일 癸巳.

국가의례에 변화가 일어나자 이를 반영하여 《속오례의》를 편찬하게
된 것이다.

　그런데 이덕수가 도중에 세상을 떠나자 영조는 이듬해인 영조 20
년(1744) 7월 8일에 예조판서 이종성(李宗城)이 대신 책임을 맡도록
했다.37) 그러나 이종성은 무슨 이유인지 유수원 대신 윤광소(尹光紹)
에게 실무를 맡겨 이해 8월 27일 《속오례의》가 완성되었다.38) 하지
만, 비록 끝까지 완성을 보지는 못했지만 《속오례의》 편찬에 유수
원이 약 8개월 동안 참여했던 것은 틀림없는 사실이다.

　여기서 한 가지 의문이 있다. 영조 20년 7월 8일 당시 유수원의
직함을 '전장령(前掌令)'이라고 기록한 것이 이상하다. 영조 18년 1월
에 필선(弼善, 정4품)의 직함을 가졌던 그가 다시 장령(掌令, 정4품)이
되었다가 그만두고 《속오례의》 편찬에 참여한 것인지, 아니면 기록
자가 유수원의 전직 중에서 가장 요직으로 생각되는 장령을 내세운
것인지 확인할 길이 없다.

　참고로, 《속오례의》가 편찬되던 해에 《속대전(續大典)》이 편찬되었
는데, 그 속의 〈사천조(私賤條)〉에 "祖父婢妾所生 乃是同生四寸 不可使役"
이라는 조항이 들어 있다. 그런데 지금 전하는 《우서》에는 이 조항
이 인용되고 있어 눈길을 끈다. 이는 유수원이 《속대전》이 편찬된
이후 《우서》의 일부 내용을 보완했다는 증거가 될 수 있다.39)

---

36) 한영우, 《조선왕조 의궤 ― 국가의례와 그 기록》(일지사, 2005) 참고.
37) 《영조실록》 권59, 영조 20년 7월 8일 癸未.
38) 《영조실록》 권59, 영조 20년 7월 8일 癸未 및 《영조실록》 권60, 영조 20년 8월 27
　일 辛未.
39) 이 점에 대해서는 한영국 교수도 이미 그의 논문에서 지적한 바 있다.

6. 영조 31년, 유수원의 반역과 복주 —— 을해옥사

유수원이 《속오례의》 편찬에 참여한 영조 20년(1744) 이후로 영조 31년(1755) 5월에 반역죄로 복주(伏誅)될 때까지 유수원에 관한 기록은 《영조실록》에서 사라진다. 그러면 11년 동안에 걸친 세월에 그는 무슨 일을 하였을까?

우선 그가 벼슬길에 나가지 않았음은 분명하다. 그 이유를 생각해 보면, 그를 아끼고 후원하던 소론파 대신들이 거의 세상을 떠난 데 이유가 있을 것이다. 그동안 그를 적극적으로 후원해 준 이광좌(李光佐)가 영조 16년(1740)에 세상을 떠나고, 조현명(趙顯命)도 영조 28년(1752)에 세상을 떠났다. 유수원의 《우서》를 영조에게 소개한 이종성(李宗城)도 어쩐 일인지 영조 20년(1744)에 《속오례의》를 편찬하면서 유수원과 갈라섰다. 이종성은 영조 28년(1752)에 영의정에 올랐으나 유수원을 추천하지 않았다. 이제 유수원을 적극 후원할 세력이 없어진 상태에서 영조가 능동적으로 그를 부를 이유는 없었을 것이다. 역적 유봉휘(柳鳳輝)의 혈친이자 소론 과격파라는 그의 인상은 온건파를 선호하던 영조의 탕평책에 어울리는 인물이 아니었다.

그러면 벼슬길에서 빗겨난 그는 무슨 일을 하였을까? 첫째로 자신의 노작인 《우서》를 보완하는 작업을 했을 가능성이 있다. 또 다른 가정(假定)은 자포자기에 빠진 환경 속에서 그의 성품이 더욱 과격한 방향으로 흘러갔을 가능성이 있다. 그가 반역죄로 영조의 친국(親鞫)을 받으면서 피력한 공초(供招)를 보면, 그는 자신이 반역한 사실을 아주 당당하게 말하고 있어 주목된다. 이제 그의 공초를 직집 들어보자.

신은 신치운(申致雲), 박사집(朴師緝)과 친밀하게 사귀어 침체된 바가 신치운과 다름이 없게 되었는데, 이는 오직 조제(調劑)한 소치에 말미암은 것입니다. 그래서 위로는 성상(聖上)을 비방하고, 아래로는 조제한 여러 신하들을 욕하며 몰래 나라를 원망하는 마음을 쌓아 왔습니다. 그리고 만날 때마다 흉언(兇言)과 패설(悖說)을 많이 하기를 김일경(金一鏡)과 박필몽(朴弼夢)처럼 했고, 때로는 그보다 더 했습니다. 신도 이들과 어지럽게 수작하면서 참여했습니다. 대개 신은 여러 역적 가운데 비단 흉적을 알 뿐 아니라, 실로 당준(黨峻)의 마음으로 말미암아 나라를 원망하기에 이르렀으며, 나라를 원망하는 마음에서 항상 헤아리기 어려운 패설을 하기에 이른 것입니다.[40]

우선 유수원은 자신이 벼슬길이 막혀 침체된 사실에 울분을 토하고, 그 원인이 영조의 조제(調劑)에 있음을 분명히 했다. 조제란 온건파를 등용하여 당파를 조제(調劑)하려는 탕평책(蕩平策)을 가리킨다. 그리하여 신임사화(辛壬士禍)를 일으킨 경종 대의 김일경(金一鏡) 및 박필몽(朴弼夢)과 똑같은 흉언(凶言)을 하고 있었다는 것이다. 그리고 자신과 비슷한 처지에 있던 박사집(朴師緝) 및 신치운(申致雲) 등과 어울린 사실도 인정하고 있다. 박사집은 신임사화 및 이인좌난의 주동자의 한 사람인 박필현(朴弼顯) 및 박필몽(朴弼夢) 형제[사촌형제]의 종조카이고, 신치운은 박사집과 어려서부터 친구였다.

여기서 유수원과 함께 화를 당한 신치운(申致雲)과 박사집(朴師緝)의 가계를 잠시 살펴보자.[41] 먼저 신치운은 인조 대 명신 상촌(象村) 신흠(申欽, 1566~1628)의 5대손이다. 신흠의 아들은 선조의 부마가 된 신익성(申翊聖)이고, 신익성의 아들이 부제학 신면(申冕), 신면의 아들이 좌랑 신종화(申宗華), 신종화의 아들이 참봉 신유(申鍒), 신유의 아들이 참의(參議)를 지낸 신치운이다. 이 집안은 명문 평산신씨(平山申

---

40) 《영조실록》 권84, 영조 31년 5월 25일 戊戌.
41) 《靑邱氏譜》 4권(민창문화사), 200쪽.

氏)에 속한다. 특히 신흠과 신익성 부자는 성리학자이면서도 소옹(邵雍)의 역학(易學), 곧 상수학(象數學)을 존중하는 절충적 상리학자로 알려지고 있다.42)

한편 박사집은 명문 반남박씨(潘南朴氏) 집안으로, 그의 종숙부인 박필몽은 장희빈의 여동생의 남편이며, 박필몽의 사촌형인 박필현의 방계후손 가운데는 유명한 북학파 학자인 연암 박지원(朴趾源)이 나왔다.

이렇게 을해옥사는 실학적 학풍을 지닌 서울 명문집안의 후손들이 대거 연루된 사건이지만, 유수원이 당시 정치에 대해 심한 불만을 가지고 있었다고 해서 구체적으로 반역을 음모했는지는 확실하지 않다. 유수원에 뒤이어 같은 죄목으로 죽은 심악(沈鐸, 沈維賢)은 마지막 공초에서 유수원이 죽은 이유를 다음과 같이 말하고 있어 참고가 된다.

수원(壽垣)이 사형된 것은 흉언(凶言)으로 말미암은 것이지 대역(大逆)으로 말미암은 것은 아닙니다. 나는 수원의 역절(逆節)이 나라를 위한 충정으로 봅니다. … 수원과 함께 죽게 되었으니 이 또한 즐거운 일이 아닙니까.43)

유수원이 구체적으로 반역을 계획했다는 증거는 없지만, 반역적인 마음을 품었다는 것은 분명하다. 웬만하면 자신의 죄를 부정하고 살기를 구하는 것이 상례일 텐데 유수원은 전혀 그런 마음을 보이지 않았다. 여기서 유수원의 성품이 강직하고 티협을 모르는 인물임을 알 수 있다. 이런 모습은 《우서》의 분위기와도 완전히 일치한다.

---

42) 한영우, 《실학의 선구자 이수광》(경세원, 2007) 참고.
43) 《영조실록》 권84, 영조 31년 5월 26일 己亥.

《우서》를 읽어보면, 그의 현실에 대한 비판은 지나치리만큼 심하고, 조선왕조의 개혁사업이나 역사적 인물에 대한 평가도 지나치게 부정적이다. 특히 노론이 존경하는 율곡(栗谷)이나 송시열(宋時烈) 등 인물에 대해서는 일언반구의 언급도 보이지 않는다.

결국 영조 20년에서 영조 31년에 죽임을 당할 때까지의 11년간의 세월을 그는 현실에 대한 강한 불만을 간직한 가운데 소론 과격파들과 어울려 영조와 신하들을 저주하면서 살아 왔다고 할 수 있다. 이른바 을해옥사(乙亥獄事)로 불리는 영조 31년(1757)의 소론대탄압은 소론 과격파의 마지막 도전이자 소론 과격파 세력이 거의 뿌리가 뽑히는 대사건이었다.

이 사건의 시발은 그가 죽기 3개월 전인 영조 31년 2월의 나주괘서사건(羅州掛書事件)으로 소급된다. 일찍이 노론대신들을 숙청한 신임사화(辛壬士禍) 때 김일경(金一鏡) 일파에 연좌되어 전라도 나주로 유배되었던 윤지(尹志)라는 인물은 오랜 금고생활에 대한 불만에서 아들 윤광철(尹光哲)과 나주목사 이하징(李夏徵)을 사주하여 동지를 규합한 뒤 나주 객사(客舍)에 괘서(掛書)를 붙여 주민들을 선동했다. 그러나 이 사건은 사전에 발각되어 윤지가 서울로 압송되고, 영조가 직접 심문하면서 그 일당이 처형당했다.

이 사건에 뒤이어 이해 5월에 괘서사건 연루자들을 토벌한 것을 경하하여 정시(庭試)를 실시했는데, 이때 이상한 답안지가 발견되다. 즉 심정연(沈鼎衍)이 과거시험에서 훈척과 임금의 사랑을 받는 신하들을 비난하는 답안지를 낸 것이다. 심정연은 이인좌난 때 토벌당한 심성연(沈成衍)의 동생이었다. 이 변서사건(變書事件)으로 심정연은 5월 3일 영조의 친국(親鞫)을 받고 다음날 처형되었으며,[44] 그와 연결된 소론파 일당이 검거되어 처형되었다.

44) 《영조실록》 권84, 영조 31년 5월 3일 丙子 및 5월 4일 丁丑.

영조 31년 5월 한 달 동안 계속된 숙청에서 처형된 인물은 약 500명을 헤아리게 되었는데, 유수원도 여기에 연관되어 5월 24일에 영조의 친국을 받고 다음날 복주(伏誅)되었다. 그리고 그의 처자는 노적(孥籍)에 들어가 관노비가 되었다. 유수원의 가족들은 이제 노비가 된 것이다. 유수원은 62세로 한 많은 일생을 마쳤다.

을해옥사 때 화를 당한 인물 가운데에는 김일경(金一鏡)의 친조카인 김도성(金道成), 심정연(沈鼎衍)의 형제들인 심성연(沈成衍)과 심익연(沈益衍), 신치운(申致雲)의 형제들인 신치항(申致恒)과 신치흥(申致興), 신치운의 친족인 김성(金渻), 왕가의 종친인 여선군(驪善君) 이학(李壆), 여천군(驪川君) 이증(李增)도 포함되어 있었다. 그 밖에 심악(沈鍔, 沈維賢), 강몽협(姜夢協, 심정연의 당여), 윤취상(尹就商)과 윤혜(尹惠) 형제, 윤광찬(尹光纘), 유명두(柳明斗, 춘천인)와 유봉린(柳鳳麟, 유명두의 아들이자 윤혜의 처남) 부자, 유봉성(柳鳳星), 서철수(徐哲修), 정석린(鄭錫麟), 정성린(鄭聖麟, 홍주인), 어석기(魚錫耆) 등이 화를 입었다.

이상 을해옥사를 마치고 나서 영조는 자신의 처사를 정당화하기 위해 《천의소감(闡義昭鑑)》이라는 책을 편찬했다. 이 책은 노론파인 영부사 김재로(金在魯)와 영돈녕 이천보(李天輔), 우의정 조재호(趙載浩) 등을 도제조로 삼아 영조 31년 6월 1일부터 시작하여 이해 편찬을 마쳤다. 그 내용은 경종과 영조 대에 일어난 역적토벌의 전말을 기록하여 충역(忠逆)의 시비를 확정하고, 자신이 왕위에 오른 것이 정당한 것이었음을 밝힌 것이다. 다시 말해 자신과 노론의 처사가 옳고 소론이 역적임을 온 세상에 천명한 것이다. 이로써 소론은 이제 반역집단으로 확실하게 자리 매김 되고, 더 이상 재기의 힘을 잃고 말았다.

제
2
장

《우서》의 체재와 내용

제2장 《우서》의 체재와 내용

1. 《우서》의 체재

이제 유수원의 유일한 저서인 《우서》의 내용을 본격적으로 검토하기로 한다.

먼저, 《우서》의 판본에 대해 알아보기로 한다. 현재 남아 있는 《우서》는 6종으로 모두 필사본(筆寫本)이다.[45] 이는 정식 목판으로 간행된 일이 없다는 것을 말해 준다. 이를 소개하면 다음과 같다.

1) 서울대학교 규장각한국학연구원의 규장각본(奎章閣本)이 있다. 10권 9책으로 되어 있으며, 판심(版心)에 '참의재장(參倚齋藏)'이라는 표시가 있다. 그러나 참의재는 누구인지 알 수 없다. 필사본 가운데서 가장 글자가 정갈한 선본(善本)이다.

2) 한국학중앙연구원의 장서각본(藏書閣本)이 있다. 8권 8책으로 되어 있으며, 낙행(落行)과 탈자(脫字)가 많다. 저자를 농객(聾客)으로 적고 있는 것이 특징이다.

3) 박승만(朴勝萬) 소장본이 있다. 8권 8책으로 되어 있으며, 저자를 유수원 남로(柳壽垣 南老)라고 적고 있다. 고자(古字)가 많이 사용되

---

45) 《우서》의 판본에 대해서는 한영국, 〈우서해제〉, 《우서》(민족문화추진회, 1981)가 참고된다.

고 있다.

4) 박준서(朴峻緖) 소장본이 있다. 8권 8책이며, '柳壽垣 南老 著'라고 되어 있다. 필사자의 교정이 들어 있다.

5) 일본 가와이문고본(河合文庫本, 京都大)이 있다. 8권 4책이며, '柳壽垣 南老 著'라고 되어 있다. 고자(古字)가 많이 사용되고 있다.

6) 일본 동양문고본(東洋文庫本)이 있다. 불분권(不分卷) 5책이다. 규장각본과 같은 계열로 보이는데, 다만 규장각본의 제5권부터 제8권에 해당하는 부분이 누락되어 있다.

이상 6종의 《우서》는 크게 두 종류로 구분되는데 10권본과 8권본이 그것이다. 그러나 10권이나 8권이나 내용은 거의 차이가 없다. 아마 필사과정에 권수를 달리한 것으로 보인다. 그런데 앞서 영조 13년 10월에 소론대신들이 이 책을 임금에게 소개할 때 7권이라고 말한 대목이 있었다. 이렇게 권수에 차이가 나타나는 것은 영조 13년 이후에 내용이 증보되어 권수가 늘어난 것인지, 아니면 똑같은 분량의 책을 처음에는 7권으로 분권했다가 뒤에 8권 혹은 10권으로 분권한 것인지는 확실하지 않다. 아마 전자일 가능성이 높아 보인다.

어쨌든 현재 남아 있는 필사본 가운데서 가장 충실한 것은 규장각본으로 1971년에 서울대학교 고전간행회에서 영인본으로 출간했으며,[46] 그 뒤 1981년에 이 책을 대본으로 민족문화추진회에서 번역서와 함께 영인본을 출간했다.

이제 규장각본을 대본으로 하여 《우서》의 체재와 목차를 소개하기로 한다.

먼저, 《우서》는 모두 10권으로 되어 있다. 그 안에 77개 항의 논설(論說)이 들어 있는데, 서술방식은 시종일관 제3자가 질문하고 유

---

46) 이 영인본에는 한영국 교수의 해제가 실려 있다.

수원이 답변하는 문답체(問答體) 형식을 취하고 있다. 여기서 제3자는 개혁을 반대하고 현실을 옹호하는 수구세력의 입장을 상정한 것으로 수구파와의 가상적인 토론형식을 취하고 있다. 아마 노론파를 수구파로 설정하고 썼을 것이다. 이러한 형식은 자신의 논지를 객관화하고 입체화하는 효과를 거두고 있다.

유수원이 비판하고 있는 시대는 물론 자신이 살고 있던 18세기 초의 당대(當代)이다. 그러나 모든 잘못된 제도의 뿌리를 고려시대부터 찾아 당대에 이르기까지의 전개과정을 역사적으로 추적하고 있다. 따라서 고려시대와 조선시대에 대한 박식한 역사적 안목이 뒷받침되고 있으며, 이를 통해 그의 역사인식을 엿볼 수 있다.

이제 이상과 같은 몇 가지 특징을 이해하면서, 구체적인 목차를 살펴보면 다음과 같다(번호는 필자가 붙임).

권 1

    1) 기논찬본지(記論撰本旨)

    2) 논동속(論東俗)

    3) 논여제(論麗制): 과목(科目), 학교(學校), 전제(田制), 병제(兵制), 관제(官制), 전주(銓注), 문벌(門閥), 조세(租稅), 부역(賦役), 노비(奴婢)

    4) 논본조정폐(論本朝政弊)

    5) 논비국(論備局)

    6) 총론사민(總論四民) —— 부김상육갑신상소(附金相肯甲申上疏)

권 2

    7) 논문벌지폐(論門閥之弊)

    8) 논구문벌지폐(論救門閥之弊)

    9) 논학교(論學校)

31) 관제잡론(官制雜論)

32) 논관제년격득실(論官制年格得失)

33) 논물의(論物議)

34) 논서경(論署經)

35) 논탄핵(論彈劾)

36) 논척완은음(論戚畹恩蔭)

권 6

37) 논호구격식(論戶口格式) —— 입호격식(立戶格式)

38) 매세편심칙례(每歲編審則例)

39) 논관사조책칙례(論官司造冊則例)

40) 논편심구관신증사례(論編審舊管新增事例)

41) 논균요사리(論均徭事理)

42) 논균요전부사의(論均徭田賦事宜)

43) 논호구잡령(論戶口雜令)

44) 논전정(論田政)

권 7

45) 논국견휼진구(論國蠲恤賑救)

46) 논선혜대동(論宣惠大同)

47) 논상진이청(論常賑二廳)

48) 논화전(論火田)

49) 논과종상마(論課種桑麻)

50) 논면세보솔지류(論免稅保率之類)

51) 논징수공세전량(論徵收貢稅錢糧)

52) 논양서재화(論兩西財貨)

53) 논노비공역(論奴婢貢役)

75) 논사찰승도(論寺刹僧徒)

76) 논변통규제이해(論變通規制利害)

77) 총론법도가행여부(摠論法度可行與否)

이상의 목차를 다시 검토해 보면, 앞의 6개 항은 서론적인 성격의 글이고, 마지막 76과 77항은 결론에 해당하며, 나머지 항목들은 각론으로 볼 수 있다.

2. 《우서》의 내용

이제 《우서》의 각론에 담긴 내용의 요지를 알아보자. 《우서》의 내용은 크게 여덟 분야로 나누어 볼 수 있다.

첫째, 고려시대의 여러 제도에 대한 비판으로서 권1의 〈논동속(論東俗)〉과 〈논여제(論麗制)〉가 여기에 해당한다. 특히 〈논여제〉에서는 고려시대의 여러 제도를 과목(科目, 과거제도), 학교(學校, 학교제도), 전제(田制, 토지제도), 병제(兵制, 군사제도), 관제(官制, 관료제도), 전주(銓注, 인사제도), 문벌(門閥, 문벌제도), 조세(租稅, 조세제도), 노비(奴婢, 노비제도)로 나누어 조목조목 다루고 있는데, 매우 비판적인 시각이 담겨 있으며 조선시대의 모든 잘못이 고려시대에서 기원하고 있다고 진단한다.

둘째, 조선시대의 양반문벌(兩班門閥)에 대한 비판으로서 권1의 〈총론사민(總論四民)〉을 비롯하여, 권2의 〈논문벌지폐(論門閥之弊)〉, 〈논구문벌지폐(論救門閥之弊)〉, 권7의 〈논노비공역(論奴婢貢役)〉 등이 여기에 해당한다. 여기서 양반문벌제도가 모든 폐단의 근본원인으로 진단되면서 이를 혁파하여 모든 주민을 사농공상(士農工商)의 사민(四民)으로 나누어 직업의 전문화와 아울러 직업적 평등을 강조한다.

　셋째, 교육제도에 대한 비판이다. 이는 권2의 〈논학교(論學校)〉와 〈논학교선보지제(論學校選補之制)〉에서 논하고 있다. 여기서는 신분차별에 따른 교육차별의 모순을 지적하고 있다.

　넷째, 관리충원제도에 관한 비판이다. 이에 관해서는 권2의 〈논거인격례(論擧人格例)〉, 〈논과거조례(論科擧條例)〉, 〈논과공음삼도격례(論科貢蔭三塗格例)〉, 〈논은음전서사의(論恩蔭銓敍事宜)〉, 〈총론선거공음사리(論總論選擧貢蔭事理)〉, 〈논무거(論武擧)〉 등에서 논하고 있다. 여기서는 문관을 선발하는 과거(科擧, 擧人)로부터 시작하여, 무인을 선발하는 무과(武科), 고관과 공신들의 후손을 대접하는 은음(恩蔭), 우수학생들을 교직(敎職)에 임명하는 공사(貢士) 등을 논의하고 있다.

　다섯째, 관료의 고과(考課) 및 승진에 관한 개혁안이다. 이에 관해서는 권3의 〈관제총론(官制總論)〉을 비롯하여 〈논관제추승(論官制推陞)〉, 〈논책임승강조례(論責任陞降條例)〉, 〈논선주직관사의(論選注職官事宜)〉, 〈논구임직관사의(論久任職官事宜)〉, 권4의 〈논고적사의(論考績事宜)〉 등에서 논하고 있다. 관료의 업적과 연한을 객관적으로 평가하여 승진해야 한다는 것을 강조하고 있다.

　여섯째, 권력구조에 대한 견해이다. 이에 관해서는 권3의 〈관제총론(官制摠論)〉과 〈논관제지폐(論官制之弊)〉, 권4 및 권5의 내용들이 대부분 이 문제를 다룬 것이다. 여기서 유수원은 의정부서사제(議政府署事制)를 반대하고, 육조서사제(六曹署事制)를 지지하면서, 이른바 당론(黨論)과 관련된 주론(主論)과 공론(公論)의 폐단을 지적하고 있다. 그리고 용관(冗官)의 혁파와 각 관직의 전문성에 대한 자신의 의견을 개진하고 있다.

　일곱째, 경제적인 문제와 관련하여 부세(賦稅)의 평등과 아울러 국가의 수입을 늘이기 위한 인세(人稅), 호세(戶稅), 전세(田稅), 상세(商

稅), 공세(工稅), 어염선세(魚鹽船稅) 등 여러 세제(稅制) 개혁안이 제시되고 있다. 이와 관련하여 화폐제도와 호적제도(戶籍制度)의 개혁을 제시하고 있는 점이 주목된다. 그리고 국가의 각종 재정지출에 대한 개선안도 따른다. 이와 관련된 논설은 권6에서 권10에 해당한다. 이 부분이 상당히 큰 비중을 차지하고 있는바, 유수원의 국가재정과 농상공업에 대한 비상한 관심을 엿볼 수 있다.

여덟째, 군사제도에 대한 개혁안이다. 이에 대한 글은 권9의 〈논군제(論軍制)〉와 〈논속오보갑(論束伍保甲)〉, 〈논기군마정(論騎軍馬政)〉 등이다.

이상 유수원의 개혁사상을 이해하기 위해서 그가 무엇을 기준으로 개혁의 표준을 삼고 있느냐를 알아볼 필요가 있다. 한마디로 말해 유수원의 개혁모델은 중국의 제도이다. 중국을 우리와 다른 정치적, 사회적, 경제적 선진국으로 이해하고 있으며, 이를 따라 우리의 낙후된 제도를 바꿔야 한다는 주장이다. 특히 중국의 제도와 관련하여 주나라 시대의 제도를 서술한 것으로 알려진 《주례(周禮)》를 자주 거론하고 있으며, 특히 교육과 과거제도와 관련해서는 주자(朱子)의 의견을 각별히 주목하고 있다.

유수원은 한 번도 사행(使行)으로 중국을 가 본 일이 없었다. 그러므로 자신이 직접 견문한 중국이 아니라 서적을 통해서 이해하고 있는 중국, 그리고 소문으로 알고 있는 중국을 의식한 것이다. 정보의 중심지인 서울에서 살았기 때문에 연행사신(燕行使臣)들이 남긴 여행기나 그들로부터 직접 들은 이야기들이 정보의 진원이었을 것이다. 어쨌든 이 점은 북경을 직접 다녀온 18세기 후반기의 북학파(北學派)들과 다른 점이다.

그러나 중국제도를 선망하고 있다고 해서 유수원이 모든 것을 중국식으로 바꾸자는 것은 아니다. 언어, 풍속, 음식, 의복 등은 결코

중국을 따를 필요가 없으며, 우리의 국토와 자연환경에 맞는 토속(土
俗)과 향풍(鄕風)을 지켜야 한다는 것을 강조하고 있다. 그리고 역사
적으로 우리가 중국문화를 어떻게 수용해 왔으며 무엇이 잘못되었는
지를 폭넓게 개관하고 있다. 이 문제에 관해서 논한 것이 권10의
〈논변통규제이해(論變通規制利害)〉로서 유수원의 역사의식과 문명관을
집약한 결론에 해당한다.

제 3 장

양반문벌 혁파론

逆書

제3장 양반문벌 혁파론

1. 국허민빈(國虛民貧)의 원인 ─ 문벌의 폐단

유수원의 개혁사상의 궁극적 목표는 농상공업을 진흥시켜 경제성장을 가져오고, 국가수입을 증대하며, 각종 세금을 균등하게 부과하여 민생의 안정을 가져오는 데 있었다. 민생의 안정은 국가의 부강을 가져오는 전제조건이라고 그는 믿었다. 민생의 안정을 가져오면, 그것을 기초로 하여 국가의 부강을 이루려는 것이 정치·경제·사회의 전반에 걸친 그의 개혁사상의 궁극의 목표였다.

그런데 유수원의 눈에 비친 18세기 전반기의 조선사회는 민생이 극도로 곤궁하고 따라서 국가재정도 피폐할 대로 피폐된 상태에 있었다. 그는 이러한 상태를 한마디로 '국허민빈(國虛民貧, 나라는 텅 비고 백성은 가난함)'이라고 표현하였다. 그는 당시의 민생의 피폐상을 이렇게 전하고 있다.

나라 안에서 이른바 부자(富者)라고 불리는 사람들을 말해 본다면, 사부(士夫), 훈척(勳戚) 및 상인(商人)과 역관배(譯官輩)가 대략 넉넉하다는 소리를 들을 뿐이다. 농가(農家)에 이르러는 비록 삼남(충청·전라·경상도 ─ 필자 주)처럼 토지가 비옥한 지방일지라도 신곡(新穀)과

구곡(舊穀)을 잇대어 먹는 집이 전혀 없다. 지나간 역사를 두루 살펴보아도 우리나라처럼 민산(民産)이 텅 빈 것이 이렇듯 심한 나라가 없다.[47)]

다시 말해 18세기 초 당시 부자(富者)로 불리는 계층은 일부 사대부[양반]와 훈척(勳戚), 그리고 상인(商人)과 역관배(譯官輩)들 뿐이고, 그 밖의 백성들은 모두 가난하다는 것이다. 이러한 지적은 당시의 사회경제적 양극화의 현상을 정확하게 이해한 것이다.

그러면 무엇이 이렇듯 민산(民産)의 허갈을 가져온 원인인가. 일부 식자들은 임진·병자의 두 전란으로 말미암아 토지가 손실되고 인구가 감소된 것이 그 원인이라고 보지만, 유수원은 이러한 진단이 틀렸다고 보았다. 왜냐하면 두 전란에도 토지의 손실은 없었고, 인구는 나날이 증가하였다고 그는 말한다.[48)]

그러면 세상 사람들이 흔히 말하듯이 토지(土地)는 늘지 않았는데 인구(人口)만 부쩍 늘어난 것이 백성이 곤궁해진 근본원인인가? 이에 대하여도 그는 부정적으로 본다. 사람은 태어날 적에 누구나 의식(衣食)을 타고나기 마련이므로 인구의 증가가 결코 가난을 가져온 근본원인이 되지 못한다고 대답한다.[49)] 사람이 먹을 것을 타고난다는 말은 얼핏 비합리적인 것으로 들릴 수도 있으나, 이 말은 사람이 어떤 경제활동을 하느냐에 따라 의식(衣食)을 얼마든지 해결할 수 있다는 것을 뜻한다. 이는 그의 경제사상을 살피면 이해가 가능하다.

인구의 증가가 가난의 원인이 아니라면 우리나라의 토지(土地)가

---

47) 권1 〈總論四民〉, 「以國中所謂富家言之 不過士夫 勳戚及商譯輩 略有饒裕之稱 而至於農家 則雖三南土厚處 新舊穀相繼之家絶無 僅有歷攷往史 未有如我國民産之枵然特甚者也」.

48) 권1 〈總論四民〉, 「自國初至壬辰 自丙子至今 雖經二次寇亂 然尺土無損 生齒日增」.

49) 권1 〈總論四民〉, 「或曰 今之民産漸罄者 實由於昇平已久 生齒繁滋 地狹人衆 財産日窘之致也 豈可歸咎於民 不務本而然歟 答曰 世之爲此言者 多矣 此實無據之論也 自有此宇宙 便有此人民 自有此人民 便有此衣食 此乃天地自然之理也 寧有地狹人衆 以致民産之窮匱者哉」.

본래 척박하고 물산(物産)이 풍부하지 못한 데에 원인이 있는 것이 아닐까? 이러한 질문에 대해서도 그는 완강히 부정한다. 우리나라의 자연환경, 이를테면 토지의 비옥도, 지세(地勢), 기후, 토산물 등은 결코 중국에 뒤지지 않으며 서역(西域)이나 일남(日南, 安南)·일본(日本) 등 여러 나라에 견주어 보면 도리어 우리나라의 자연조건은 훨씬 유리한 것이라고 대답한다. 다시 그의 말을 직접 들어보자.

　　우리나라 토지의 품질은 중국의 소주(蘇州)나 절강(浙江) 지방에 견주면 뒤지는 점이 있으나, 삼남(三南)의 비옥한 땅은 어찌 힘써 농사 지으면 치부(致富)하기에 부족함이 있겠는가. 화식지(貨食志)에 "쌀밥과 (물)고깃국을 먹을 수 있으면 천하의 비옥한 땅"이라는 말이 있는데, 우리나라 사람들은 쌀밥을 먹지 않는 사람들이 드무니 어찌 토지가 척박하다고 말할 수 있겠는가. 우리나라의 지세(地勢)로 말하면 곳곳마다 산과 강이 빙 둘러 있어서, 차단하여 막고 둘러쳐 가려져서 형세가 지극히 좋다. … 평안도의 비단[紬錦], 함경도의 마포(麻布), 황해도의 철야(鐵冶), 남중(南中)의 대나무와 닥나무, 연해의 어염(魚鹽)과 미역과 김 등 … 산 사람을 기르고 죽은 사람을 장사 지내는 데 필요한 물품이 없는 것이 없다. 내가 보건대 중국은 천지의 중기(中氣)를 얻어서 우주의 대도회(大都會)라고 할 수 있다. 그 밖의 지역은 서역(西域)·일남(日南)에서 일본에 이르기까지 비록 진보(珍寶)는 생산된다 하지만 인간을 기르는 데 필요한 것은 아니고, 의식(衣食)에 필요한 물자는 우리나라만큼 풍부한 곳이 없다. 정효(鄭曉, 명나라 학자 ─ 필사 주)의 《오학편(吾學編)》을 보면, 외국의 의식은 모두 우리나라에 미치지 못하고 있음이 분명하다.[50]

50) 권1 〈總論四民〉, 「或曰 我東土地境塉 自古 民貧生理窘迫 豈必游食之致乎 答曰 不然 我東土品若比中國蘇澁之饒 則誠或不及而三南沃衍之土 豈不足力穡致富乎…我國之民 鮮不飯稻 則何謂土地之境塉也 以我東地勢言之 山回水環 在在皆然 遮擁屏蔽 形勢極好…西關之紬錦 北道之麻布…凡可以養生送死之具 無所不有 以吾觀之 則中國得天地之中氣 固可謂宇宙大都會而其

여기서 유수원이 중국이나 서역, 일남[안남], 일본 등 외국과 우리나라의 자연조건을 비교한 것은 명나라 학자 정효(鄭曉)의 《오학편(吾學編)》이라는 책에서 얻은 정보를 토대로 하고 있다. 이 책에는 세계 각국의 지연환경과 물산에 대해 많은 정보를 담고 있는데, 일찍이 17세기 초의 이수광(李睟光)도 이 책에 의거하여 《지봉유설(芝峰類說)》에서 세계 각국의 자연환경과 물산, 그리고 풍속을 소개한 바 있었다.[51] 따라서 17~18세기 조선 지식인들이 이 책을 통해 중국 밖의 세계정세를 이해하고 있었음을 알 수 있다.

유수원의 판단에 따르면, 임진·병자의 전란이나, 인구의 증가, 그리고 우리나라의 자연조건 따위는 결코 백성이 가난해진 근본원인이 되지 못한다. 오히려 의식주(衣食住)와 관련된 자연조건은 우리나라가 서역(西域)이나 일본(日本)보다도 오히려 낫다. 그렇다면 가난의 원인은 무엇인가? 유수원은 그 해답을 사민(四民)의 미분, 즉 사(士)·농(農)·공(工)·상(商)의 직업적 전문화가 이루어지지 못한 데서 찾는다. 그의 말을 들어보자.

우리나라는 고려의 제도를 계승하여, 나라를 세운 지 300년이 지나도록 사민(四民, 士·農·工·商 ── 필자 주)의 직업이 아직도 분별되지 못하고 있다. 나라가 텅 비고 백성이 가난한 것은 오로지 여기에 연유하는 것이다. … 지나간 역사를 두루 살펴보아도 우리나라처럼 민산(民産)의 허갈이 심한 나라가 없다. 이것은 무슨 까닭인가? 그 근원은 실로 사민(四民)이 나누어지지 않아서 자기의 본업(本業)에 힘쓰지 아니한 데에 원인이 있는 것이다.[52]

外則西域 日南 以至日本諸國 雖有珍寶出産處 固無益於養人 至於衣食之資 未有如我國之最饒者 苟以鄭曉「吾學編」觀之 外國衣食 皆不及於海東明矣」.
51) 이수광에 대해서는 한영우, 《실학의 선구자 이수광》(경세원, 2007) 참고.
52) 권1 〈總論四民〉, 「我朝 沿襲麗制 立國三百年來 四民之業 尚未分別 國虛民貧 專出於此… 僅有歷玟往史 未有如我民産之枵然特甚者也 此其故何哉 其源實出於四民不分 故不能務其業

다시 말하자면 사민(四民)의 직업적 분화와 전문화가 이루어지지 않았기 때문에 백성들이 자기의 직업에 충실하지 못하고, 그렇기 때문에 백성의 생활이 가난하다는 것이다. 백성들이 자기의 본업(本業)에 힘쓰지 아니하고 있다는 말은 바꾸어 말하면 백성들이 실직(失職)하고 있다는 뜻이며, 백성이 실직하고 있다는 말은 곧 백성이 놀고 먹고 있다는 말이다. 요컨대 '유식지민(遊食之民)'이 너무 많은 것이 백성이 가난한 근본원인이라는 것이다. 그런데 백성의 가난은 여기서 그치는 것이 아니다. 그것은 다시 국가의 수세원(收稅源)을 축소시켜 '나라의 가난'을 가져온 근본원인이라고 그는 판단한다.

그러면 사민의 직업분화가 이루어지지 아니한 까닭은 어디에 있는가? 그 원인은 한마디로 '양반문벌(兩班門閥)'의 발달에 있다고 그는 생각한다. '양반문벌'이 되어야만 벼슬과 면역(免役, 군역 면제)의 길이 트이고, 만약 농(農)·공(工)·상(商)을 하게 되면 평민(平民)으로 간주되어 교유(交遊)와 혼인길, 벼슬길이 모두 막혀버리고 군역(軍役, 良役)을 지게 되므로 사람마다 농·공·상을 수치로 여기고 이를 기피하게 된다는 것이다[53](註 21~24 참조). 그래서 사민이 나누어지지 아니한 원인을 양반문벌의 폐단에 있다고 보는 것이다.

유수원은 이렇듯 국허민빈(國虛民貧)의 근본원인을 외세의 침략이나 인구의 팽창, 자연적 조건 따위에서 구하지 아니하고 어디까지나 '신분과 직업' 문제에서 구한 것이 주목된다. 이것은 결국 백성과 직업과의 관계, 다시 말하자면 직업을 둘러싼 신분제도가 국가와 인민의 빈부를 좌우하는 근본요인이라고 보는 것이다.

그가 의미하는 직업이란 앞에서 언급한 바와 같이 사(士)라고 하는 지식전문업(학업)과 농·공·상이라고 하는 경제활동을 모두 포괄하는

而然也」.
53) 권1 〈總論四民〉, 「…士族果爲農工商 則交遊婚宦 其無妨碍之理乎」.

것이다. 그런데 그는 사민 가운데서도 사(士)의 직업에 근본문제가
있다고 본다. 사(士)는 원래 학교에 적을 둔 전문적인 학생을 말하므
로 학생은 농공상(農工商)을 할 수 없다. 그런데 문제는 학생도 아닌
자들이 사(士)를 칭하면서 놀고먹는 데 있는 것이다. 양반문벌의 자
식들이 바로 그런 사이비 사(士)들이다. 이들이 농공상에 참여하면
농공상 수준이 올라갈 수 있는데 그렇지 못하다. 그래서 농공상의
피폐가 국허민빈(國虛民貧)과 직접 관련이 있는 것이라고 본다.

그는 국민생활을 한층 윤택하게 하고 국가가 부강해지는 방법을
한마디로 '이용후생(利用厚生)의 도(道)'[54]라고 표현하고 있다. 그리고
'이용후생'과 직접 관련이 있는 직업이 바로 농공상이라 본다. 따라
서 경제활동과 관련되는 직업의 흥폐와 그 직업을 둘러싼 인간 상
호간의 관계, 즉 신분문제가 국가와 인민의 빈부를 좌우하는 기본요
인이라고 보며, 이것이 그의 사회개혁사상의 출발점을 이루고 있다.
그런데 사농공상(士農工商)은 직업으로서의 법(法)이 있어야 한다. 그
의 말을 들어보자.

　사·농·공·상은 각기 그 법이 있어야 한다. 지금은 그 법이 없어져
서 백성이 직(職)을 잃고 있다. 백성이 직을 잃었기 때문에 백성이
가난해졌다. 백성이 가난해졌기 때문에 나라가 텅 빈 것이다. 법을
세우고 제도를 정하는 것은 사민(四民)을 본업에 돌아가게 하기 위한
것이다.[55]

---

54) 권8 〈論商販事理額稅規制〉. 여기에서 農·工·商이 골고루 발달하여 衣食住에 필요한 모
　 든 人生日用品과 醫藥·文獻 등이 풍부하게 생산되고 원활하게 판매·유통되어 人民의
　 물질생활과 정신생활이 다 같이 윤택하게 되면 「利用厚生의 道」는 성취되는 것이
　 라고 말한다.
55) 권8 〈論魚鹽征稅〉, 「士農·工·商 各有其法 今無其法 故民失其職 失其職 故民貧 民貧 故國
　 虛」.

여기서 유수원이 지적한 사농공상의 법은 다음 장에서 구체적으로 살피게 될 것이다.

지금까지의 이야기를 다시 인과론의 측면에서 정리한다면 다음과 같다. 양반문벌의 폐단(신분제의 모순) → 사민무법(사민의 미분업) → 백성의 실직과 농·공·상의 피폐 → 백성의 빈곤 → 국가 수세원의 부족 → 나라의 빈곤이라는 악순환 논리를 이루고 있다. 따라서 신분제 모순의 시정과 사민제도의 확립이야말로 국부민안(國富民安)을 가져오기 위한 선결문제인 것이며, 모든 개혁은 사민(四民)의 분업을 기초로 하여 추진되어야 하고, 또 모든 제도개혁은 사민의 분업을 가져오기 위한 것이어야 한다는 것이 그의 지론이다.

그는 중국 삼대(三代)의 성왕(聖王)이 천하를 다스린 요체도 사민(四民)의 직업분화와 육관제도(六官制度, 육조제도)의 원만한 운영에 있었다고 보고 이렇게 말한다.

사민(四民)의 무업(務業)은 육관술직(六官述職)의 근본으로서 … 사민(四民)이 본업에 힘쓰게 된 뒤라야 육관(六官)은 제 직책을 잘 수행할 수 있을 것이다.[56]

다시 말해 국가를 운영하는 데는 6관제도(六官制度, 이·호·예·병·형·공)의 운영도 중요하지만, 사민의 분화가 확실해야만 육관제도의 운영도 원만하게 할 수 있다는 것이다. 그래서 그는 "사민분업(四民分業)은 생재(生財)의 근원을 만들기 위한 것"[57]이라고도 말한다. 그가 정치·경제·사회 전반에 걸친 종합적인 개혁안으로서 《우서》를 저술

---

56) 권2 〈論救門閥之弊〉, 「答曰 雖以三代聖王所以治天下者言之 不過曰四民務其業 六官述其職 而已 四民務業 六官述職之本…四民旣務本業 然後 六官可修其職 苟能行此 則世所謂痼弊巨癃 深根固蔕 決難動搖之類 自當迎刃 縷解冰消霧釋 少無難袪之慮矣」.
57) 권6 〈論戶口雜令〉.

하면서 신분과 직업 문제를 첫머리에서 다루고, 또 《우서》의 도처에서 이 문제를 중점적으로 거론하고 있는 까닭을 이로써 이해할 수 있다.

2. 17~18세기 신분제의 문제점

1) 양반문벌과 사이비 사(士)

그러면 유수원이 살았던 17세기 말과 18세기 전반기의 조선에서 사농공상(士農工商)의 구체적 실태는 어떠했을까? 《우서》에는 이에 대한 구체적 사례들이 풍부하게 소개되고 있어서, 이 책이 단순한 사상서가 아니라, 조선 후기 신분제의 실상을 연구하는 데 중요한 정보를 제공해 주고 있다.[58]

물론, 유수원 시대에도 형식상으로는 사·농·공·상의 명칭이 분리되어 있었다. 명칭과 형식만 가지고 본다면 사민(四民)은 분화되어 있는 셈이다. 그럼에도 그가 그토록 사민의 미분화를 비판해 마지않는 것은 그 형식에서가 아니라 그 내실에서였다. 다시 말하자면 사민이 명실상부하게 제 직업에 충실하지 못하고 허위적인 명칭만을 띠고 있는 데 문제가 있었던 것이며, 또한 사민(四民) 사이에 심한 사회적 불평등이 엄존하여 있다는 데에 또 하나의 문제가 있었다.

유수원이 추구하고 지향하고자 하는 사민제도(四民制度)는 사민의 직업적 전문화와 동시에 사민 사이의 신분적 평등화를 의미하는 것이다. 그는 이것을 '사민분업(四民分業)'과 '사민일치(四民一致)'라는 말

---

58) 시카타 히로시(四方博)가 조선 후기 신분계급제도를 연구하면서 호적(戶籍)과 더불어 《우서》를 연구자료로 활용한 이유가 여기에 있다.

로써 표현하고 있다. 사민분업은 후술하는 바와 같이 어디까지나 개인의 능력(자질)과 취미에 따라 자유스럽게 선택되는 것이지(물론 능력에 대한 시험을 치러야 하지만) 국가의 강요나 또는 가문에 따라서 선택되거나 세습되어서는 안 된다.

또한 사민일치(四民一致)라 함은 사민이 비록 직업의 내용은 다르고, 또 직업에서 가치의 차이나 권리의무의 차별은 어느 정도 인정한다 하더라도, 그것은 어디까지나 본인의 능력과 취미의 차이에서 오는 선택을 인정하는 것이지 신분적·인격적 차별은 인정할 수 없다는 뜻이다. 바꾸어 말하면 사민의 직업이 혈통적으로 자자손손에게 계승될 수는 없다는 것이다. 따라서 사민일치, 사민평등이란 무조건적·절대적·획일적 평등을 의미하는 것이 아니라, 능력의 평등과 선택의 자유를 전제로 한 제한적 평등을 의미하는 것이다. 이렇게 보면 사민분업(四民分業)과 사민일치(四民一致)는 둘이 아니라 하나인 셈이다.

그런데 유수원이 목격하고 인식한 당시의 사민제도는 그러한 것이 아니었다. 능력과 선택이 완전히 무시된 채 가문(家門)에 따라서, 또 다른 조건에 따라서 사민의 직업이 선택되고, 사민이 제 직업에 충실하지도 않으며, 사민 사이에 격심한 신분적 불평등이 엄존하고 있다는 것이다. 즉 당시의 사민제도는 명실상부한 사민제도가 아니라 왜곡되고 문란한 사민제도인 것이었다. 그래서 유수원은 그러한 사민제도를 사민제도로서 인정하지 않고 사민미분(四民未分), 사민실직(四民失職), 사민무법(四民無法)이라는 말로 표현하였다.

그러면 이렇듯 사민제도의 문란을 가져온 원인은 무엇인가? 그는 사민제도의 문란의 가장 큰 요인을 사(士) 곧 '선비'의 문란에서 찾고 있다. 즉 사민 가운데서도 특히 사(士, 선비)가 문란하게 됨으로써 사민제도 전체가 무너지게 된 것이라고 분석한다. 사(士)란 본래 사대부(士大夫)·사군자(士君子)라고도 불리는 것으로서 사민(四民) 중에서 가장 수위(首位)59)에 위치하는 직업인이라고 그는 본다.

유수원에 따르면 진정한 사(士)란 "학교에 적을 두고 공부하는 학생"을 말한다. 그리고 "사는 이치를 궁구하고 사우(師友)를 따르면서 치기(治己)와 치인(治人)의 법을 배운 뒤에 관리로 나아가서 임금을 섬기는 것"60)을 직업으로 하는 사람들이다. 다시 말하자면, 사(士)는 학교에서 공부하여 수기치인(修己治人)의 법을 배운 다음 관리가 되는 것을 직업으로 하는 관료후보층이라고 할 수 있다.

그러면 어떤 사람이 사(士)가 되어야 하는가. 유수원에 따르면 사(士)는 아무나 될 수 있는 것이 아니라 "민지준수자(民之俊秀者)"61)가 되어야 한다. 풀이하면 백성 가운데 능력이 '빼어난' 사람이 사가 될 자격이 있다. 또 "사는 옥(玉)처럼 맑고 깨끗한 사람"이라야 하며, "높이 잡아서 성현(聖賢), 낮게 잡아도 청수길사(淸脩吉士)"62)에 속하는 사람이라야 사라고 할 수 있다는 것이다. 사를 사민 가운데 윗자리로 보는 까닭이 바로 여기에 있다.

그런데 유수원이 본 18세기의 사(士)는 이러한 본연의 사와는 거리가 먼 것이었다. 당시의 사(士)는 양반(兩班)·유생(儒生)·유학(幼學)·사대부(士大夫) 등으로도 불리고 있었는데, 이들은 학문이나 덕행과 관계없이, 그리고 학생인가 아닌가와는 관계없이 자칭 타칭으로 사라고 불리고 있었다. 유수원은 당시 사로 불리는 계층을 다음과 같이 분류했다.

---

59) 권2 〈論學校選補之制〉, 「士者 四民之首」.
60) 권2 〈論門閥之弊〉, 「士之所以爲士者 讀書窮理 從事師友 以講其治己治人之法 然後方可以 出身事君矣」.
61) 권2 〈論敎門閥之弊〉, 「取凡民子弟之俊秀者而敎之 則此己選士也」.
62) 권2 〈論門閥之弊〉, 「夫所謂士大夫者 乃是士君子之一名也 高則聖賢 下則淸脩吉士 然後 方 不辱士君子之名矣…孤寒處地中 亦必有心事如氷玉者 未知此流 不可喚做士大夫乎」.

(1) 문벌자제(門閥子弟)를 무조건 '사대부'라고 부르고 있다.[63]

(2) 학교를 다니지 않아도 유건(儒巾)만 쓰고 다니면 '사'라고 일컫는다.[64]

(3) 부조(父祖)나 족당(族黨)이 사(士)이면 이를 상전상습(相傳相襲)하여 불학무식(不學無識)하면서도 스스로 '유생'(儒生) 또는 '유학'(幼學)으로 자처한다.[65]

(4) 청금록(青衿錄)이라 불리는 사족자제(士族子弟)의 명부를 작성하여 여기에 오른 자를 '사' 또는 '양반'이라고 부른다. '청금록'이란 본래 학교에 적을 둔 학생명부를 가리키는 것임에도 아무나 마음대로 청금록에 이름을 올려 '양반' 또는 '사'로 행세한다.[66]

이렇듯 자격이 없는데도 '사'라고 행세하는 사람들을 그는 '가칭유생(假稱儒生)', '가칭유학(假稱幼學)' 또는 '가칭양반(假稱兩班)' 등으로 불렀으며, 이러한 사이비 사는 그 수가 헤아릴 수 없이 많아서 온 세상에 가득 차고 온 고을에 두루 퍼져 있다고 말했다.

당시의 사는 이렇게 객관적인 기준이 없이 자칭 타칭으로 불렸기 때문에 그 속에는 진(眞)과 가(假)가 뒤섞여 있고, 또 그들의 학행이나 덕망, 문벌의 지위 또는 사회경제적 조건 따위가 반드시 일률적으로 같을 수는 없는 노릇이었다. 그러므로 그들이 서로 진·가를 다투고, 문벌의 우위를 다투고, 경멸하게 되는 것도 필연적인 이치다.

그런데 그들에게는 공통점이 있었다. 첫째, 그들은 대부분 유의유식(遊衣遊食), 무위도식(無爲徒食)하는 무리들이다. 즉 농·공·상과 같은

---

63) 권2 〈論門閥之弊〉, 「我東人 每指門閥子弟 爲士大夫」.
64) 권2 〈論學校〉, 「至於士者 … 一着巾 則皆稱曰士 吾以爲 士不係於學校而只係於着巾與否也」.
65) 권8 〈論商販事理額稅規制〉, 「我國之所謂士者 父祖相傳 族黨相襲 皆自稱曰儒生」.
66) 권2 〈論敎門閥之弊〉, 「所謂青衿錄 任自入之」; 권2 〈論學校選補之制〉, 「青衿錄所擇 皆是文行可合之士乎 … 何可年少士子 任意入錄 無復限節乎 一入青衿錄 則使成兩班」.

생업에는 거의 종사하지 않는다. 그렇다고 모두 관리가 되어 봉록(俸祿)을 받아 살아가는 것도 아니다. 일정한 생업이 없기 때문에 그들 가운데에는 생활경리가 몹시 궁색한 사람도 많은 것이다.[67] 그러나 아무리 생활이 궁색해도, 다른 부정한 일은 못하는 것이 없을지라도, 차라리 굶어 죽을지언정 농·공·상을 하지 않는 것이 그들의 생리였다.[68] 그 이유는 농·공·상이 비천하다고 생각해서만이 아니라, 그것에 종사하게 되면 문득 평민 또는 상한(常漢, 상놈)으로 인정되고, 그렇게 되면 벼슬길과 혼인길이 막힐 뿐만 아니라, 그 무거운 군역[身庸, 身役]을 져야 하기 때문이었다. 그는 이러한 사정을 다음과 같이 묘사하고 있다.

우리나라는 문벌을 숭상하는 것이 고려시대보다도 심하여, 비록 굶어 죽을 지경에 이르더라도 공상(工商)은 하지 않는다.[69]

지금 사족의 생리(生理)는 더욱 궁색해졌다. 힘써서 농사를 지으려 하면 몸과 다리에 흙이 묻어서 편맹(編氓, 평민)과 같아져서 양반의 체면을 지킬 수가 없다. 공·상을 하고자 하면 금방 상한(常漢, 상놈)이 된다. 그러니 비록 죽는 한이 있더라도 차마 할 수 없는 것이다.[70]

양반이 천업(賤業)을 하게 되면 국가가 영원히 벼슬길을 막는다. … 지금 사족으로 하여금 농·공·상을 하게 하면 교유(交游)와 혼인과

67) 권1 〈論麗制〉 가운데 〈奴婢〉, 「兩班生理 愈往愈窘…貧賤士族…至于今日 士族生理 愈益窘迫」.
68) 위와 같음, 「士族無他生理…雖至餓死 不屑工商」.
69) 위와 같음, 「至于我朝…崇尙門閥 甚於麗朝 雖至餓死 不屑工商」.
70) 위와 같음, 「士族生理 愈益窘迫 欲爲力農 則需體塗足 夷於編氓 不可保其兩班之體面矣 欲爲工商 則目前便爲常漢 雖死而不忍爲也」.

벼슬길에 장해가 없을 것인가? 사람들은 반드시 "저놈은 이미 평민으로 떨어졌다"고 말하면서 천대하여 절교해 버릴 것이다. … 우리나라는 양반에게는 신용(身庸, 軍役 —— 필자 주)을 징수하지 않는다.[71]

요컨대 양반(=사)은 거의 대부분 농·공·상에 종사하지 않으며, 또 군역을 지고 있지 않다는 것이다. 그렇다고 해서 그들이 모두 아무것도 하지 않고 놀고먹는다는 것은 아니다. 그들은 실제로 농·공·상보다도 더 비루하고 부정한 행동을 자행하면서 생계를 도모하고 영리를 추구한다. 유수원은 양반들의 생활수단을 대략 다음과 같이 세 가지 유형으로 분류했다.[72]

(1) 대리시험과 같은 부정한 방법으로 과거에 합격하거나, 아니면 음직(蔭職)을 얻어서 관리가 된다(求官行爲).
(2) 방납(防納)이나 장리(長利, 고리대) 또는 노비소송 등으로 생계를 꾸려간다.
(3) 관리가 된 뒤에는 백성들의 토지와 노비를 불법적으로 약탈하여 가업을 이어가는 방법[貪官汚職行爲]이 있다.

이렇게 비루하고 부정한 방법으로 생계를 도모하는 양반들은 생활이 결코 궁색한 것이 아니라 도리어 부를 축적해 가고 있다는 것이다. 이런 까닭으로 당시 토지겸병은 극도에 달하여 토지는 모두

---

71) 권1 〈總論四民〉 가운데 〈附金相埼甲申上疏〉, 「兩班爲賤業 則國家永錮之 此非禁制者乎 今使士族 果爲農工商 則交游 婚宦 其無妨得徵出身庸(軍役 —— 필자 주)於兩班」.
72) 권1 〈論麗制〉 가운데 〈奴婢〉, 「今之兩班 名雖曰恥習工商 鄙陋之行 甚於工商者多矣 不文 而有勢力 則借筆登科 不然則希望蔭仕 不然則或防納請囑 求乞是事 又不然則得做州縣 剝割貪饕問舍求田 廣占奴婢 以爲成家業之計 此無非非理 無狀之事 而兩班所謂謨生之策 此外無他 今日世道 果何可恃而其果無害於心術 有補於風俗 歟」.

사대부에게 돌아가고 백성은 토지를 갖지 못했다고 한다.[73) 이를테면 양반은 지주로서 부유한 생활을 하는 경우가 많다는 것이다.

요컨대 당시의 양반은 부정한 행위를 하는 사람은 부귀를 누리고 그렇지 못한 사람은 가난을 면치 못하였는데, 어느 경우이든 군역을 면제받는 특전을 누리고 있었으며, 자신의 양반신분은 자자손손에게 세습시키는 경우가 많다는 것이다.

이렇게 특권을 누리는 세습적인 양반계층을 유수원은 문벌(門閥)이라고 부르고 있다. 유수원에 따르면 중국에는 송(宋)나라 이후로 문벌이 없어졌는데, 우리나라는 고려시대부터 문벌숭상이 생겨나서 지금까지 이어지고, 고려시대보다도 조선시대가 오히려 더욱 심해졌다고 말한다.[74)

다만, 유수원은 조선 초기만은 문벌이 없었다고 본다. 그래서 "국초에는 오직 재주 있는 사람을 등용하는 '유재시용(惟才是用)'의 뜻이 있어서 명신(名臣)과 석보(碩輔, 큰 재상)가 고한(孤寒, 외롭고 쓸쓸)한 집안에서 많이 배출되었는데, 요즘에 이르러서는 편중(偏重)한 형세를 돌이킬 수 없게 되었다"고 한다.[75) 그리하여 "조정에서 인재를 등용하고 버리는 것도 오직 문지(門地)에 따라 좌우되고, 세상에서 사람을 접대하는 것도 문지에 따라 차별을 두며"[76) 문벌의 자제는 학문을 이루었든 이루지 않았든 저절로 '사대부'가 되고, 재능이 부족하여 과거에 급제하지 못하더라도 음사(蔭仕)로 관리가 되어 출세한다. 그는 능력보다도 가문에 따라 출세가 좌우되던 당시의 문벌 폐단을 이렇게 비판한다.

---

73) 권1〈論麗制〉가운데〈田制〉,「今日土田 亦盡歸士大夫 百姓何嘗有土田耶 兼幷已極 若不矯正 民無以支保矣」.

74) 권1〈論麗制〉가운데〈門閥〉및 註 22) 참조.

75)〈논문벌지폐〉,"國初 猶有惟才是用之意 名臣碩輔 多出孤寒 至于輓近 則偏重之勢 遂不可返"

76) 권2〈論門閥之弊〉,「朝廷所以用舍人 世俗所以接待人者 只就門地二字 爲之間隔」.

무릇 천하국가를 다스리는 자는 다만 인재가 유능한가 유능하지 않은가를 물어야 할 것인데, 지금은 먼저 그 사람의 문지(門地)부터 물어본다. 이것이 무슨 의리(義理)인가? 또한 옛날에는 충신이나 효자의 자손을 우대했는데 지금은 조상의 관벌(官閥)만을 귀하게 여길 뿐이다. 우리나라의 문신들은 … 살아서도 그 시대에 공헌하지 못하고 죽어서도 이름을 후세에 남기지 못하여 공(功)도 없고 덕(德)도 없는 자가 열이면 여덟, 아홉이나 되는데 이들이 어떻게 문음(門蔭)의 혜택을 자손에게 줄 수 있단 말인가. 재상의 아들은 비록 미련하기가 흙덩이 같아도 반드시 좋은 벼슬을 차지한다. 그런데 이보다 더 심한 것이 있다. 똑같은 한 할아버지의 자손이라도 아버지가 명관(名官)이 되면 그 아들은 높은 벼슬을 하고, 아버지가 벼슬을 하지 못하면 그 아들은 벼슬길이 막힌다. 또 이보다 더 심한 일이 있다. 똑같은 동생(형제)이라도 어머니 쪽에 전실(前室)과 후실(後室)의 구별이 있거나 문지(門地)의 높고 낮음이 있으면 동생 가운데에도 외가(外家)로 말미암아 행세하는 것이 전혀 다르다. 또 이보다 심한 것이 있다. 동생 사이에도 또한 처가(妻家)의 높고 낮음 때문에 행세가 현격한 경우가 있다. 무릇 이러한 따위는 추악하고 무식하기가 이루 말할 수 없는 것이니, 고금에 어찌 이런 의리(義理)가 있단 말인가.[77]

여기서 유수원이 지적한 문벌의 특징은 부계(父系)만이 아니라 모계(母系) 혹은 처계(妻系)도 똑같이 작용한다는 것이다. 그러니까 아버지 쪽을 따라서만 문벌이 형성되는 것이 아니고 어머니나 아내 쪽으로도 문벌의 영향을 받는다는 것이다. 그래서 문벌가문과 다투어

---

77) 권2 〈論門閥之弊〉, 「凡爲天下國家者 只當問人才之賢不肖 而今則先問其門地 此何義理 且古之所貴者 忠臣孝子之子孫而今之所貴者 祖先之官閥而已 我國文臣…生無益於時 死無聞於後 無功無德者 十之八九 此何足蔭庇雲仍而名曰宰相兒子 雖頑如土塊 必做好官 又有甚於此者 均是一祖之孫而或以父做名而子得顯仕 或父未得職而子枳淸塗 又有甚於此者 或均是同生而母有前後室 門之高下別則 同生之中 其所行世 反以外家而懸隔者 凡此之類 醜惡無識 有不可言 古今安有如此義理哉」.

혼인하려는 풍조가 생겨난다는 것이다.

그러면 문벌의 발달은 어떠한 결과를 가져왔는가? 유수원은 첫째로 음서제도(蔭敍制度)의 발달을 꼽는다. 음서의 혜택을 받는 사람은 재상(宰相) 자제와 명가(名家)의 족당(族黨), 그리고 생원·진사에 대한 초입사(初入仕), 청백리(清白吏) 자손, 전쟁에서 죽은 전망공명인(戰亡功名人)의 적장(嫡長), 선현(先賢)의 자손 등 그 범위가 매우 넓어서 초입사(初入仕)의 관직은 이들에게 거의 모두 독차지되고 있었다는 것이다.78)

둘째는, 내외 4조(四祖, 직계 3조와 외조부) 가운데 현관(顯官)이 없으면 군역에 충정(充定)된다는 말이 생겨났다. 그리하여 내외 4조 내에 관직이 계승되지 않으면 결국 양반에서 떨어져 내려와서 중미(中微)가 된다는 것이다. 그리고 양반이 못되는 향품자제(鄕品子弟)들이나 양민들도 이 때문에 갖은 수단과 방법을 가리지 않고 관직을 얻으려는 것이다.79)

셋째로, 문벌의 발달은 양반 사이에 등급의 차이를 가져오고 그들 서로가 능멸하고 대드는 '상릉상가(相凌相駕)'의 풍습이 일어나서,80) 마침내는 소족(小族)은 대족(大族)이 되기 위하여, 그리고 대족은 부귀를 오래도록 지키기 위하여 조정(朝廷)과 향리(鄕里)에서 서로 목숨을 걸고 상쟁하는 지경에까지 이르렀다는 것이다.81) 즉, 양반(=문벌)의 발달은 중앙에서의 당쟁(黨爭)과 향촌에서 향전(鄕戰)을 가져온 원인의 하나가 되었다.

넷째로, 문벌의 발달은 모든 백성들에게 문벌에 대한 동경심과 분노심을 불어넣음으로써 자기의 분수에 맞는 직업에 안주하지 못하게

---

78) 권2 〈論門閥之弊〉.
79) 위와 같음.
80) 권9 〈論士庶名分〉, 「目今 門閥之弊已極 所謂兩班門地 亦曾幾等幾級 相凌相駕」.
81) 권2 〈論門閥之弊〉.

만들어 상(商)은 상을 부끄럽게 생각하고, 공(工)은 공을 부끄럽게 생각하고, 농(農)은 농을 수치로 여기고, 사(士)는 사를 수치로 여기게 하여, 모든 백성이 자기의 분수를 지키지 못하게 하고, 일세를 통틀어 직업에 충실한 사람이 없게 만들었다는 것이다.82) 말하자면 "문벌의 발달이 바로 사민(四民)의 전문화를 가져오지 못한 근본원인이 되었다"는 것이다.83) 그가 문벌숭상의 폐단을 무엇보다도 철저하게 비판하는 까닭이 여기에 있었다.

끝으로 유수원은 양반(=문벌) 가운데에서 특히 세가거족(世家巨族)의 폐해를 가장 중요시하고 있다. 이들은 자기의 권세를 믿고 교만 방자하게 부귀만을 추구하며, 커다란 당파세력을 형성하여 영욕(榮辱)과 용사(用舍, 인재를 쓰거나 버림)를 하고 싶은 대로 행하고, 높은 지위를 차지하면 그것을 제 분수에 맞는 당연한 직책으로 생각하고, 혹시 관직에서 밀려나면 나라를 원망하는 흉악한 마음을 품고 두려움과 겸손한 마음을 모르고 있다. 공의(公議)도 그들의 기염(氣焰)을 꺾지 못하고, 위벌(威罰)도 그들의 횡포를 징계하지 못한다. 평거무사(平居無事)한 때에는 조정의 권세를 농단하면서 허다한 변괴를 일으키고, 일단 국가가 위태한 사변을 만나면 누구보다도 먼저 앞서서 달아나 버린다. 임란과 병자란 때 그것을 체험하였다. 따라서 이들은 국가를 해치는 사람들로서 나라의 큰 근심이 아닐 수 없다고 그는 개탄한다.84)

---

82) 권2 〈論門閥之弊〉, 「朝廷所以用舍人 世俗所以接待人者 只就門地二字 爲之間隔 歆義動於 中 恥潰形於外 利害切於身 機關生於心 商恥商而工恥工 農恥農而士恥士 擧一國 無守分之人 擧一世 無勤業之人 爭閱日甚於朝廷 鬪狼日甚於鄕里」.

83) 권7 〈論鍮恤賑敕〉, 「崇尙門閥 故四民之業不分」.

84) 권2 〈論門閥之弊〉, 「世家巨族 怙勢驕恣 志願唯在富貴 意氣自然汎濫 族大援盛者 門生故吏 姻婭義舊 布滿於世 榮辱用舍 惟意所欲 位遇隆顯而自以爲分內之物 小或退斥 則凶惡之徒 敢生 怨國之心 不知嚴畏恭恪之義 徒肆冥頑悍慢之習 公議難折其氣焰 威罰難懲其暴庚 凶國害家者多 矣 此非國家之深憂耶…世所謂喬木世臣…大凡平居無事 則居室泛濫之徒 專制朝權 許多變怪 多出此流 一有事故 則奔徒四散 爲民先倡 以壬丙亂時言之 大小朝臣 私逃落後者 十之八九 休

요컨대 유수원은 자기가 살던 17, 18세기의 사회를 양반(=문벌)제도가 극도로 발달된 사회로 보았으며, 나라의 재정이 바닥나고 백성들이 가난한 것이나 그 밖의 모든 사회적 모순의 뿌리가 여기에 있는 것으로 판단하였다.

2) 지역차별과 서얼 및 세루(世累)자손 금고

유수원은 양반문벌의 폐단과 아울러 17,18세기의 또 다른 사회적 모순으로 지역차별과 서얼자손(庶孽子孫) 및 세루자손(世累子孫)에 대한 금고(禁錮)를 들었다. 이것도 따지고 보면 양반문벌의 발달에서 파생된 또 다른 부산물에 지나지 않는 것으로서 양반문벌의 발달과 서로 긴밀한 관계 속에서 나타난 현상이었다.

지역차별이란 서관(西關, 평안도)·북관(北關, 함경도), 그리고 해도(海島) 지방 사람들을 청요직(淸要職)에 등용하지 않는 것을 말한다. 그 밖의 지역이라 하더라도 경향(京鄕)의 차별이 있었다. 이른바 서울양반 곧 경화양반(京華兩班)과 지방양반을 차별하는 것이었다. 또 실제로 명문거족은 거의 대부분 대대로 서울에 살고 있었다. 따라서 청요직은 서울양반이 독점하다시피 하였다. 이러한 지역차별에 대하여 유수원은 역시 그 부당함을 통렬히 비판하였다. 하늘이 인재를 낼적에 경향의 차별을 두었을 리 없다는 것이 그 이유였다.[85]

그에 따르면, 우리나라는 본래 땅이 좁은데다가 서관(西關, 평안도)은 임진란 당시 국가를 중흥시킨 공로가 있는 지방이다. 선조가 의주(義州)로 파천하여 나라를 회복시킨 곳이다. 북관(北關)은 왕실이 탄생한 풍패(豊沛, 한나라 고조의 고향)의 고장이다. 그러므로 그 지방 사

戚與共者誰 捍護國家者誰」.
85) 권2 〈論門閥之弊〉, 「天之生才 豈有京鄕之異 士庶之別乎」.

람을 낮추어 보고 차별하는 것은 부당하다고 주장한다.[86]

유수원은 경화자제(京華子弟)와 향곡자제(鄕谷子弟) 사이에 차이가 나타나는 것은 타고난 재주의 차이가 아니라 환경의 차이에서 나타나는 것이라고 주장한다. 서울사람은 문견(聞見)이 많아서 언사와 행동이 민첩하여 똑똑한 것처럼 보이고, 이와 반대로 시골사람은 문견이 없고 게다가 공부를 하지 않기 때문에 지취(志趣)가 천박하고 의기(意氣)가 뇌약하며 행동이 조잡하고 언사가 졸렬하게 되는 것이라고 한다. 따라서 그러한 책임을 시골사람에게 돌려서 시골사람은 등용할 수 없다고 말하는 것은 이치에 맞지 않는 것이라고 말한다.[87]

다음에 인재등용에서 또 하나의 제약을 이루고 있던 첩 자손의 입사 제한, 즉 서얼금고(庶孽禁錮)에 대해서도 유수원은 비판을 아끼지 않는다. 유수원은 서얼금고의 기원이 고려시대부터 생겨났다고 보았다. 즉 고려시대에는 8세호적(八世戶籍)에 천류(賤類)가 섞이면 벼슬길에 나가지 못하게 했는데, 이 법이 바로 서얼금고의 기원이 되었다는 것이다.[88] 왜냐하면 8세호적에 섞여 있는 천류는 곧 비첩(婢妾)을 가리키는 말이기 때문이다. 따라서 이 법은 비첩자손(婢妾子孫)의 벼슬을 아예 막아버리는 법이 되는 것이다. 유수원의 이러한 지적은 매우 예리한 판단으로서, 실제로 비첩(婢妾) 자손에 대해서는 고려시대가 조선시대보다도 더 가혹하게 차별했던 것이다.

그런데 고려시대 법이 조선에 들어와서는 비첩(婢妾)이든 양첩(良妾)이든 첩자식을 모두 금고하는 '서얼금고법'으로 바뀌게 된 것이다. 그러면 '서얼금고법'은 언제 만들어졌는가? 이에 대하여 유수원

---

86) 권9 〈論稀姓之流〉, 「或曰 必以登擢甲科之故 直授淸官 則西北寒微之人 濱海遐陬之士 亦當平步要津 人心果厭服乎 答曰 我國本來褊小 今於封城之內 又塞西北之人者 果何意義 北乃豊沛之鄕 西亦壬辰中興所資之地 其人有何瘠賤不可用之累耶」.

87) 권2 〈論門閥之弊〉.

88) 권1 〈論麗制〉 가운데 〈奴婢〉, 「麗朝用人 考其八世戶籍 不干賤類 乃得筮仕…麗朝 雖不禁錮庶孽 庶孽之被錮 實源於此」.

은 다음과 같이 말한다.

　서얼금고는 옛날에 없던 법으로서 서선(徐選, 태종 때 사람)과 강희
맹(姜希孟)의 한마디 말에 따라서 법령이 되어 지금에 이르러는 감옥
과 같은 것이 되어버렸다. 《대전》에는 서얼(庶孼)·개가녀(改嫁女)·장
리(贓吏, 탐관오리)의 자손은 동서반직(東西班職)에 임명하지 않는다고
기재되어 있다.[89]

　곧 조선 초기 서선(徐選)과 강희맹(姜希孟) 등의 주장에 따라 서얼금
고법이 확립되었다는 것이다. 하지만 서얼금고법은 유수원이 말하고
있듯이 서선과 강희맹의 한마디로 된 것은 아니고,[90] 또 조선 초기
에는 문자 그대로 서얼 출신의 관계진출이 완전히 봉쇄된 것도 아
니었다.[91] 따라서 유수원의 서얼금고법의 시원에 관한 설명은 사실
과 다른 점이 많지만, 어쨌든 18세기 전반기에 이르러 서얼자손의
입사가 극도로 제한되었던 것은 사실이다.[92]
　그뿐 아니라 서얼자손은 아비를 아비라 부르지도 못할 만큼 적서
의 차별이 집안에서도 지나치게 엄격하였다.[93] 그래서 그들 가운데
에는 이러한 인간 이하의 천대와 차별대우를 이기지 못하고 자포자
기하여 적족(嫡族)을 능욕하는 등 패륜적인 행동을 자행하는 사람도

---

89) 권1 〈論本朝政弊〉, 「庶孼禁錮 古無其法 而只以徐選 姜希孟一言 著爲今甲 至今牢塞 大典
　　旣曰 庶孼 改嫁女 贓吏子孫 勿敍東西班職」.
90) 李相佰, 〈庶孼禁錮始末〉, 《東方學志 1》, 1954에 따르면 서얼 출신이 자자손손 금고되
　　기 시작한 것은 大典註解(16세기 중엽) 이후부터라고 한다.
91) 《經國大典》에서는 서얼자손의 과거 응시를 금지하고 있으나 다른 방법을 통한 官
　　界進出을 금지하고 있는 것은 아니다. 다만 限品敍用이라 하여 父의 직위에 따라 진
　　급의 상한을 규제하고 있을 따름이었다.
92) 李相佰, 앞 논문에 따르면 庶子가 가장 확대된 것은 《續大典》(英祖)이 저술될 무렵이
　　라고 한다.
93) 권9 〈論士庶名分〉, 「父子之倫天也 非人所可間隔者而妾子不得呼其父曰父 此極害於人倫」.

많았다는 것이다.

유수원은 이러한 서얼금고에 대해 적극적으로 반대했다. 서얼은 아버지의 음(蔭)을 계승하거나 제사상속권[傳重]을 가질 수는 없다. 그러나 가정 안에서 첩자식이 아비를 아비로 부르게 하여 부자윤리 (父子倫理)를 먼저 인정해 주어야 인륜(人倫)이 서고, 그런 다음에 서얼 의 허통여부를 논해야 한다며 다음과 같이 강조했다.

부자의 윤리는 하늘이므로 사람이 갈라놓을 수 없다. 그런데 첩자 (妾子)가 제 아비를 아비라 부르지 못하는 것은 인륜에 매우 해로운 데도 세상 사람들은 이를 이상하게 생각하지 않으니 참으로 안타깝 다. 그동안 "재주 있는 서얼을 등용하지 않는 것이 애석하다"고 말 하는 사람들이 있는데, 이것도 이해(利害)를 가지고 하는 말이다. 나 라를 위한 길은 인륜을 밝히는 것보다 중요한 것이 없는데, 어찌 아 비가 아비노릇을 못하고, 자식이 자식노릇을 못하게 하는 윤리가 있 단 말인가. 그러므로 서얼부자의 윤리를 먼저 밝힌 뒤에 서얼의 재 주가 아깝다거나 허통(許通)을 할지 여부를 논해야 한다.94)

서얼은 이렇게 먼저 가정 안에서 아들로서 인정을 받게 하고, 나 아가 사회적으로도 사류(士流)로 대접하고, 예(禮)로써 대우해 주어야 하며, 국가에서는 오직 능력만을 보고 등용해야 한다는 것이다. 서 얼은 양첩(良妾)의 자식만이 아니라 비록 비첩(婢妾)의 자식이라도 오 직 그 현우(賢愚)를 따져서 등용하거나 말거나 해야 한다. 다시 그의 말을 직접 들어보자.

비첩(婢妾) 소생은 … 집에서는 천첩자(賤妾子)이지만, 나라에서는

---

94) 권9 〈論士庶名分〉.

오직 그가 현명한가, 어리석은가를 따져서 쓰거나 버리는 것을 결정해야 한다. 주의(周顗), 두연(杜衍), 범희문(范希文), 주수창(朱壽昌)이 모두 첩자(妾子)인데 그들이 과연 금고되어 등용되지 않은 일이 있는가. 하늘이 총명하고 정직한 자질을 만들어 주었으면 이들과 함께 천직(天職)을 함께해야 한다. 어찌 사가(私家)의 귀천 때문에 문지(門地)를 나누어 쓰지 않을 수가 있는가.[95]

유수원은 이렇게 서얼의 등용을 강조하면서도 그렇다고 가정 안에서 적서(嫡庶)의 명분을 완전히 없애자는 것은 아니었다. 그는 중국의 경우를 예로 들면서 첩자손의 승음(承蔭, 음직계승)과 전중(傳重, 제사상속권)은 반대하고 있다. 즉 서얼이 아버지의 음(蔭)을 계승하고, 제사상속권을 갖는 것은 중국에도 없다고 한다. 또 중국에서는 아버지 행장(行狀)을 적을 때 "어머니는 첩 아무개로서 아무개를 낳았다"라고 쓴다는 것이다.

다음에 유수원은 서얼과 더불어 사회적으로 출세의 길이 막힌 이른바 세루자손(世累子孫)의 금고에 대해서도 적극 반대하는 주장을 폈다. 세루자손은 말하자면 '죄인의 자손'을 말하는 것으로 이들은 부모의 죄에 연좌(連坐)되어 자자손손 출세의 길이 막히고 있었다. 유수원은 세루자손에 대한 금고법은 삼족(三族)을 멸하는 형벌보다도 더 무서운 것이라면서 이렇게 말한다.

삼족(三族)을 멸하는 것은 비록 참혹하기는 하지만 그것은 일시의 일에 지나지 않는다. 지금의 이른바 세루자손(世累子孫)은 100년이고 200년이고를 가리지 않고, 산 것도 아니고 죽은 것도 아니며, 사람 같기도 하고 사람 같지 않기도 한 처지에 놓여 있다. 그 참혹함이

---

95) 권9 〈論士庶名分〉.

어찌 삼족을 죽이는 형벌보다 심하지 않다고 하겠는가.[96]

그런데 세루자손에는 여러 종류가 있었다. 첫째 반역죄인의 자손, 둘째 장리(贓吏, 탐관오리)의 자손, 셋째 남편이 죽은 뒤 개가(改嫁)했거나 행실이 부정한 이른바 자녀(恣女)의 자손 등이 그것이다. 그러나 어떠한 경우라도 형벌은 죄인 본인에서 끝나야 하는 것이지 죄인의 자자손손을 연좌시키는 것은 부당하다는 것이다. 다만 대벽(大辟, 叛逆) 죄인에 한해서만은 연좌법을 허용하되, 법정 기한 이후에는 평인(平人)으로 대우하여 출사의 길을 열어주어야 한다고 그는 주장한다.

유수원은 나아가 연좌법(聯坐法)이 미치고 있는 사회적 악영향을 다음과 같이 네 가지로 분석했다.

첫째, 사람들이 남의 조상과 남의 가문의 흠과 허물을 들추어내는 것을 능사로 여기는 나쁜 버릇이 생겼다.

둘째, 죄인의 자손들이 세세연좌를 두려워하여 허구적인 사실을 꾸며서 조상의 죄상을 벗기려는 폐단이 있다.

셋째, 세력이 없어 조상의 신원(伸冤)을 하지 못하는 약자들은 조상의 이름을 속이는 버릇이 있다.

넷째, 세세연좌를 견디다 못하여 각종 범죄를 일으켜 세도(世道)를 해치는 폐단이 있다.

따라서 이러한 연좌제는 원칙적인 면에서도 불합리한 것일 뿐 아니라 현실적으로도 폐단이 많기 때문에 될 수 있는 대로 빨리 폐지하는 것이 좋다고 그는 결론짓는다.[97]

---

96) 권9 〈論稀姓之流〉, 「夷族雖酷 不過一時事耳 今之所謂世累子孫 則勿論百年二百年 置之於不生不死 似而非人之地 其爲慘酷 不甚於夷族之刑哉」.

끝으로 유수원은 희성(稀姓)을 가진 사람들을 차별하는 것에 대해
서도 반대했다. 능력이 어찌 성씨와 관계가 있겠느냐는 이유에서다.
예를 들면 중국의 경우에는 짐승의 성을 가진 사람 가운데에도 우
홍(牛弘)·마원(馬援)·양우(羊祜) 등의 명인(名人)이 있고, 오랑캐 성을 가
진 사람 가운데에도 호광(胡廣)·융욱(戎昱)·이지(夷之) 등의 명인이 있
으며, 열국(列國) 명칭을 성으로 가진 한(韓)·조(趙)·오(吳)·정(鄭)·양(
梁)·송(宋)·허(許)씨 등은 국호(國號)를 성으로 가진 노(魯)·위(魏)·주(
周)·진(秦)·명(明)·형(刑)씨보다도 더 큰 성씨를 이루고 있다는 것이다.
공(孔)·맹(孟)·정(程)·주(周)·장(張)·주(朱) 등의 성은 모두 성현(聖賢)과
명인(名人)의 성임에도 불구하고 지금 행세하는 것을 보면 공씨가 맹
씨만 못하고, 정(程)씨가 주(朱)씨만 못하니 이 어찌 우스운 일이 아
닌가 하고 반문한다. 이렇듯 성씨를 가지고 사람을 가린다는 것은
가소롭기 짝이 없는 일이라고 그는 단정한다.98)

3) 중인, 양인(良人)의 법적 지위

18세기 조선사회에는 양반(=문벌)계층 이외에 중서(中庶) 또는 중
인(中人)으로 불리는 계층이 있었고, 또 그 밑에 양민(良民)·양인(良

---

97) 권9 〈論稀姓之流〉, 「有此枳鋼之習 是何足遵襲乎 一倂勿施可也 或曰 此豈爲治之急務乎 答
曰 此誠急務 何以明其然也 聖人不爲已甚之事而我國此等事 皆是已甚之事也 稽之於經而無之
考之於律而無之 不過出於習俗故人皆以鉤摘人祖先豐咎爲能事 訐揚人家門隱慝爲妙法 險薄不仁
日滋月甚 此逸弊也 國家雖以當罪處決罪因 爲其子孫者 懼爲世系 固念孝子慈孫 不得掩之義飭
詐撝虛 百計圖雪 少有形勢 輒皆伸脫 故我國不伸寃之罪人甚少 此一弊也 如其無勢無力之流 則
雖不敢生意伸雪而大抵欺譃其爲祖先 甚至庶孽 亦有此習 此雖窮迫之致而其爲斁敗彝倫則甚矣
此一弊也 歡窮則摶 人窮則亂 惟彼世界子孫之安義命甘廢斥 豈其易乎 自前妖惡犯罪之流 多出
此流 斯亦窮極之致而其爲世道之害 則甚矣 此一弊也 果能揆度古今 參酌典法 不爲已甚之事 開
人蓋怨之路 至其裔孫 果有見信鄕里者 保擧以用 則世道人心 曠然一新 必無如許弊端矣 此非爲
治之急務而何」.
98) 권9 〈論稀姓之流〉.

人)·평민(平民)·상민(常民) 등으로 불리는 계층이 있었다. 양반(=문벌) 계층의 지위에 대하여는 앞에서 살펴보았으므로 여기에서는 나머지 계층의 지위에 대하여 유수원이 어떻게 인식하고 있었는가를 알아보기로 한다.

먼저 중인(中人)에 관하여서는 자세한 언급이 없다. 다만 중인도 양반과 마찬가지로 군역이 면제되는 축으로 보고 있다. 그는 중인을 양반과 양민의 중간층으로 보고, 양반과 중인은 다 같이 군역을 지지 않고 또 문벌에 들어가는 계층이라는 점에서 양민들이 올라가고 싶어 하는 계층이라고 말한다. 다시 말해 중인도 양반에 버금하는 특권층으로 간주하고 있는 것이다. 양반·중인·양민의 상호관계를 그는 다음과 같이 이해한다.

이미 양반에게서 신용(身庸, 군역)을 징수하지 않는데 중서(中庶)라고 즐거이 홀로 신용을 바치겠는가. 나라 안에서 속처(屬處)가 없고 가장 피잔(疲殘)하여 쉽게 침탈할 수 있는 것은 오직 양민(良民)일 뿐이다. 나라의 경비를 염출할 곳이 없으므로 부득이 양민을 재물로 삼아서, 콩·팥을 쪼개듯이 쪼개어 각 사(司)에 귀속시켜서 군보(軍保)에 충당한다. 이것은 실로 고금에 없는 제도이다. … 이미 문벌로서 사람을 등용하게 되니 사람마다 모두 오장(五藏)과 칠규(七竅, 일곱 개의 구멍)가 있는지라, 바보가 아닌 다음에야 누가 양반과 중인이 되기를 원하지 아니하고 군보(軍保)라는 천역을 즐겨 짊어지려고 하겠는가! 따라서 한 가닥의 포(布)나 한 알의 곡식을 바치는 것이라 하더라도 이것을 바침으로써 군역의 명칭을 띠게 되는 것을 사람들은 수치로 여기게 되었다. 수치로 여기게 되니 피하게 되고, 피하게 되니 군보가 채워지지 않는 것이다.[99]

---

99) 권1 〈總論四民〉 가운데 〈附金相堉甲申上疏〉, 「旣不得徵出身庸於兩班 則中庶其肯獨納乎 國中無屬處 最疲殘而易侵責者 只有良民而軍國經費 着手無地 故不得不以良民爲財物 瓜分豆割

여기에서 양반·중인과 양민과의 뚜렷한 차별이 잘 지적되고 있다. 양민(良民)은 문벌에 들지 못하여 벼슬길이 막혀 있고, 군보(軍保, 이것이 국가경비의 원천이다)만을 홀로 담당하는 가장 피잔(疲殘)하고 만만하게 수탈당하고 있는 무권리한 계층인 것이다. 그러나 그들도 의식을 가진 인간들이기 때문에 이왕이면 특권을 가진 양반이나 중인이 되고 싶어 하고 군역을 지기를 꺼려하여 기피하는 현상이 많으며, 양민이 군역을 기피하게 됨으로써 국가경비의 염출은 점점 어려워진다는 것이다.

유수원의 이러한 분석은 조선 후기의 사회적 모순을 가장 집약적으로 지적한 것이라고 생각된다. 왜냐하면 이 시기의 가장 큰 사회적 모순은 신분문제, 군역(신역)문제, 재정문제로 집약할 수 있는데, 이 삼자의 유기적 연관성, 다시 말하자면 삼자의 유기적 악순환과정을 가장 정확하게 설파했기 때문이다.

실로 조선 후기의 신분문제는 군역(신역)문제와 떼어서 생각할 수 없는 것으로서 양민이 양반으로 상승하려는 의지도 군역을 피해 보려는 것이 가장 중요한 목적의 하나였던 것이며,[100] 반대로 양반이 농·공·상을 기피하는 가장 큰 이유도 군역의 부담을 겁낸 까닭이었다. 이렇듯 군역(軍役)은 양반·양민의 신분적 구별을 가져오게 한 가장 큰 요인이었으며, 실로 양반은 군역을 지지 않기 때문에 양반이요, 또 양반이기 때문에 군역을 지지 않는다고 말해도 지나친 말이 아닌 것이었다. 동시에 이러한 군역의 신분적 편중이 국가재정의 허갈을 초래하고 양민의 피폐와 몰락을 가져온 중요한 요인이 되었던

屬之各司 充於軍保 此實古今所無之制而民役偏苦 理勢之所必至…旣以門閥用人 則人皆有五藏七竅 有何愚人不欲爲兩班中人而樂從軍保之賤役乎 雖納一絲一粒而帶役名 人必恥之 恥則避之 避則難充」.

100) 권2 〈論門閥之弊〉, 「噫 自夫四祖無顯官 充定軍役之說出而人人皆以官職爲決不可無之物…雖鄕品子枝 崛起豪富 聯姻巨族 則便成兩班」.

것이다.

그런데 조선 후기 양민은 그 사회경제적 지위가 공사노비(公私奴婢)와 같은 처지로 떨어져서 서로 구별을 지을 수 없게 되었다고 유수원은 보았다.101) 양반은 이들을 천대하여 함께 묶어서 상한(常漢, 상놈)으로 부르고 있었고, 이들과는 교유와 혼인관계를 거의 맺지 않고 있었다고 한다.

유수원은 양민(良民)의 이러한 처지에 대하여 그 부당성을 통렬히 비판한다. 양민은 제도상으로나 명분상으로나 천대를 받아야 할 이유가 하나도 없다는 것이 그의 지론이다. 그가 이해하는 양인(良人)의 본래 모습은 다음과 같다.

(1) 양(良)이라는 글자는 지극히 중요한 의미를 가진 것인데, 우리나라 풍속에서 양인(良人)을 천대하는 것은 무슨 이치인가.102)

(2) 양인(良人)이란 곧 공경(公卿) 이하의 자손과 평민을 가리켜서 하는 말이다.103)

(3) 양인(良人)은 비록 관직은 갖지 않았지만 본래 아무런 구애(拘碍)나 흔구(痕咎)가 없는 평인(平人)이다. 어찌 양인을 천대해야 할 까닭이 있겠는가.104)

(4) 양인(良人)은 재덕(才德)만 있으면 크게는 경상(卿相)에서 작게는 백집사(百執事)에 이르기까지 모든 관직을 담당할 수 있는 신분이다.105)

(5) 양인자제(良人子弟)는 국가가 본래 과거에 응시하는 것을 허용했다.106)

---

101) 권9 〈論士庶名分〉, 「或曰…但今之所謂良人 比之公私賤 元無異同」.
102) 권9 〈論士庶名分〉, 「答曰 良之一子 所關至重矣 東俗賤待良人 此何理也」.
103) 권9 〈論士庶名分〉, 「答曰 所謂良人 卽指公卿以下子孫及平民而言也」.
104) 권9 〈論士庶名分〉, 「良人雖無官職 自是無拘無係無痕無咎之平人 有何可賤之理乎」.
105) 권9 〈論士庶名分〉, 「良人自是天民也 苟有才德則大而卿相 小而百執事 皆其職也」.

양인(良人)은 이렇듯 법제적으로 벼슬길에 아무런 구속을 받지 않는 자유민으로서 과거응시의 자유가 있고, 위로는 재상에서 아래로는 하급관리에 이르기까지 모든 관직을 가질 수가 있으며, 재상의 자손이나 평민을 모두 양인으로 불렀다는 것이다. 그러므로 양인은 양반(=사족)으로부터 천대를 받을 이유가 없으며, 또 그들과 권리와 의무를 달리해야 할 아무런 이유도 없다는 것이다.

유수원은 이렇게 양반(兩班)과 양인(良人)의 차이가 있을 수 없다는 생각에서 중국과 우리나라의 신분제도의 차이점을 비교했다. 송나라 학인 심괄(沈括)이 쓴 《몽계필담(夢溪筆談)》에 따르면, 중국에서는 원위(元魏)시대에서 당말(唐末)까지는 귀족이 있었으나 송(宋)나라 이후부터는 양인(良人)과 문벌사족의 구별이 없어졌다.107) 그러나 송나라는 비록 문벌은 없지만, 양인(良人)과 노비(奴婢)의 구별은 엄격했다.

어떤 사람들은 말하기를, 중국에는 문벌이 없고 오직 유재시용(惟才是用), 곧 능력에 따라서 노예(奴隷)나 하천(下賤)을 막론하고 누구나 우뚝 솟아나서 고관(高官)에 오를 수 있어 전혀 명분이나 등급의 간격이 없다고 하는데, 이는 매우 무식한 말이라고 유수원은 반박한다. 그의 말을 들어보자.

중서(中庶)의 무리들이 중국은 문벌이 없다는 말을 혹시 풍문으로 듣고 말하기를, "중원(中原)은 유재시용(惟才是用) 곧 오직 재주 있는 사람만 등용한다고 하면서 노예(奴隷)나 하천(下賤)을 가리지 않고 모두 굴기(屈起)하여 고관에 오르고 조금도 명분(名分)과 등급(等級)의 간격이 없다"고 말하는데, 이는 매우 어리석고 무식한 말이다. 중국은 공경자손(公卿子孫)과 대대로 평민(平民)인 사람을 따지지 않고 모

---

106) 권2 〈論學校選補之制〉, 「答曰 良人子 國家本許就科矣」.
107) 권9 〈論士庶名分〉.

두 양인(良人)으로 대우했다. 이는 우리나라에서 사족(士族)을 대우하는 것과 다름이 없지만, 다만 그 사이에 간격을 두지 않았을 따름이다. 그러나 노비(奴婢)와 하천(下賤)에 이르러서는 명분의 엄격함이 우리나라보다도 배나 엄하다고 할 수 있다. 어찌 중국은 명분을 중하게 여기지 않았다고 할 수 있는가.108)

여기서 유수원은 중국의 경우를 예로 들어 양인과 노비[또는 하천]의 명분적 차별은 엄격해야 한다는 것을 간접적으로 인정하고 있다. 다시 말해 유수원은 노비(奴婢)나 하천(下賤)이 벼슬길에 나가는 것은 단연코 거부하고 있는 것이다. 곧 양인(良人)과 천인(賤人)의 명분은 엄격하게 지키자는 입장이다.

유수원에 따르면, 우리나라 말고 세습적 신분제도가 엄격한 나라는 중국 주변의 오랑캐들이다. 즉 사이(四夷)만이 씨족(氏族)을 가지고 귀천을 삼고 있는데, 특히 천축(天竺, 인도)의 경우가 가장 심하다고 한다. 천축에는 찰리(刹利, 크샤트리아), 파라문(婆羅門, 브라만)의 두 성(姓)이 귀종(貴種)이며, 비사(毗舍, 바이샤)와 수타(首陀, 수드라)가 서성(庶姓)을 이루고, 그 밑에 공(工)·교(巧)·순(純)·타(陀)의 가난한 사성(四姓)이 있다고 한다.109)

유수원은 물론 조선 후기의 문벌제도를 인도의 카스트제도와 같은 것으로는 생각지 않았으나, 양반(=문벌)과 양인을 차별하는 것은 결국 아직도 우리나라가 오랑캐의 습성을 버리지 못한 것으로 생각하였다.

유수원은 법제적으로 차별을 받을 이유가 없는 양인(良人)이 문벌이 아니라는 이유로 차별을 받고 있기 때문에 자연히 모든 사람들

---

108) 권9 〈論士庶名分〉.
109) 위와 같음.

이 생업에 전념하지 않고 오직 문벌이 되려고 싸움을 벌이는 데만 혈안이 되어 있는 현실을 매우 부정적으로 인식했다. 유수원은 당시 모든 국민이 자기의 분수를 지킬 줄 모르고 수단과 방법을 가리지 않고 분수에 넘치는 출세를 추구하는 모습을 다음과 같이 묘사했다.

비록 향품자지(鄕品子枝)라도 거족(巨族)과 인척을 맺으면 문득 양반이 되고, 비록 탐욕스럽고 더러우며 아첨 잘하는 사람들이라도 현관(顯官)을 얻으면 그 자손들이 무한한 은덕(恩德)을 입는다. 나라의 관작은 한이 있는 것인데 온 나라 사람들이 비리로 관작을 구하는 자가 수를 헤아릴 수 없으니 이와 같은 양반이 나라에 무슨 도움이 되겠는가. 쉽게 들어갈 수 있는 문호와 요행히 들어갈 수 있는 길을 열어 주어 다투어 달려가게 하니, 사람들은 예의와 염치가 무엇인지 알지 못하고 오직 사대부가 되는 것만을 영광으로 생각한다. 그들이 주야로 내닫는 모습은 마치 미친 사람이나 얼빠진 사람과 같고, 먹을 것을 찾아 헤매는 파리나 개 모양 같아서 못하는 짓이 없다. 제 몸을 죽이고 조상을 욕되게 하더라도 거리낄 줄을 모른다. … 사노(私奴)로 말하면 주야로 소망하는 것은 속신(贖身)하여 양민이 되고자 하는 것이며, 양민은 초관(哨官)이나 영군관(營軍官)이 되기를 구하고, 영군관은 좌수(座首)나 별감(別監)이 되기를 구하며, 별감은 향교의 유사장의(有司掌議)가 되기를 구한다. 장의(掌議)는 또한 초입사(初入仕)를 구하고, 초입사는 소문평족(素門平族)이 되기를 구하며, 소문평족은 또한 고문대족(高門大族)이 되기를 구하고, 고문대족은 자기의 부귀를 오래도록 누리기를 구한다. 모두가 자기의 분수에 넘치는 소망과 정도에 넘치는 소원을 가지고 등급을 뛰어넘어 출세를 하려고 하며, 편안히 앉아서 분수를 지키려고 하지 않는다. 아! 부귀는 누구나 얻고자 하는 것으로서 옛날이나 지금이나 무엇이 다르랴마는 천만부당한 사람들이 요행을 바라고 주야로 분경(奔競)하는 것은 우리나라

사람들처럼 심한 데가 없다. 이것은 왜 그런가? 오로지 문벌을 숭상
하여 사람들로 하여금 죽음을 무릅쓰고 싸우게 한 까닭이다.[110]

결국 문벌의 발달은 모든 사람들로 하여금 자기의 능력과 분수를
넘는 신분상승운동을 가져오고, 그것은 결국 범죄를 유발하고, 자기
신분에 맞는 정상적인 생업활동을 파괴함으로써 국가를 불안에 빠뜨
리는 결과를 가져왔다고 본다. 그래서 그는 결론적으로

　　선왕(先王)이 사민(四民)을 설정하여 각기 제 분수를 지키게 하였는
　　데, 지금은 분수를 지키지 않음이 이와 같으니 이것은 국가의 근심
　　이 아니겠는가.[111]

고 개탄하였다. 여기에서 유수원이 추구하는 신분제 개혁의 기본방
향은 양인이 관리로 상승하는 것을 억제하려는 것이 아니라, 양반문
벌 그 자체를 없애고 그들을 양인 본래의 신분으로 끌어내림으로써
양반과 양인의 동질화를 이루고 사민체제(四民體制)의 안정을 이룩하
려는 것이었다.

---

110) 권2 〈論門閥之弊〉, 「雖鄕品子枝 崛起豪富　聯姻巨族 則便成兩班 雖貪黷無行 吮癰舐痔之
　　人 得做顯官 則子孫蒙德無限 國之官爵有限而一國之人 非理求官者無數 似此兩班 何益於國哉
　　開易得之門 示僥倖之路 敺之以必爭之勢 故人不知禮義廉恥爲何物 唯以得做士大夫爲榮 日夜營
　　營如狂如癡 蠅營狗苟 無所不爲 寧殺身湛宗而有所不憚…以私奴言之 日夜所望 贖身爲良民也良
　　民則求爲哨官營軍官 營軍官又求爲座首別監　別監又求爲鄕校有司掌議 掌議又求爲初入仕　初入
　　仕又求爲素門平族 素門平族又求爲高門大族 大族又求其長保富貴 皆生踰分之望 盡有過量之願
　　必欲躪等以拔身 不肯安坐以守拙 嗚呼 富貴人所欲也 古今何異而千萬不干涉之人 望其僥倖 晝
　　夜奔競 未有如我國人之特甚者 此何故哉 尊尙門閥 使人冒死相爭故也」.
111) 권2 〈論門閥之弊〉, 「噫 先王設四民 使各守其分而今乃不安分如此 此非國家之憂耶」.

4) 노비제의 개혁

(가) 양천제(良賤制) 지지

조선시대 신분계급 가운데서 가장 낮은 신분은 더 말할 것도 없이 노비(奴婢)이다. 노비에 대한 유수원의 시각이 집중적으로 드러난 글은 권1 〈논여제(論麗制)〉 가운데 〈노비(奴婢)〉와 〈논호구잡령(論戶口雜令)〉, 그리고 권7의 〈논노비공역(論奴婢貢役)〉 등이다.

노비에 대한 유수원의 견해는 크게 네 가지로 정리할 수 있다. 첫째, 노비는 천인(賤人)이므로 양인(良人)과 동등한 대우를 받을 수 없다. 노비는 국가에 대한 부담도 양인보다 커야 하며, 관리가 될 자격이 없다. 둘째, 양인(良人)으로 된 사람을 다시 노비로 되돌리는 노비환천법(奴婢還賤法)을 반대한다. 셋째, 노비도 국가의 백성으로 간주하고 그 인격이 존중되어야 한다. 넷째, 사노비(私奴婢)로부터도 국가가 세금을 받아 공노비(公奴婢)와 사노비(私奴婢)의 신공(身貢)을 균등하게 해야 한다.

먼저, 노비와 양인의 차이점에 대한 유수원의 의견을 들어보자.

유수원은 노비가 관직에 나갈 수 있는 자격이 없다고 생각했다. 그 점이 노비와 양인의 근본적인 차이다. 그는 이상적인 신분제의 모범으로서 중국을 들고 있는데, 중국은 송(宋)나라 이후부터 문벌제도가 없어지고 능력 중심의 인재등용법이 시행되고 있지만, 그 대신 양인(良人)과 노예(奴隷)의 구별은 엄격하여 노예에게는 과거응시의 자격이 없을 뿐 아니라 양인과 천인 사이에 형벌상의 차별도 매우 엄격했다고 한다.[112] 그의 말을 들어보자.

---

112) 권2 〈論門閥之弊〉, 「自宋朝以後 中國更無以門地高下用舍人物之規」.

　권9 〈論士庶名分〉, 「凡奴隷 官吏之賤 中國本不許應擧 良賤爲婚者 決罪離異 賤人不得役使 奴婢良賤之分 可謂至嚴…中原自唐末 其瞀襄熄 自宋以後 只有良人奴隷之別 更無所謂門閥之爭 故用人不患不公 賤役不患不均」.

무릇 노예(奴隷)나 관리의 천인(賤人)에 대해서는 중국이 본래 과거
응시를 허락하지 않았다. 양인과 천인이 서로 결혼하면 죄를 주어
이상한 사람으로 격리시키고, 천인은 노비를 사역시킬 수 없었다. 양
천(良賤)의 구분이 매우 엄격하다고 할 수 있다. 또 율(律)에 따르면,
무릇 노비가 양인을 구타하면 범인(凡人)보다 1등을 더 무겁게 하고,
양인을 병들게 하면 교형(絞刑)에 처하고, 죽음에 이르게 한 자는 참
(斬)한다. 양인이 타인의 노비를 구타해서 다치게 하면 범인(凡人)보
다 1등을 감한다. 만약 죽었거나 고의로 죽인 경우라도 목숨으로 보
상하는 것은 균등하지만, 교형(絞刑)과 참형(斬刑)의 차이가 있다. 또
천인이 양인을 구타하여 병들게 하면 교형(絞刑)에 처하지만, 양인의
경우는 투상지율(鬪傷之律)을 적용하는 데 그쳐 교형(絞刑)을 하지 않
을 뿐 아니라 감등(減等)까지 한다. 양인과 천인을 확연하게 다르게
대우하는 것이 이와 같다.[113]

중국은 노예[노비]의 과거응시를 금지했을 뿐 아니라, 형벌에서도
양인과 노예는 차이가 엄격하다는 것을 소개하고 있다. 곧 양인과
노비 사이에 똑같은 범죄를 저지르더라도 양인은 범인(凡人)보다 1등
을 감(減)하고, 노비는 1등을 더 무겁게 한다는 것이다. 따라서 양천
차별(良賤差別)에 대한 명분의 엄격함이 우리나라보다도 더하다는 것
이다. 또, 우리나라 사람 가운데는 풍문만 듣고 중국은 노예(奴隷)나
하천(下賤)도 고관(高官)이 될 수 있는 것처럼 말하는데 이는 어리석
고 무식한 말이라고 공박한다. 다시 그의 말을 직접 들어보자.

중서(中庶)의 무리들이 풍문으로 중국에는 문벌(門閥)을 등용하지
않는다는 말을 듣고 문득 말하기를 "중원은 유재시용(惟才是用)하므
로 노예(奴隷)와 하천(下賤)을 가리지 않고 모두 갑자기 몸을 일으켜

---

113) 권9 〈論士庶名分〉.

고관(高官)이 되고, 조금도 명분(名分)과 등급(等級)의 간격이 없다"고 말하는데 이것은 매우 어리석고 무식한 말이다. … 중국은 … 노예나 하천에 대해서는 명분을 가르는 것이 우리나라보다도 몇 배나 엄하다. 어찌 중국은 명분을 중하게 여기지 않는다고 말할 수 있는가.114)

다시 말해 중국은 노예나 하천의 벼슬길을 막아 양인과 천인을 차별하는 명분이 우리나라보다도 몇 배나 엄격하다는 것을 거듭 강조하고 있다.

유수원은 신역(身役)의 부담도 양인과 노비는 같을 수 없다는 것을 중국의 경우를 들어 다음과 같이 말하고 있다.

노비의 신역(身役)은 오직 우리나라에서만 무거운 것이 아니다. 중국에서도 평민에 견주면 약간 무거움을 면치 못하고 있다. 천인(賤人)이면 그 형편이 자연 양인(良人)과 같을 수 없기 때문이다.115)

이상 유수원의 의견을 종합하면 양인과 노비에 대한 법적 차별은 엄연히 인정되어야 한다는 것이다. 그러나 노비의 신공(身貢)을 지나치게 무겁게 하거나 주인이 마음대로 사형(私刑)을 가하여 생살(生殺)을 하거나 하는 것은 반대했다. 노비도 어디까지나 인간이므로 인격적 대우는 존중되어야 한다는 것이다. 주인이 노비를 함부로 대하는 경우에는 오히려 주인을 공노비(公奴婢)로 만들어야 한다고까지 말했다. 유수원에 따르면, 사천(私賤)을 보호하는 위와 같은 법이 세종(世

---

114) 권9 〈論士庶名分〉, 「中庶之流 亦或有風聞中國不用門閥之說 輒以爲中原則惟才是用 勿論奴隷下賤 皆可崛起以取高官 小無名分等級之間隔者云 此尤迷劣無識之甚者…至於奴隷下賤 則名分之峻 比我國不翅倍嚴 安得謂中國不重名分」.
115) 권7 〈論奴婢貢役〉.

宗) 때에는 실시되었으나116) 지금은 실시되지 않고 있으므로 그 법이 다시 부활되어야 한다는 것이다. 그의 말을 들어보자.

　　우리 세종대왕은 천인들의 심한 고통을 매우 불쌍하게 여겨 하교(下敎)하기를 "노비의 본주(本主)가 생살(生殺)을 마음대로 하고, 혹형(酷刑)을 함부로 가하며, 신공(身貢)의 징수에 절도가 없는 사람은 당방노비(當房奴婢)로 속공(屬公)하고, 법률에 따라 그 죄를 다스리도록 하라"고 하셨으니 이는 참으로 성왕(聖王)의 정치다. 그런데도 뒷날의 조정신하들이 자기들에게 불편하다고 싫어하여 당방노비 속공을 시행하지 않는 법규를 만들어 냈으니 통탄하지 않을 수 있는가.117)

여기서 유수원이 바라보는 노비는 물건이 아닌 인간으로 대접해야 한다는 것과 지나친 수탈을 막아야 한다는 것, 그러면서도 노비는 양인과 동등하게 벼슬할 수 있는 자격을 가질 수는 없다는 것으로 요약된다.

(나) 노비환천법(奴婢還賤法) 반대

유수원은 양천제(良賤制)의 확립을 찬성했지만, 그렇다고 양인으로 환속(還贖)된 노비를 다시 노비로 되돌리는 제도에 대해서는 부당하다는 생각을 가지고 있었다. 그의 말을 들어보자.

　　문 : 정인지(鄭麟趾)가 《고려사》를 편수하면서 "우리나라가 노비를 둔 것은 풍속을 교화하는 데 큰 도움이 되었으니 예의(禮義)를 행하는 것이 여기에 연유하지 않은 것이 없다"고 했는데, 이 말은 어떠한가?

---

116) 위와 같음.
117) 위와 같음.

답 : 저들이 무슨 예의를 알겠는가. 선유(先儒)들이 이미 노비에 대해 정론(定論)한 것이 있다. 어찌 이를 버리고 정인지의 말을 믿을 수 있는가. 고려에서는 방량(放良)된 노비가 세월이 지나면 반드시 본주인을 업신여기리라 하여, 만약 노비가 본주인을 욕되게 하거나 그의 친척들과 다투면 그를 다시 노비로 환속(還屬)시켜 부리도록 했다. 또 노비로 환속된 사람이 억울함을 소송하면 그 얼굴에 노비를 표시하는 무늬를 새겨 주인에게 돌려보내도록 했다. 이는 실로 잔인하고도 터무니없는 정사(政事)인 것이다. 그런데도 정인지가 이런 제도를 채택할 만하다고 칭송하였으니 무식하기 이를 데 없다.[118]

다소 인용문이 길어졌지만, 이 글의 뜻을 둘러싸고 상당한 오해가 있을 것 같아 길게 인용해 본 것이다. 여기서 유수원은 《고려사》를 편찬한 정인지(鄭麟趾)가 "노비 때문에 우리나라가 풍속을 교화하고 예의(禮義)를 행하게 되었다"고 말한 것을 "무식하다"고 비판하고 있다. 이 말은 얼핏 들으면 유수원이 노비제도 자체를 비판한 것처럼 들린다. 그러나 위 글의 앞뒤 문맥을 자세히 살피면 그런 뜻이 전혀 아님을 알 수 있다. 유수원의 비판은 노비제에 대한 비판이 아니라, 고려시대의 노비제가 양인으로 돌아온 노비를 다시 노비로 되돌리는 참혹한 제도였음을 비판한 것이고, 나아가 이런 참혹한 노비제도를 가리켜 "노비 때문에 풍속과 예의가 좋아진 것처럼" 칭송한 정인지의 생각이 무식하다고 말한 것이다.

다시 말한다면 고려시대에는 노비로 있다가 양인(良人)으로 속신(贖身)된 사람이라도 세월이 지나면 본주인을 능멸할 우려가 있다는 이유로, 해방된 노비가 만약 본주인(本主人)이나 또는 본주인의 친족(親族)을 모욕하거나 다투는 경우에는 다시금 본주인의 노비로 환천(還

---

118) 권1 〈論麗制〉 가운데 〈奴婢〉.

賤)시키는 제도가 있었다는 것이다. 그뿐만이 아니라 속량된 노비가 억울한 일이 있어서 관청에 소송하면 그 노비의 얼굴에 '노비'라는 글자를 새겨 다시 본주인에게 돌려주었다는 것이다. 이런 제도를 어떻게 아름다운 풍속이나 예의로 볼 수 있느냐는 것이 유수원의 생각인 것이다.

고려시대 노비제의 참혹성을 비판한 유수원은 그 대안으로 속량(贖良)된 노비를 다시 속량시키는 이른바 복속(復贖)의 경우에는 그 주인을 압량죄(壓良罪)로 다스릴 것을 주장하고, 노부(奴夫)와 양녀(良女) 사이에 태어난 아이는 종량(從良)시킬 것을 주장했다.119) 그러니까 가능하면 노비를 양인으로 환속시키는 정책을 쓰기를 바라고 있는 것이다. 이는 그가 노비의 확대재생산을 막으려는 의도로 볼 수 있다.

유수원에 따르면, 고려시대에는 노비환천법 이외에도 관리를 등용할 때 내외팔세(內外八世)의 호적, 즉 남계(男系)와 여계(女系)의 8세대 가운데 천인(賤人) 즉 노비(奴婢)가 들어 있으면 관리로 등용하지 아니하는 제도가 있었다고 한다.120) 유수원은 이 제도 또한 매우 나쁜 악법으로 보았다.

이상 두 가지 제도는 참혹하기 이를 데 없는 것으로서, 특히 후자는 조선시대 서얼금고(庶孼禁錮)의 기원이 된 것이라고 유수원은 생각했다.121) 왜냐하면 내외 8세 가운데 천인(賤人)이 있다는 것은 노부(奴夫)나 비첩(婢妾)이 들어 있는 경우를 가리키는 것인데, 실제로는 노부보다는 비첩이 더 많았다. 그런데 비첩소생(婢妾所生)을 금고시키는 제도가 조선조에 들어와 첩손(妾孫, 서얼)의 금고를 가져오는 원인

---

119) 註 63) 참조.
120) 권1 〈論麗制〉 가운데 〈奴婢〉.
121) 위와 같음.

이 되었을 것으로 보는 것이다.122) 양녀(良女)가 첩이 되는 경우도 없는 것은 아니지만, 대개는 비(婢)가 첩이 되는 경우가 더 많기 때문이다.

서얼금고의 유래에 대한 유수원의 판단은 매우 정곡을 찌른 것으로 볼 수 있다. 사실 조선 초기에도 비첩출신 가운데 개국공신이 많이 나왔는데,123) 이들이 이방원 측과 갈등을 일으키면서 태종 대 이후 서얼차대(庶孽差待) 논의가 시작되었기 때문이다.

그런데 조선 후기에 이르러 노비제도는 고려시대보다도 더욱 가혹한 것이 생겨났다고 유수원은 생각했다. 비록 고려시대에 행해지던 위의 두 가지 제도가 폐지되긴 하였으나, 그 대신 조부(祖父)의 비첩소생[5촌 同氣]을 노비로 역사(役使)할 수 있는 제도가 시행되어 오고 있기 때문이다.124)

유수원에 따르면, 원래 영조 20년(1744)에 편찬된 《속대전(續大典)》 노비조(奴婢條)에는 "조부의 비첩소생은 본래 동기(同氣)이므로 노비의 예(例)로 사역시킬 수 없다"고 되어 있는데, 이미 그보다 훨씬 전인 명종(明宗) 때부터 이것이 지켜지지 않았다고 한다. 즉 당시 의자(議者)들은 "동생 4촌은 사환(使喚)시키는 것이 옳지 않지만, 5~6촌에 이르면 친속(親屬)이 점점 멀어지므로 사환시켜도 나쁠 것이 없다. 앞으로 5촌부터 사역시키는 것이 옳다"고 했다는 것이다. 그 뒤 수

122) 권1 〈論麗制〉 가운데 〈奴婢〉, 「麗制放良奴婢 年代漸遠 則必輕侮本主 若罵本主 或與本主 親族相抗 則還賤役使還賤者訴寃 則級面還主 此實殘酷無據之政…且麗朝用人 考其八世戶籍 不干賤類 乃得筮仕 若父若母一賤 則縱其本主 放許爲良 於其所生子孫 却還爲賤 又其本主絶嗣 亦屬同宗 天下安有如許慘毒之法耶…麗朝 雖不禁錮庶孽 庶孽之被錮 實源於此 豈不可矜 或曰 何謂源於麗朝耶 答曰 庶孽內外八代 寧有不犯公私賤之理」.

123) 한영우, 《왕조의 설계자 정도전》(지식산업사, 1999) 참고.

124) 권1 〈論麗制〉 가운데 〈奴婢〉, 「或曰 卽今奴婢 無還賤之事 亦無八代犯賤不得仕之規 何謂 其弊愈酷 答曰 續典奴婢條曰 祖父婢妾所産 本是同氣 不可專以奴婢例役使云而及至明廟朝 議者以爲 同生四寸 雖不可使喚 至於五寸 則親屬漸遠 使喚固無不可 自今自五寸役使爲當云云 至 於受敎 仍爲緊令」.

교(受敎)125)에서도 그대로 시행되어 내려오고 있다는 것이다. 유수원은 이러한 제도야말로 골육상잔(骨肉相殘)이라고 말하면서 그 폐단을 이렇게 적는다.

아, 5, 6촌 되는 사람은 모두 같은 증조부의 친속(親屬)인데 이들을 노비로 부르면서 강제로 심부름시키고 있으니, 그 증조(曾祖)가 만약 생존해서 눈으로 본다면 그 마음이 어떠하겠는가? 이러한 골육상잔의 무리가 계속 나타나서 풍속을 해치고 인간의 도리를 끊어 없애는 데도 세상 사람들은 범상하게 생각하고 괴이하게 여기지 않고 있으니 이 또한 지극히 한심스러운 일이다.126)

결국 유수원은 노비제도를 인정하면서도 노비환천법, 그리고 노비종모법(奴婢從母法)에 대해서는 반대의 주장을 폈던 것이다. 이는 그가 노비제도를 현실적으로 인정하면서도 점차적으로 혁파되어야 할 것으로 보고 있었다고 풀이된다.

(다) 공노비의 신공(身貢) 경감과 사노비의 세금부담

유수원은 현실적으로 노비제도를 인정하면서 동시에 노비의 부담은 양인(良人)보다는 더 무거워야 한다는 것을 주장했다. 그러나 노비가 아무리 천인(賤人)이라도 역시 '인간'인 이상 지나친 수탈은 옳지 않다고 보았다.127) 즉 노비를 물건으로 보지 말고 '인간'으로 보아야 한다는 것이다. 그래서 유수원은 노비 신공(身貢)의 경감이 필

---

125) 숙종 때에는 중종에서 숙종 24년까지의 임금의 傳敎를 모아 《受敎輯錄》을 편찬했고, 영조 19년(1743)에는 명종에서 선조초까지의 傳敎를 모아 《各司受敎》를 편찬했다.
126) 권1 〈論麗制〉 가운데 〈奴婢〉, 「噫 人之五六寸 皆其同曾祖之親而稱以奴婢 勒爲使喚 則使其曾祖生存目見 其心何如 以此骨肉相殘之徒 接踵而起 傷風敗俗 人理滅絶而俗人恬然視之 不以爲怪 其亦寒心之極矣」.
127) 권7 〈論奴婢貢役〉, 「奴婢亦人耳 其何忍酷徵無藝如今日之謬習乎」.

요하다고 보았다. 특히 공노비(公奴婢)로부터는 국가가 신공(身貢)을 지나치게 혹독하게 징수하는 관계로 도망자가 속출하여 날로 줄어들고 있다고 유수원은 개탄했다.[128) 이 밖에 성균관 노비의 경우를 예로 들면서 관청에 따라 공노비의 신공(身貢)이 다른 것도 문제가 있다고 지적했다.[129) 그러나 구체적으로 신공을 어느 정도 경감할지는 말하지 않았다.

이렇듯 공노비는 국가에서 혹독하게 수취하면서 사노비(私奴婢)로부터는 아무런 세금을 거두지 않는 것을 유수원은 불평등한 정책으로 보았다. 그의 말을 직접 들어보자.

노비는 비록 주인이 있지만, 실은 모두 국가의 백성이다. 그런데 국가는 마치 화외(化外)의 백성처럼 보고 일역(一役)도 정하지 않고, 일전(一錢)도 징수하지 않으며, 상전(上典)이 하는 대로 내버려 두고 아무런 손도 쓰지 않는다. 오늘날 양역(良役)의 폐단은 실로 여기에 이유가 있으니 이 무슨 국가의 정령(政令)인가. … 국가는 만민(萬民)을 똑같이 바라보고, 고르게 사랑해야 한다. 어찌 사천(私賤)이라 해서 세금을 징수하지 아니하고, 오직 양민(良民)만을 침탈하는 이유가 무엇인가?[130)

여기서 유수원은 사천(私賤) 곧 사노비(私奴婢)도 '국가의 백성' 곧 '국민'으로 인정해야 한다는 주장을 펴고 있다. 이 말은 사노비가 비록 개인의 소유물이지만 국가도 세금을 받아야 한다는 뜻이다. 그래

---

128) 권7 〈論奴婢貢役〉, 「雖以公賤言之 在前成均館奴婢 只徵二貫錢…公賤甚多 若無隱漏之弊 則雖許減徵 經費不縮而扭於謬規 急於近利 虐徵苛斂 周有紀極 公賤百計隱避 有縮無增」.
129) 권7 〈論奴婢貢役〉, 「且卽今公賤 身貢多小 各自不同 此亦不均之甚矣」.
130) 권1 〈論麗制〉 가운데 〈奴婢〉, 「且奴婢雖有主 其實則皆國家之氓而國家視之如化外之民 曾不得定一役 徵一錢 任其上典之所爲 莫敢下手 今日良役之弊 實由於此 此又何等政令也…國家之於萬民 一視而均愛之安有私賤 則不可徵而獨侵良民之理耶」.

서 만민균애(萬民均愛)의 원칙에 따라 양인(良人)과 마찬가지로 국가가
세금을 징수하는 것이 마땅하다고 본다. 왜 국가는 양인에게만 세금
을 거두어야 하느냐고 반문한다.

그러면 구체적으로 국가는 사노비에게서 무엇을 징수해야 하는가?
유수원은 사노비 가운데서 독립가호를 이루고 사는 외거노비(外居奴
婢)는 본인이 직접 호세(戶稅)로서 균요전(均徭錢)을 내고, 매 명마다
인두세(人頭稅)로서 정전(丁錢)을 국가에 바쳐야 한다고 주장했다. 그
리고 주인이 데리고 사는 솔거노비(率居奴婢)의 경우에는 주인이 대신
노(奴) 1명당 1문(文)의 균요전(均徭錢)을 내야 한다는 것이다.[131]

사노비로부터 국가가 세금을 거두자는 주장은 매우 파격적인 것
으로, 만민균애(萬民均愛)가 그 이유로 제시되고 있지만, 사실은 국가
의 부족한 재정수입을 늘리기 위한 현실적 목적이 담겨 있었다. 이
점에 대해서는 뒤에 다시 검토하게 될 것이다.

이상 유수원의 노비관(奴婢觀)을 다시 정리한다면, 모든 노비의 전
반적인 인권을 개선하고 공노비의 부담을 경감시키되, 사노비에 대
해서는 국가가 세금을 거두어서 공노비와 사노비의 차별을 없애야
한다는 것으로 요약된다.

5) 양반문벌 형성시기와 양반의 경향분리

유수원이 그토록 비판하는 문벌의 폐단은 언제부터 시작되었을까?
그는 우리나라의 문벌숭상의 기원을 멀리 고려시대까지 소급하여 생
각하고 있으며, 그 유습이 조선왕조에까지 계승된 것으로 인식했
다.[132] 그는 문벌숭상뿐 아니라 사민(四民)의 미분업 그 자체도 고려

---

131) 권6 〈論戶口雜令〉.
132) 권1 〈論麗制〉 가운데 〈門閥〉, 「高麗之治 大抵崇尙唐制而不知爲政之本 故其弊流爲門閥用

이래의 유습(遺習)으로 파악했다.133) 이러한 그의 인식태도는 자연 조
선 초기의 문물제도에 대해서도 대체로 부정적인 반응을 보이고 있
다. 조선건국으로 고려보다 나은 발전이 이루어진 것은 사실이나 초
기의 문물제도가 미숙하여 조선 후기에 여러 가지 사회적 모순이
격화한 것으로 믿고 있다.

유수원은 조선 건국과정에 가장 공로가 크고 여러 가지 급진적
개혁을 시도했던 정도전(鄭道傳)이나 조준(趙浚) 같은 재상들을 식견이
부족한 속류(俗流) 재상들이라고 혹평한다.134) 그런데 정도전 일파에
대한 혹평의 이면에는 정몽주(鄭夢周)에 대한 호평이 좋은 대조를 이
루고 있다. 그는 정몽주 계열의 성리학자들만을 '정학(正學)'이라고
부르고 있다.135)

그런데 그러함에도 유수원은 단 한 가지 점에서는 초기 제도의
합리성을 찬양하고 있는 것이 있다. 그것은 용인법(用人法), 즉 인사
제도이다. 그는 조선의 문벌에 따른 용인법이 고려시대 이래의 폐풍
이라고 전제하면서도 국초의 용인법(用人法)은 문벌을 따르지 않고,
능력주의에 기초하고 있었다면서 다음과 같이 평가하고 있다.

국초에는 유재시용(惟才是用), 곧 오직 재능에 따라서 인재를 등용
하려는 뜻이 있어서 명신(名臣)과 석보(碩輔, 큰 재상)가 대부분 고한
(孤寒, 외롭고 쓸쓸)한 집안에서 나왔다. 그러나 지금에 이르러는 한
쪽[문벌]으로만 치우쳐서 드디어 돌이킬 수 없는 형세에 이르렀
다.136)

人矣…首取士農工商四箇字而紛亂之 人皆失其職而事皆無其實」.
133) 권1 〈總論四民〉, 「我朝沿襲麗制 立國三百年來 四民之業 尚未分別」.
134) 권1 〈論本朝政弊〉, 「我朝開國之初 當事宰相如鄭道傳 趙浚諸人 亦固無大見識」; 〈論備
局〉, 「自國初當事者 率皆流俗宰相 無甚大見識 大才猷 不過以一時幹局俗見 草剏凡事而已」.
135) 권10 〈論變通規制利害〉, 「自寒暄 一蠹 靜菴繼起 尊尚朱子傳註 表章近思錄 然後 東人始知
學問路脉 晦齋 退溪嗣興著述 儒風稍振 漸脫鹵莽之習」.

다시 말하자면 조선 초기에는 '유재시용(惟才是用)' 곧 능력 중심의 인재등용법이 시행되고 있어서 명망 높은 신하와 큰 재상들이 대부분 문벌가문이 아닌 고한(孤寒)한 집안 즉 외롭고 쓸쓸한 집안에서 배출되었는데, 조선 후기에 이르러 문벌제도가 발달하여 문벌 중심의 인재등용이 이루어지고 있다는 것이다.

유수원은 한 걸음 더 나아가서 문벌이 특히 발달한 시기를 명종(明宗)·선조(宣祖) 이후부터라고 봄으로써 16세기 후반기를 관리등용의 전환기로 파악했다. 비단 용인제도(用人制度)뿐 아니라 모든 치체(治體)와 정규(政規)가 명선(明宣) 이전과 이후는 판이하게 다르다고 주장함으로써 앞에서 보여준 부정적인 평가와는 서로 모순되는 말을 하고 있다. 유수원은 명선 이후부터 문벌이 나타나기 시작했는데, 특히 인조반정(仁祖反正, 1623) 이후를 중요한 전환기로 보았다. 다시 그의 말을 들어보자.

우리나라에서는 비록 문벌을 숭상한다고는 하지만 명선(明宣, 명종과 선조) 이전에는 용인(用人)의 길이 그다지 비뚤어지고 좁게 막힌 것이 아니었다. 그래서 보상(輔相)과 경재(卿宰)가 향곡(鄕曲, 시골)에서 대부분 배출되었으며, 치체(治體)와 정규(政規)가 또한 요즘과는 뚜렷이 달랐다. 비록 비국(備局, 비변사)을 설치했지만, 정부와 육조가 각기 직사(職事)를 전문적으로 수행했고, 이른바 두서너 명의 재상들이 기무(機務)의 일을 오로지하지는 않았다. 사대부들도 대대로 경성(京城, 서울)에서만 살지는 않았다. 관직을 얻으면 부름을 받아 올라오고, 직책이 없으면 시골로 돌아갔다. 그래서 이른바 거실세족(巨室世族)이 나라를 옹호하고 반란을 진복(鎭服)시킨다는 말도 없었다.

그런데 계해년(癸亥年, 인조반정)에 나라를 중흥(中興)한 이후로 급

---

136) 권2 〈論門閥之弊〉, 「大抵門閥之弊 先儒已有定論…我朝獨循麗朝弊風 以至于今矣雖然 國初 猶有唯才是用之意 名臣碩輔 多出孤寒 至于輓近 則偏重之勢 遂不可返」.

작스런 변란이 자주 일어나고, 위험스런 의심이 매우 심해지면서 여러 공신(功臣)들이 나라를 옹호하는 직책을 맡았는데, 그 뒤로 사람들은 이를 듣고 보는데 익숙해져서 매양 "세가거족(世家巨族)이 나라를 옹호하고 반란을 진압시켰다"고 말하게 된 것이다.

그러나 갑자년(甲子年, 인조 2, 1624) 이후로 변란이 계속해서 일어났으나 "세가거족이 변란을 진압시켰다"는 말이 실제로는 효험을 보지 못했다. 나라를 경영하는 길은 체통(體統)이 존엄하고, 정령(政令)이 정대(正大)하여 크고 작은 신하들이 제 직분을 다하면 저절로 위험하고 의심스러운 염려가 없어지는 것이다. 어찌 당당한 국가가 거실(巨室)의 옹호를 믿어야만 하는가. 한(漢)나라는 외척에 의존하고, 동진(東晉)은 거족(巨族)에게 나라를 의탁했으나 그 효과가 있음을 보지 못했다. 오히려 폐단만을 가져온 것이다.[137]

위 인용문을 요약하면, 명종-선조 이전에는 나라의 큰 재상들이 대부분 향곡(鄕曲)에서 배출되어 용인법(用人法)이 그다지 비뚤어진 것이 아니었다. 그런데, 명종-선조 이후, 특히 인조반정(仁祖反正) 이후로 변란이 자주 일어나자 반정공신(反正功臣)들이 권력을 독점하고 "세가거족(世家巨族)이 나라를 옹호하고 변란을 눌러야 한다는 말"을 퍼뜨리면서 대대로 서울에 사는 세가거족이 되었으나, 실제로 이들이 변란을 막거나 나라를 지키는 데 아무런 도움을 주지 못했다는 것이다. 유수원의 말을 또 들어보자.

이른바 교목세신(喬木世臣)은 국가와 휴척(休戚, 좋은 일과 어려운 일)을 함께 하고, 국가를 옹호한다는 등의 말을 한다. 말은 참으로 아름답다. 그러나 실은 허언낭설(虛言浪說)을 가지고 오랫동안 하나의

---

137) 권2 〈論門閥之弊〉, 「且我國雖尙門閥而明·宣以前 用人之道 不甚拘曲狹隘 輔相卿宰 多出鄕曲 治體政規 亦與近代絶異」.

의리(義理)를 만들었으니 매우 가소롭다. 대체로 평거무사(平居無事)할 때에는 거실(巨室)로 불리는 많은 무리들이 조정의 권력을 오로지하는데, 허다한 변괴(變怪)가 이들 가운데서 일어나며, 만일 일이 생기면 백성들보다도 먼저 달아나기에 바쁘다. 임란(왜란)과 병란(호란)의 경우를 가지고 말하면, 크고 작은 신하들이 사적으로 도망가서 낙후된 자들이 열이면 8, 9명이나 되었다. 국가와 더불어 휴척(休戚)을 함께한 자가 과연 누구인가? 국가를 옹호한 자가 과연 누구인가?[138]

유수원은 세가거족이 실제로 나라를 지키는 데 도움이 되지 않는 예를 왜란(倭亂)과 호란(胡亂)의 경험에서 찾았다. 이때 이른바 교목세신(喬木世臣)들은 백성들보다도 먼저 사방으로 도망가고, 대소 조신(朝臣) 가운데 도망가서 뒤떨어진 자가 열이면 여덟, 아홉이나 되었다고 한다.

여기에서 유수원이 신랄하게 비판하고 있는 교목세신(喬木世臣)이나 세가거족(世家巨族)은 구체적으로 서울양반을 가리키는 것이었다. 유수원은 서울양반을 '경화사족'(京華士族), '경화세주'(京華世胄), '경화대가'(京華大家) 등으로 불렀다. 이들의 권력독점을 막고 향곡(鄕曲) 사람들을 등용해야 나라의 장래가 밝다고 보았다.

유수원은 경화양반 자제가 시골사람들보다 학식과 견문이 많으므로 국정(國政)을 담당하는 것이 당연하지 않느냐는 객의 질문에 대하여 그렇지 않다고 답했다. 그에 따르면 경화양반은 겉모습만 그럴듯하다는 것이다. 그의 말을 들어보자.

이른바 경화자제(京華子弟)가 볼 만하다는 말은 언사(言辭)와 행동거지(行動擧止)가 민첩한 것을 보고 하는 말이다. 문장이 졸렬하면서도

---

138) 권2 〈論門閥之弊〉.

각촉부시(刻燭賦詩)에는 능하고, 과문(科文)에 식견이 없으면서도 글을
분식(粉飾)하는 데는 능하다. 부형(父兄)과 벗들 사이에서 보고 들은
것이 많아 조그만 재주가 있고, 세속의 사무(事務)에 응수를 잘하는
자가 간혹 있다. 그러나 이것을 가지고 재국(才局)이 있다 하여 빨리
승진시켜 주고 군국(軍國)의 일을 담당하게 한다. 아, 이것이야말로
국사(國事)가 날로 그릇되고, 인재가 날로 멀어지는 이유이다. 하늘이
인재를 만드는 데 어찌 경향(京鄉)의 차이가 있겠으며, 사서(士庶)의
구별이 있겠는가.[139)]

유수원은 서울양반 자제들이 주변에서 보고 들은 것이 많아 겉모
양만 민첩하고 겉으로 꾸미는 일을 잘하지만, 그것은 진정한 재주와
는 거리가 있는 것이라고 생각했다. 그는 더 나아가 하늘이 인재를
낼 때 경향(京鄉)의 차이를 두지는 않았다고 하면서, 시골사람들이
서울양반보다 천(賤)하게 보이는 것은 형세(形勢)가 그렇게 만들었다
고 보았다. 예를 들어 경상도의 안동(安東)과 상주(尙州)는 "문헌의 고
장"으로 불리고 있지만 유수원이 그 부근에 가보니 사대부집에 서책
과 문헌이 없다고 한다. 이는 그가 경종 3년(1723)에 예안현감(禮安縣
監)으로 나갔을 때의 경험을 말하는 것이다. 경상우도(慶尙右道)는 더
욱 한심하고, 호남(湖南)은 영남만도 못하다. 따라서 이른바 삼남(三南)
의 거벽(巨擘)들도 견문과 학식이 좁아 요행 과거에 급제하여 서울에
올라오더라도 기가 꺾이고 말을 더듬어 마치 "촌닭이 관청에 들어온
꼴"이 되고 만다. 그러나 이는 그 사람들의 책임이 아니다. 그 책임
은 지방의 인재를 키우지 않은 국가에 있는 것이다.
　이상 유수원의 논의를 다시 요약하면 명종-선조 대 이후로 나타나
기 시작한 양반문벌(兩班門閥)이 특히 인조반정 이후 서울에 대대로

---

139) 권2 〈論門閥之弊〉.

뿌리를 내리고 사는 세가거족(世家巨族) 내지는 경화사족(京華士族)을 형성하면서 문벌의 폐단이 극성기를 이루게 되었다고 보는 것이다. 그리고 이들 세습문벌이 해체되어야 백 가지 해악의 근원인 문벌의 폐단이 사라진다고 보는 것이다.

유수원이 조선 초기의 인재등용법이 매우 개방성을 띠고 능력주의에 입각해 있었다고 보는 것은, 바꾸어 말하자면 이 시기에는 특권계급으로서의 양반문벌계급이 뚜렷하게 형성되어 있지 않았다고 보았기 때문이다. 그는 앞에서 말한 바 있듯이 정몽주—이황학파의 처지에서 국초의 정치가와 그들의 정치사업을 그토록 폄하하면서도 용인법(用人法)과 신분제도 면에서는 긍정적인 인식을 보이고 있는 것이다.

그러면 어찌하여 명종-선조년간 이후로 양반문벌제도가 나타나기 시작하였는가? 이 점에 대하여 유수원은 그 역사적 계기를 체계적으로 설명하고 있지는 않다. 그러나 그가 문벌과 관련하여 지적하고 있는 여러 폐단들을 종합적으로 검토해 보면 (1) 양반의 군역(軍役) 회피, (2) 음서(蔭敍) 문제, (3) 과전법(科田法) 폐지, (4) 과거제(科擧制)의 모순(생원·진사문제), (5) 당쟁(黨爭), (6) 귀천(貴賤)사상과 농·공·상의 천시, (7) 서얼(庶孽) 금고, (8) 학생의 무정원(無定員), (9) 청금록(靑衿錄)의 임의작성, (10) 교생(校生)의 피역(避役), (11) 교육의 불충실, (12) 비변사(備邊司)의 등장 등을 들 수 있다.

위에 지적한 여러 요인들은 국초보다는 16세기 후반기 이후에 주로 나타났기 때문에 유수원이 명종-선조년간 이후로 문벌이 나타나기 시작했다고 보는 논리는 상당한 설득력을 지니고 있다고 할 수 있다.

제 4 장

사민분업과 사(士)의 전문화

漢書

제4장 사민분업(四民分業)과 사(士)의 전문화

1. 능력과 선택에 따른 사민분업과 사민평등

양반문벌(兩班門閥)의 존재를 모든 병폐의 근원으로 진단한 유수원은 사민분업(士民分業)과 사민평등(四民平等)을 그 대안으로 보았다. 국민은 어느 누구나 사민 가운데 어느 하나의 직업을 가져야 한다는 것이 그의 지론이다.

사민(四民)은 사(士)·농(農)·공(工)·상(商)을 말한다는 것은 앞에서 이미 말한 바와 같다.

그런데 사민분업이 안 되고 있는 최대의 원인은 무위도식(無爲徒食)하고 있는 양반문벌(兩班門閥)에 있다. 다시 말해 양반문벌이 사농공상의 어느 하나에서 생업(生業)을 가져야 문벌이 없어질 수 있다는 것이다. 다만 직업 선택에서 국가의 명령이나 강제가 작용하여서는 안 되고 어디까지나 본인의 자유의지에 맡겨두어야 할 것을 그는 이렇게 주장한다.

사·농·공·상은 국가가 이를 분부하거나 권장하거나 방해할 것이 못 된다. 오직 자기의 마음에 할 것이냐 안 할 것이냐가 달려 있을 따름이다.140)

그러나 직업선택은 원칙적으로 본인의 자유의지 곧 취향에 따르는 것이지만 한 가지 조건이 있다고 본다. 그것은 능력과 자질의 문제이다. 즉 노비가 아닌 양인(良人)은 누구나 직업선택의 자유가 있는 것이지만 그것은 능력과 자질을 전제로 한 것이기 때문에 능력과 자질이 부족할 때에는 직업선택에서 제약을 받아야 한다. 그 자질과 능력에 대한 평가는 국가가 담당한다.

직업선택에서 특히 능력과 자질이 크게 요청되는 것은 사민 가운데서도 사(士)라고 본다. 유수원이 생각하는 사(士)는 기본적으로 '학교에 적을 둔 학생'을 말한다. 그러니까 진짜 공부하는 학생만이 '사' 곧 '선비'로 인정될 수 있다는 것이다. 당시에는 학생도 아닌 자들이 '사'를 자칭하고 있는 것을 가장 큰 문제로 보았다.

유수원에 따르면, 학생으로서의 사(士)는 일정한 정원(定員)이 있어야 하며, 자질이 인정된 우수한 사람만이 사로 선발되어야 한다고 주장한다. 농·공·상도 각기 특수한 자질이 요청되는 터이지만 '사'만큼 중요한 것은 아니라고 본다.

다음에 중요한 것은, 사민의 분업이 이렇듯 양인의 직업상의 전문화를 의미하는 것이지만 그것이 곧 신분의 고하를 의미하는 것이 되어서는 안 된다는 것이 그의 지론이다. 즉 사민은 신분계급상으로는 평등한 것이며, 어느 한쪽에만 치우치든가 어느 한쪽을 소홀하게 하여서는 안 된다. 이것을 그는 사민일치(四民一致) 또는 사민평등(四民平等)이라고 한다.141)

그러나 '사민일치' 또는 '사민평등'이라고 해서 사민의 직업상 가치가 완전히 평등하다든가, 사민의 권리와 의무가 반드시 일치해야 한다는 뜻은 아니다. 유수원은 직업의 가치성에서 "사(士)가 사민(四

---

140) 권2〈論學校選補之制〉,「士·農·工·商 非國家所可分付勸沮者也 唯在自己之心爲與不爲而已」.
141) 권1〈論麗制〉 가운데〈門閥〉.

民)의 으뜸"이라고 생각하였다.[142] 사는 장차 관직에 나아가 만민을 다스리고, 백성의 재산을 다스려 백성을 기르고, 인륜을 밝혀 교화시켜야 할 중차대한 임무를 띤 사람들이기 때문이다.[143] 곧 사는 장차 통치자가 될 사람인데 통치자 임무는 농·공·상 등 생업보다는 그 가치성과 중요성이 가장 높은 것으로 평가하였다. 사를 선발하는 데 능력과 자질을 중요시하는 이유도 여기에 있었다.

유수원은 모든 백성을 국가가 교육시켜 사(士)로 양성하고자 하는 것이 본래 성인(聖人)의 마음이지만, 국가의 힘과 사세(事勢)가 미치지 못하므로 부득이 백성 가운데 일부를 선발하여 사로 키울 수밖에 없다고 한다.[144]

사(士) 다음으로는 농업(農業)을 공(工)·상(商)보다는 한 단계 높이 평가하였다. 농업은 천하만민의 의식주생활의 필수품인 식량과 의복 재료 등을 생산하는 것이기 때문에 그것은 천하의 큰 근본이라는 것이다.[145]

공(工)·상(商)은 농업보다 가치성이 더 떨어지는 것으로 생각하였다. 농업이 본업(本業)이라면 공상은 말업(末業)이다. 농업과 공상을 본말 관계로 파악한다는 점에서 그는 일반 유자의 전통적인 사고방식과 하등 다른 것이 없었다. 그러나 그는 당시의 유자들이 보편적으로 생각하고 있듯이 공상을 비천하고 비루한 직업으로 생각하지는 않았다. 그는 공상에 종사하면 조그만 이(利)를 가지고 다투기 때문에 심술(心術)이 더러워지고 풍속이 비루해지며 자손들에게까지 나쁜 습성을 물들인다고 보는 통속적인 양반들의 사고방식을 통렬히 반대

---

142) 권2 〈論學校選補之制〉, 「士者 四民之首」.
143) 권2 〈論敎門閥之弊〉, 「夫聖人之於萬民 非不欲人人而敎養之也 非但力不能給實 亦事勢之所 不能及也 遂於衆人之中 擇其俊異者而敎養之 使之共天職而治萬民 制民産以爲養 明人倫以爲 敎」.
144) 위와 같음.
145) 권1 〈總論四民〉, 「農者 天下之大本」.

하고, 비루하기로 말하면 현재 양반들의 행동이 공상보다도 더하다고 여러 가지 사례를 들어 반박한 다음에 공상을 비천하다고 보는 견해의 부당성을 이렇게 설명하였다.

공·상은 진실로 말업(末業)이라고 말할 수 있으나 원래 부정(不正)하고 비루한 것은 아니다. 사람들이 자기가 무재(無才)·무덕(無德)하여 조정에 벼슬하여 남에게 의지하여 먹고 살 수 없다는 것을 스스로 알기 때문에 몸소 노력(勞力)하여 유무(有無)를 유통시키고 재화를 교환함으로써 남에게 의지하지 않고 제 힘으로 먹고 사는 것은 예부터 지금까지 백성들이 내내 해오던 일이다. 이것이 어찌 천한 일이며, 어찌 더러워서 할 수 없는 일인가! 또한 자손들에게까지 나쁜 습성을 물들인다고 말하는 것은 더욱 어불성설이다. 이른바 공상자손(工商子孫)이라고 해서 따로 모리(牟利)하는 창자를 뱃속에서부터 타고난다는 것인가!146)

그는 이렇듯 사민(四民)의 가치성의 차이를 인정하면서도 그 어느 것도 무가치한 것은 없고, 비루하고 비천한 것도 없으며, 큰 테두리 속에서는 모두가 다 가치가 있는 것으로 인식하였다.

그러면 사민(四民)의 자손은 어떻게 대우해야 하는가? 사민의 직업은 무조건 세습되어야 하는 것인가, 아니면 사민의 자손은 자유스런 처지에서 다시금 능력에 따라 직업을 선택해야 하는가. 결론부터 말한다면 그는 직업의 세습성을 단연 배격한다. 즉 사민의 자손은 부모의 직업에 관계없이 완전히 평등해야 한다고 그는 주장한다. 그는 사민의 평등을 도가(道家)의 명구(名句)를 빌어서 이렇게 설명한다.

---

146) 권1 〈論麗制〉 가운데 〈奴婢〉.

사·농·공·상은 골고루 사민(四民)이다. 만약 사민의 자손으로 하여금 한 모습으로 (평등하게) 행세하게 한다면, 높은 사람과 낮은 사람의 구별도 없고, 이 사람과 저 사람의 구별도 없어질 것이며, 물고기가 강호(江湖) 속에서 혼연일체가 되어 유유하게 살아가듯이 사람도 도술(道術)의 세계에서 서로의 존재를 잊으면서 살아가게 될 것이며, 결코 싸움(문벌 다툼)이 일어나지 않을 것이다.147)

사민의 자손은 이렇듯 똑같은 모습으로 행세할 수 있어야 하기 때문에 사(士)의 자식이라 하여 무조건 사가 되거나, 농·공·상의 자식이라 하여 일률적으로 부업(父業)을 계승하는 것은 옳지 못하다. 사의 자식이라도 학업을 하다가 재능이 모자라 성공하지 못하면 농·공·상을 해야 하고, 반대로 농·공·상의 자식이라도 재능이 뛰어나면 사가 될 수 있다. 물론 재능이 뛰어나기만 하면 자자손손이 사가 되어도 무방하고 재능이 부족하면 자자손손이 농·공·상을 하여도 무방하다. 능력에 따라서 조상의 직업을 계승하는 것은 조금도 의리를 해치는 것이 아니다.148)

그런데 사람의 재능이란 교육을 시켜 보기 전에는 판단하기 어려운 것이다. 교육도 시키기 전에 재능을 판단하여 직업을 선택하게 하는 것은 옳지 못하다. 여기에서 유수원은 직업선택을 결정하기 전 단계로서 보편적인 초등교육의 필요성을 역설한다.

유수원은 중국의 예를 들면서, 대체로 4, 5세에서 15세에 이르기까지 약 10년 동안은 누구나 숙사(塾師)나 기타 사설교육기관에 들어가서 초등교육을 받아야 한다고 주장한다. 여기서 일단 착실하게 공

---

147) 권2 〈論門閥之弊〉, 「士·農·工·商 均是四民 若使四民之子 一樣行世 則無高無下 無彼無此 魚相忘於江湖 人相忘於道術 決無如許爭端矣」.

148) 권10 〈論商販事理額稅規制〉, 「士之子 學無成 去爲商而其子有才能爲士 則是能繼其祖業也 苟不然則雖十代爲商 是亦能繼其祖業也 此何害於義理乎」.

부를 시켜서 기초적인 학업을 마치게 한 다음에 그 자질을 평가하
여 자질이 준수(俊秀)한 자는 정식으로 관립교육기관에 입학시켜 사
가 되게 하고, 자질이 우둔해 도저히 가망이 없는 자는 사가 될 것
을 포기하고 농·공·상 삼업(三業) 가운데 하나를 택해야 한다.149)

이렇게 모든 사람에게 기초교육을 시행하면 농·공·상을 하더라도
완전한 무식자가 아니므로 자기 직업을 한층 충실하게 수행할 수가
있을 것이요, 또 이렇게 하면 정말로 유능한 인재가 사로서 뽑히게
될 것이다. 사·농·공·상의 어느 분야이든 일정한 지식은 모두 필요
한 것이다. 그는 다시 중국인의 예를 들면서,

　　중국인의 경우는 비록 농·상·공에 종사하는 사람이라도 모두 어려
　　서 소학(小學)과정을 이수한 뒤에 재질이 부족하여 학문으로 성공할
　　수 없어서 다른 직업으로 전업한 사람들이기 때문에 문맹자가 없
　　다.150)

고 말한다. 가령 장사를 하는 경우라도 더 조직적이고 합리적인 경
영을 하기 위해서는 문자의 해득과 상업에 관한 지식이 필요한 것
인데 우리나라에서는 어리석고 무식한 농부가 한번 흉년을 만났다고
해서 금방 소를 팔고 말을 사 가지고 장삿길에 나섰다가 자본을 몽
땅 잃고 길거리에서 굶어죽는 일이 있다고 개탄한다.151)

요컨대 유수원은 사민의 직업적 전문화를 주장하면서 어디까지나

---

149) 권1 〈論麗制〉 가운데 〈奴婢〉, 「試而中國言之 民有子而年至四五歲 則便已愛學於塾師 稍
　　長則必以本經試藝於本學 故能解操筆 則恒與同志士子 讀書課藝而已 元無暇隙可習他技…有如
　　此者 必須資質魯鈍終無可望 然後棄而爲農工商三業 大抵十五歲以前 已決其趨向而亦無自暴自
　　棄」.
150) 권8 〈論商販事理額稅規制〉, 「至今中國之人 則雖農工商賈之屬 亦皆自小入學 材不足而學無
　　成 然後去而爲他業 未嘗有蠢蠢無識全昧文字人也」.
151) 권8 〈論商販事理額稅規制〉, 「商賈雖末業 然未有不瞖而能之者 今則迷劣農夫 一週歉年 則
　　輒多賣牛買馬 稱以行販出去 盡喪資本 殍死道路」

능력에 따른 직업선택을 강조하고 있으며, 그 능력을 기르고 평가하
며 문맹자를 없애기 위한 방법으로서 유년기의 보편적인 초등교육을
역설하고 있는 것이 주목된다.

2. '사(士)=학생'의 선발과 학교제도

1) '사＝학생'의 자격

사민(四民) 가운데 사(士)가 가장 으뜸이라는 것은 앞에서 이미 이
야기하였다. 그런데 유수원이 말하는 사는 종래의 사와는 그 개념이
다른 것임을 유의할 필요가 있다. 그가 말하는 사는 '선사(選士)' 즉
국가에서 일정한 자격시험을 거쳐서 선발하여 학교에 적을 두게 된
'학생'을 뜻한다.

그러면 누가 사(士)가 되는가? 유수원에 따르면, '선사'가 될 수 있
는 자격은 "범민자제지준수자(凡民子弟之俊秀者)"이다. 즉 "범민(凡民)의
자제(子弟)로서 준수(俊秀)한 자"이다. 구체적으로 말하면, "공경자제
(公卿子弟)와 양인자제(良人子弟)를 가리지 않고 신명(身名)에 흠이 없는
사람이면 누구나 사로 선발될 수 있는 자격이 있다"는 것이다.152)
그러니까 신분차별은 없고 범민(凡民)의 자제이면 되는 것이다. 다만
몸과 이름에 흠이 없고, 능력이 준수(俊秀)해야 하는 조건이 있을 뿐
이다. 여기서 '흠'이라 함은 어떤 범죄를 저지른 것을 말한다. 그리
고 범민(凡民)은 당연히 농공상(農工商)의 자제도 포함되는 것이다. 앞
에서 말한 대로 이들도 15세까지는 기초교육을 이미 받기 때문에

---

152) 권2 〈論學校選補之制〉, 「勿論公卿良人子弟 身名無玷者 當許赴試 古所謂取凡民子俊秀者
　　敎之學校 政謂此也」.

사(士)로 뽑힐 수 있는 자격을 가지고 있는 것이다.

유수원은 사의 선발에 관한 원칙을 《주례(周禮)》의 빈흥제도(賓興制度)에서 찾고 있다.[153] 중국에서는 삼대(三代, 하·은·주) 이래로 능력 있는 사람들만을 학생으로 선발하여 학교에 추천하는 선사(選士), 준사(俊士), 진사(進士) 등의 제도가 시행되어 명대(明代)에까지 이르렀다는 것이다. 그래서 그는 중국처럼 이렇게 시험을 통과해서 뽑힌 학생만이 '사' 또는 '유생'(儒生)이라고 부를 수 있으며, 그 밖의 사람들은 일체 '사'로 부를 수 없게 해야 하다고 주장한다.[154]

2) '사＝학생'의 종류와 교육 —— 늠선생원, 증광생원, 부학생

유수원에 따르면, '학생' 즉 '선사'(選士)는 크게 두 부류로 나뉜다. 학교 정원(定員)에 들어 있는 학생을 생원(生員)으로 부르고, 정원 이외의 학생을 부학생(附學生)으로 부른다. 그런데 생원은 다시 늠선생원(廩饍生員)과 증광생원(增廣生員)으로 구분된다. 늠선생원은 일종의 관비장학생으로서 국가에서 식량을 지급해 주며, 현(縣)마다 각각 약 20명 정도의 정원을 둔다. 이들은 향시(鄕試)보다 약간 낮은 수준의 시험을 거쳐서 선발된다. 증광생원(增廣生員)도 삼장(三場)의 시험을 거쳐서 선발된 학생으로서 정원은 전자와 같이 20명으로 한다. 다만 이들은 장학생이 아니고, 늠선생원에 결원이 생기면 승보(陞補)될 수 있는 자격을 가질 뿐이다. 그러니까 이들은 스스로 식량을 부담하는 자비학생인 셈이다.

---

153) 권2 〈論救門閥之弊〉.
154) 권2 〈論學校選補之制〉, 「或曰 然則此外不得稱儒生乎 答曰 豈非學生 則只當稱民而已 他何有可稱之名乎」.

한편, 정원 이외의 학생인 부학생(附學生)은 인원에 제한을 두지 않는다. 학교에 적을 두고자 희망하는 사람이나 낙제생원(落第生員)가운데서 선발한다. 그러므로 현재 진짜 유학(幼學)이든, 가칭유학(假稱幼學)이든, 문벌자제(門閥子弟)든 한문자제(寒門子弟, 명망이 없는 집안)든, 평민(平民)이든 누구나 입학할 수 있다는 것이다.[155] 그 대신 이들은 학사(學事)에는 참여하지 못하며, 증광생원 가운데 결원이 생기면 선보(選補)될 자격만을 갖는다.[156] 여기서 유수원이 부학생을 두고자 한 것은 현재 전국에 범람하고 있는 양반들을 포용하여 가장 낮은 수준의 사(士)로 끌어들이려는 목적이 있다고 하겠다.

사(士)의 호칭은 이렇듯 학교에 적을 둔 '생원'과 '부학생'만이 가질 뿐 종전의 유학(幼學)이니 청금록(靑衿錄)이니 생원(生員)이니 진사(進士)니 하는 호칭 등은 일체 허용되지 않는다.[157] 그래야 사이비 선비가 없어지고 문벌이 사라지는 효과가 있을 것이다.

그러면 과거시험에는 누가 응시할 수 있는가? 유수원에 따르면, 향시(鄕試)에 응시할 수 있는 것은 오직 위에 든 '학생'뿐이고, 늠선생원과 증광생원 가운데서 향시 응시자격자의 대부분을 선발한다. 예컨대 향시지망자가 1,000명이라면 995명 정도를 늠선생원과 증광생원 가운데서 선발하고, 나머지 5명을 부학생 가운데서 선발한다.

---

155) 권2 〈論敎門閥之弊〉.

156) 권2 〈論學校選補之制〉, 「大抵一縣言之 若設廩饍生員二十名 則又當設增廣生員二十名 又當設附學生一塗而附學則無額數矣 或曰 何謂廩生 答曰 給廩敎養者也 何謂增廣生 答曰 廩生外提學考選三場文字精通之士充額而止以待廩窠陞補其額矣 何謂附學生 答曰 凡願附名學校及考退願隷者聽之 名曰附學生而不得預學校凡事矣…附學無非額生也 只待廩生有缺則增廣內選補 增廣有缺則附學內選補而設也」.

157) 유수원에 따르면, 「유학(幼學)」이라는 말은 〈전례(典禮)〉에 「人生十年曰幼學 二十曰弱冠」이라 한 데서 유래한 것인데, 나이가 많건 적건 幼學이라 부르는 것은 옳지 못하다. 「生員」이란 말도 본래는 「生徒의 生과 員額의 員」이 합쳐서 된 것으로 학교에 入學한 사람만을 가리킨 것인데, 지금은 小科入格者를 生員이라 부르는 것은 原義에 맞지 않는다. 小科의 初場合格者를 進士라고 부르는 것도 옳지 못하다. 進士란 본래 及第出身의 칭호이기 때문이다(〈論學校選補之制〉).

부학생은 극소수에 한하여 응시자격자를 선발하여 유재(遺才)라는 명칭을 띠고 향시에 참여케 한다.[158] 향시 입격자와 응시자의 비율은 대략 1대 30 정도로 조정한다.[159] 그리고 향시 입격자를 거인(擧人)이라 칭한다.[160]

생원은 향시에만 응시할 자격이 있는 것이 아니다. 생원 가운데서 조행(操行)이 뛰어나고 문학이 볼 만하며 식름(食廩, 출석)이 오래된 자를 제학(提學)이 선발하여 이를 공사(貢士)라 하여 중앙의 정시(庭試)에 응시할 자격을 준다. 공사의 인원은 대략 부학(府學)은 1년에 1인, 주학(州學)은 3년에 2인, 현학(縣學)은 2년에 1인 정도로 한다. 공사는 세공(歲貢)이라고도 부른다.[161]

생원에게는 또한 본인과 부친의 요역(徭役)이 면제되고, 인두세(人頭稅)인 정전(丁錢)이 면제된다. 그러나 퇴학법을 강화하여 제학(提學)의 순과고시(巡過考試)에서 세 번 낙제한 자는 퇴학처분한다. 퇴학자는 과거 응시자격이 없으나 50세 이상이 되면 유명(儒名)을 가질 수 있고, 정전(丁錢)이 면제된다.[162] 부학생은 공사(貢士)에 천거될 자격이나 요역 또는 정전(丁錢)의 면제에서 제외된다.

그런데 학교에서 인재를 기르려면 당연히 운영경비가 있어야 하고, 좋은 스승과 책이 있어야 하고, 학사를 관리하는 전문적 관리가

---

158) 권2 〈論學校選補之制〉, 「設使一道 當送一千名鄕試人才 則督學使者合試時 先就廩增生中 試取九百九十五名 次就附學生中 酌選五名 稱以遺才 送于鄕試 可矣」.

159) 권2 〈論學校選補之制〉, 「設使一道鄕試額數爲四十名而提學考選道內儒生起送鄕試人才一千二百名 則每一名科額覬光者 當爲三十名矣 以此斟酌定其規例可矣」.

160) 권2 〈論學校選補之制〉, 「或曰 得中鄕試者 稱以何名 答曰 此乃擧人也 與卽今生進無異」.

161) 권2 〈論學校選補之制〉, 「中國歲貢之例 府學一年一人 州學三年二人 縣學二年一人矣 今亦就額生 取其操行無玷 文學可觀 食廩多年 循次應貢之人 提學預爲考選 酌取幾員起送而…及其上來也 又與館生及會試下第之擧人 恩蔭聽選之子弟 各就庭試 精加考選 然後 始待外方敎職之窠闕 一齊分派除授」.

162) 권2 〈論學校選補之制〉, 「或曰 廩生無徭役乎 答曰 何可有役乎 當其增廣生 幷免其父及渠身徭役矣 或曰 勿論考退及自願出學之人 幷不得保其儒名乎 答曰 行止有虧見黜者 無可論矣 無他過犯 自願出學及考退而年五十以上者 存其儒名不徵丁錢可矣」.

있어야 한다. 그런데 지금의 학교는 형편이 안 된다. 예를 들어 성
균관은 전복(典僕, 노비)들에게 경비를 부담시키는데, 이들은 소를 잡
아 시중에 팔아서 비용을 충당하고 있고, 국가는 도움을 주지 않는
다.163) 그러니 교육이 제대로 될 리 없고, 그저 밥이나 먹여주고 있
다. 지방의 향교(鄕校)는 1명의 학정(學正)조차 없으며, 교생 1명을 배
정하여 문묘(文廟)에 제사나 지내고 있다. 또 학교에 동재(東齋)와 서
재(西齋)를 나누어, 동재에는 양반자제를, 서재에는 서민자제를 거처
하게 하는 것도 근거 없는 일이다.

따라서 앞으로 재정개혁이 이루어지면 학생들에게 매월 6두의 쌀
과 매년 회식비를 지급할 필요가 있다. 그리고 학교 안에 선부(饍夫)
와 재부(宰夫)를 몇 명씩 두어 학생들의 식사를 제공하고 심부름을
맡게 해야 한다.

이렇게 학생들에 대한 대우를 개선하는 대신 학교교육은 엄격하
게 강화되어야 한다. 그리하여 월강(月講, 한 달에 한 번 시험), 순강(旬
講, 열흘에 한 번씩 시험), 회과(會課), 계고(季考, 연말고사) 등을 치러야
한다. 말하자면 시험제도를 강화해야 한다는 것이다.164)

끝으로, 사(士)의 위상변화와 관련하여 현실적으로 사를 배출하고
있는 무수한 서원(書院)의 존재는 어떻게 되는 것인가? 이 점에 대해
유수원은 권10의 〈논서원(論書院)〉이라는 글을 따로 발표했다. 여기
서 그는 자신의 개혁안이 시행된다면 서원은 저절로 없어질 것으로
전망했다. 왜냐하면 그가 제안하는 사의 양성방법은 철저한 관학교
육이기 때문에 학교교육이 정상화되면 서원의 학생들은 저절로 앞장
서서 서원을 나갈 것이다. 구태여 국가가 나서서 철폐할 필요도 없
어질 것이다. 그래서 그는 "서원은 … 내버려 두고 따지지 않는 것

---

163) 권2 〈論學校〉.
164) 권2 〈論學校選補之制〉.

이 좋다"고 말한다. 그는 이처럼 지방에서 무위도식하는 선비를 양성하는 서원의 기능을 결코 긍정적으로 보지 않았다.

이상 유수원은 관학(官學)을 제대로 육성하여 인재 곧 사(士)를 적극적으로 양성하고, 나아가 사이비 양반을 양산하고 있는 서원은 없어져야 한다고 보았다.

3. 관료선발 방법 ── 과거제도 개혁

그러면 인재를 등용하는 방법은 어떻게 해야 하는가? 이 문제를 논한 글이 권2의 〈논거인격례(論擧人格例)〉, 〈논과거조례(論科擧條例)〉, 〈논과공음삼도격례(論科貢蔭三塗格例)〉, 그리고 〈총론선거공음사리(總論選擧貢蔭事理)〉이다.

유수원에 따르면, 지금의 과거제도는 당연히 개혁되어야 한다. 먼저 사마시(司馬試) 곧 생원과(生員科)와 진사과(進士科)는 의미가 없는 제도로서 혁파되어야 한다. 이는 관리로 나아가는 시험이 아니고 쓸데없는 양반문벌을 생산하는 제도이기 때문이다. 그리고 문과(文科)도 개혁되어야 한다. 지금의 문과는 학교제도와 연결되어 있지 않아 실력 있는 학생이 응시하는 것이 아니기 때문이다.

그러면 과거제도를 개혁하는 방법은 무엇인가? 관리선발 방법은 철저하게 능력주의를 따라야 하는데 크게 네 가지로 구분된다. (1) 과제(科第, 과거), (2) 세공(歲貢, 貢士), (3) 은음(恩蔭, 蔭敍), 그리고 (4) 이원(吏員)이 그것이다. 그리고 이 문제를 논한 것이 〈논과공음삼도격례(論科貢蔭三塗格例)〉이다. 이를 차례로 설명하면 다음과 같다.

1) 과제(科第) ─ 급제(及第)와 거인(擧人)

유수원은 앞에서 말한 것처럼 생원시와 진사시는 없어져야 하고, 생원(生員)은 학생을 가리키는 말이 되어야 한다고 주장했다. 다만, 고급문관시험인 문과(文科)는 그대로 두되 그 내용은 개혁해야 한다. 지금의 문과는 응시자격도 학교교육과 관련이 없을 뿐 아니라, 관직에 나가는 길도 잘못되어 있기 때문이다. 그러면 문과는 어떻게 개혁되어야 하는가?

(가) 급제(及第)=문과합격자, 육조와 수령을 거쳐 재상으로

먼저 문과는 급제(及第)와 거인(擧人)의 두 종류로 나눈다.[165] 이 가운데 급제(及第)는 최상의 관직을 받는다. 급제 가운데서도 성적이 준수한 몇 명은 관(館)에 들어간다. 다만, 유수원은 홍문관(弘文館) 이외의 예문관이나 교서관, 춘추관 등은 모두 혁파할 것을 주장하고 있으므로 남는 관은 오직 홍문관뿐이다.

그 나머지 급제는 육조(六曹)에 들어가고, 또 그 나머지는 현읍의 수령(守令, 종5품 이상)으로 나간다. 이렇게 되면 문과출신자로서 놀고 있는 자는 없게 된다.[166] 다만, 나이가 50 이상인 자는 관시(館試, 성균관에서의 시험)에 나갈 수 없고, 육조나 지방의 수령으로 나가는 것이 좋다.

유수원은 우수한 합격자를 홍문관, 예문관, 교서관, 승문원, 춘추관 등 문한직(文翰職)이나 사헌부, 사간원 등 언관(言官)에 임용하는 지금까지의 관례를 좋은 일로 보지 않았다. 이런 자리는 행정의 실

---

165) 권2 〈總論選擧貢蔭事理〉, 「或曰 如子所論 則入仕之路幾岐 答曰 大抵有四岐 曰科第 曰歲貢 曰恩蔭 曰吏員是也」.
166) 권2 〈總論選擧貢蔭事理〉.

효를 가져오는 자리가 아니기 때문이다. 따라서 행정의 실효를 가져 오려면 행정실무 직책인 육조와 수령으로 내보내는 것이 좋다는 것이다.

급제자들은 육조와 수령을 거쳐 재상의 자리로 올라갈 수 있으며, 아무런 제한을 받지 않는다. 그러니까 가장 우대받는 자격을 갖는다.

그러면 급제(及第)는 어떤 사람들이 응시하는가. 유수원에 따르면, 급제는 생원으로서 지방의 회시(會試)에 합격한 거인(擧人)이나 한성향 시(漢城鄉試)에 합격한 공사(貢士, 館生) 또는 음서(蔭敍)로서 성균관의 은생(恩生, 館生)이 된 자가 전시(殿試)에 합격되었을 때 급제가 되는 것이다.

(나) 거인(擧人)=향시합격자, 교직(敎職)을 거쳐 육조 일부의 정당으로

거인(擧人)은 앞에서 말한 바와 같이, 생원으로서 향시(鄉試)에 합격한 자를 말하는데, 거인은 다시 회시(會試)를 거쳐 전시(殿試)에 합격하면 급제(及第)가 되어 승진하는 데 아무런 제약을 받지 않는다.

그렇지만, 회시에 합격하지 못하면 관생(館生, 성균관 학생)이 되어 다시 정시(庭試)를 거쳐 현읍(縣邑)의 학직(學職, 종9품 훈도)으로 임명된다. 여기서 업무를 잘 수행하고 임기가 만료되면 현(縣)의 이아(貳衙, 현령 다음의 찰방이나 교수)로 올리고, 다시 현령(縣令, 종5품)을 거쳐 군수(郡守, 종4품), 부사(府使, 종3품), 목사(牧使, 정3품)로 승진하고, 다시 경관(京官) 즉 육조의 정당(正堂, 판서와 참판)이나 또는 언관(言官), 혹은 경재(卿宰, 재상)로 진급할 수 있다.[167]

다만, 거인이 육조의 정당이 될 경우에는 이조(吏曹), 병조(兵曹), 예조(禮曹)의 정당 곧 판서나 참판은 될 수 없다. 그 이상 출세하려면

---

167) 권2 〈論擧人格例〉, 〈論科貢蔭三塗格例〉, 〈總論選擧貢蔭事理〉 참조.

일정한 임기를 다 마치고, 순량염근(循良廉謹)한 평가를 받아야 한다. 그러니까 급제보다는 승진에 약간의 차별대우를 받게 한다.

거인(擧人)이라는 호칭은 종전에 우리나라에 없던 것으로 오직 중국에서 시행되어 오던 것인데, 유수원은 중국식 거인제도를 도입하고자 한 것이다.

2) 공사(貢士)＝우등생, 성균관과 교직을 거쳐 궐내 각사의 정당으로

생원이 관리로 나가는 길에는 과제(科第, 과거) 말고도 공사(貢士)를 따로 둘 필요가 있다. 공사(貢士)는 세공(歲貢)이라고도 하는데, 학생[생원] 가운데 성적과 품행이 뛰어나 추천된 자를 말한다. 말하자면 학교 우등생이다. 이들은 향시(鄕試)가 면제되고, 직접 정시(庭試)를 거쳐 관생(館生, 성균관 학생)이 될 수 있으며, 여기에서 한성향시(漢城鄕試)를 거쳐 전시(殿試) → 급제(及第)의 코스로 나갈 수도 있으나, 직접 현읍(縣邑)의 교직(敎職)이 될 수 있는 자격을 준다.[168]

공사(貢士)가 과거를 거치지 않고 직접 교직으로 나갈 경우에는 뒤에 수령(守令)으로 진급할 수 있고, 경직당상(京職堂上, 정3품 이상)에도 오를 수 있다. 다만, 이들은 육조보다는 태복시(太僕寺), 상서원(尙瑞院), 장악원(掌樂院), 사옹원(司饔院), 예빈시(禮賓寺) 등 궐내(闕內) 각사(各司)의 당상으로 임명하는 것이 좋다. 다만, 이들 관청에는 아직 당상관이 없는데 이를 신설할 필요가 있다.

이상 공사(貢士)는 거인(擧人)이 받는 혜택에는 약간 미치지 못하게 해야 한다.

---

168) 위와 같음.

3) 은음(恩蔭) 개혁, 대가(代加) 폐지

관리가 되는 세 번째 길은 고관자제들에게 벼슬길을 열어 주는 은음(恩蔭)이다. 은음은 음서(蔭敍)로도 불린다. 유수원은 종전의 음서제도를 그대로 인정하고 있으나, 다만 그 범위와 방법은 개혁되어야 한다고 생각했다. 이 문제를 논한 것이 권2의 〈논과공음삼도격례(論科貢蔭三塗格例)〉와 〈논은음전서사의(論恩蔭銓敍事宜)〉이다.

원래 《경국대전》에 따르면, 음서는 공신(功臣)과 2품 이상의 자(子), 손(孫), 서(壻), 제(弟), 질(姪)과 실직(實職) 3품의 자(子)와 손(孫), 그리고 이조, 병조, 도총부, 사헌부, 사간원, 홍문관, 부장(部將), 선전관(宣傳官)을 지낸 자의 자(子)로서 20세 이상자에게 부여했는데, 간단한 시험을 거쳐 벼슬길을 터 주었다. 그리고 경아전(京衙前)의 하나인 녹사(錄事)가 되고자 하는 자는 허락했다.

그러면 유수원은 음서제도를 어떻게 개혁해야 한다고 생각했을까? 그는 우선 음서의 혜택을 받는 고관(高官)의 범위를 축소해야 한다고 생각했다. 즉 경관(京官)은 3품 이상, 외관(外官)은 2품 이상의 문무정직자(文武正職者)의 자손(子孫) 가운데서 한 사람에 한하여 음서의 혜택을 주어야 한다.[169] 그리고 1품은 3세(世)까지, 2품은 2세까지, 3품은 1세에 한하여 음직을 받도록 제한해야 한다.[170]

다음에 음직은 어떤 방법으로 대우하는가? 유수원에 따르면, 음자손의 나이가 25세를 넘고, 아버지와 할아버지가 3년, 6년, 9년의 임기를 마친 뒤에 비로소 성균관 학생(館生, 恩生)의 칭호를 주어 집에서 독서하게 한다. 만약 성균관 학생으로 있으면서 정시(廷試)에 합격하면 먼저 재랑(齋郎)을 주고, 3년의 임기를 마친 뒤에 찰방(察訪,

---

169) 권2 〈論恩蔭銓敍事宜〉.
170) 위와 같음.

종6품)을 제수하고, 성적을 보아 수령(守令)으로 나가게 한다.

그 뒤 다시 성적이 좋고 임기를 마치면 관찰사의 보좌관을 거쳐 서울의 경직정당(京職正堂)으로 올라갈 수 있게 한다. 그러나 육조의 정당 곧 육조의 판서(判書)나 참판(參判)은 될 수 없다. 이들이 나갈 수 있는 정당(正堂)은 사복시(司僕寺), 상서원(尙瑞院), 사옹원(司饔院), 봉상시(奉常寺) 등 궐내 각사의 당상관이 좋다.171) 다만, 이들 관청은 중요한 일을 하는 기관임에도 현재 당상관이 없으므로 이를 설치할 필요가 있다. 이 밖에 수운판관(水運判官)이나 경력(經歷)과 같은 관직에 올려도 좋다.

이렇게 이들은 정시에 합격하더라도 거인(擧人)이나 공사(貢士, 歲貢)보다는 승급에서 조금 못한 대우를 받도록 해야 한다. 그러나 스스로 은음(恩蔭)의 직첩(職牒)을 내던지고 거인(擧人)이나 공생(貢生)과 더불어 정시(廷試)에 응시하고자 하면 허락한다. 만약 이들이 정시에 합격하면 거인이나 공생과 더불어 차례를 기다려 관직을 준다. 다시 말해 음서의 특혜를 포기하고 정시에 응시할 경우에는 거인이나 공생과 동등하게 대우한다는 것이다. 그런데 이들이 만약 정시에 응시하기를 원치 않을 경우에는 은음의 직첩을 내놓고 공함(空銜)을 받게 하여 명예만을 얻도록 한다. 물론 공함은 실직(實職)이 아니다.

유수원은 또한 대가(代加)에 대해서도 신랄한 비판을 가하고 그 혁파를 주장했다.172) 즉 통훈대부(通訓大夫, 정3품 당하관) 이상 고관의 아들, 손자, 사위, 동생, 조카에게는 대가(代加)라는 혜택이 있었다. 대가란 나라에 경사(慶事)가 있을 때마다 고관에게 자급(資級)을 높여 주는데, 자급이 꽉 차서 더 이상 높여 줄 자급이 없을 때에는 그 자급을 아들 등에게 대신 넘겨주는 것을 말한다. 따라서 고관의 후손

---

171) 권2 〈論科貢蔭三塗格例〉.
172) 권3 〈官制總論〉.

들은 자동적으로 자급을 넘겨받아 승급이 빨라지게 마련이다. 유수원은 이러한 대가제도가 능력주의에 어긋나는 것으로 보고 그 혁파를 주장한 것이다.

그 밖에 청백리(清白吏) 자손이나 전망인(戰亡人) 자손 등에 대한 음서에 대해서 유수원은 당연히 혁파되어야 한다고 주장했다. 이들은 당대에 한해서 요역을 면제받는 것으로 충분하기 때문이다.

이상 유수원이 제안한 음서의 범위는 종전에 견주어 그 범위가 매우 축소되었을 뿐 아니라 그들에게 주는 혜택도 매우 제한되어 있음을 알 수 있다.

4) 이원(吏員)의 승진과 녹봉 지급, 무과의 개혁

끝으로 행정실무자인 이원(吏員)은 어떤 방법으로 대우해야 하는가? 유수원은 행정실무자인 향리(鄕吏) 등 이원(吏員)에 대해 매우 동정적인 입장을 가지고 있어서 이들에게도 녹봉과 승급의 기회를 주어야 한다고 주장했다. 그래야 그들의 사기가 올라가고 희망이 생겨서 부정을 저지르지 않는다고 보는 것이다. 사실 조선 중기부터 "서리망국론(胥吏亡國論)"이 생겨날 만큼 서리들의 폐단이 컸었는데, 유수원은 이들에게도 희망을 주어야 문제가 해결된다고 본 것이다.

이원들에게 희망을 주는 방법은 승진과 녹봉이다. 임기제를 두어 임기가 끝나면 그 성적을 평가하여 품급(品級)과 늠급(廩級)을 높여 주자는 것이다. 다만, 그들이 올라갈 수 있는 최고의 관직은 지방의 역승(驛丞, 종9품)에 국한시킨다.[173] 어쨌든 서리에게 녹봉과 아울러 역승(驛丞)으로 나갈 수 있는 기회를 주자는 것은 매우 파격적인 주장이 아닐 수 없다. 구체적으로 그 재원을 어떻게 조달할 것인가는

---

173) 권2 〈總論選擧貢蔭事理〉, 〈論吏員役滿陞擬之制〉.

뒤에 다시 설명할 것이다.

이 밖에 무인(武人)을 선발하는 무거(武擧)가 있는데 문과와 그 요령이 비슷하다.[174) 즉 성균관이나 지방의 향교에도 무학(武學)을 따로 두어 능력 있는 무인을 양성하고 무생(武生)을 선발하여 무과(武科)에 응시케 하고 출세시키자는 것이다.

5) 잡직 기술관

유수원은 잡과(雜科)나 취재(取才)를 거쳐 잡직(雜職)에 근무하는 의(醫)·역(譯)·서(書)·산(算)·율(律)·음양(陰陽) 등 전문직 기술관에 대하여서도 그 지위가 지나치게 천시되고 있는 것은 부당하다고 보고, 그들의 지위를 높여주어야 한다고 주장했다.

우선, 이들 기술직을 배우는 생도(生徒)들에게 생도라는 명칭을 버리고 의사(醫士)라든가 역사(譯士) 등의 호칭을 주어 그 격을 높여줄 필요가 있다. 다만, 그 인원수를 대폭 줄이고, 관직기간이 오래되면 그 기술관청의 정관(正官, 책임자)으로 오르게 한다.

또 현재 기술관은 군직(軍職)을 주거나 번갈아 가면서 녹봉을 주는 체아록(遞兒祿)을 지급하거나 수령직을 주고 있는데, 이는 혁파되어야 한다. 공로가 많은 기술관은 실직(實職)처럼 정상적인 녹봉을 주거나 옷감을 상으로 주거나, 높은 복색(服色)을 주어 우대하는 것이 좋다고 주장한다.[175) 그래야 이들이 자부심을 가지고 일을 할 수가 있을 것이다. 예를 들면, 내의원(內醫院)의 경우 그 실질적 책임자인 정(正, 정3품 당하관)이나 그 다음 직책인 첨정(僉正, 종4품)은 실직(實職)인데

---

174) 권3 〈論武擧〉, 「武擧, 大體與文科無異 亦當於國學府州縣 並設武學名色 抄選武生 以克其額矣」.
175) 권2 〈論科貢蔭三途格例〉.

도 체아록을 주고 있어서 아주 천한 직책처럼 대우받고 있다는 것
이다.

그러나 기술관들이 백성을 다스리는 직책인 수령(守令) 등 다른 직
책으로 전직하는 것을 유수원은 극력 반대한다.[176] 이들은 백성을
다스리는 교육이나 훈련을 받은 사람들이 아니기 때문이다.

한편, 유수원은 기술직 관리가 중인(中人)으로 불리면서 세습되는
문제에 대해서는 특별한 언급이 없다. 그러나 양반문벌을 반대하는
그의 입장에서 볼 때 중인이라는 호칭이나 그 직업의 세습도 당연
히 혁파의 대상이었을 것이다. 기술직은 오직 본인의 능력과 선택에
따라 결정되는 문제일 터이기 때문이다

6) 식년시(式年試) 이외의 시험은 혁파

유수원은 위에 소개한 몇 가지 입사로(入仕路) 이외의 모든 시험은
혁파되어야 한다고 주장했다. 예를 들면, 소과(小科)로 시행되는 생원
시(生員試)와 진사시(進士試)는 물론이요, 나라에 경사가 있을 때 이를
기념하여 시행하는 증광시(增廣試), 경사가 있을 때 당하관(堂下官, 정3
품 통훈대부 이하)을 대상으로 시행하는 별시(別試), 1년에 봄가을로
성균관 유생을 궁궐에 불러 시행하는 정시(庭試), 임금이 성균관 문
묘에 참배한 것을 기념하여 시행하는 알성시(謁聖試), 창덕궁 춘당대
에서 시행하는 춘당시(春塘試) 등도 모두 혁파대상이다. 식년시(式年試)
이외에는 다른 시험이 필요 없다는 것이다.

위에 열거한 네 가지 입사로는 관리선발의 기본적인 방법으로서
급제(及第)를 정점으로 하여 거인(擧人)·공사(貢士)·은음(恩蔭)·이원(吏員)
의 순으로 관계진출의 조건에 세밀한 등차가 설정되어 있는데, 그

---

176) 권2 〈論科貢蔭三塗格例〉.

차등은 어디까지나 개인의 능력에 따르는 것이며, 문벌이나 그 밖에 다른 요인에 따라 좌우되는 것은 아니라는 것에 유의할 필요가 있다. 다만, 한 가지 한계점은 전문직 기술관이나 이원(吏員)에 대한 천시가 완전히 청산되지 못한 점이라 하겠다. 이는 그가 정치를 기본적으로 기술적 차원으로 보지 않고 도덕적 차원으로 이해하고 있다는 것을 말해 준다.

7) 과거시험 과목 개혁

그러면 과거시험에서는 무엇을 어떻게 테스트해야 하는가? 이 점에 대하여 유수원은 권2 〈논과거조례(論科擧條例)〉에서 자세히 논하고 있다. 우선 시험과목(科目)에서는 주자학(朱子學)을 매우 중요시한다. 유수원은 주자(朱子)가 제시한 '공거의(貢擧議)' 곧 과거제도를 가장 옳은 것으로 본다. 주자는 경사(經史)를 테스트하는 것을 중요시했다는 것이다. 이는 문학을 텍스트에서 뺀다는 뜻이다. 동시에 텍스트도 주자와 정자(程子)의 전주(傳註)를 테스트하는 것을 제일로 삼는다.

우선 각 도(道)에서 실시하는 향시(鄕試)에서는 사서오경(四書五經)을 시험한다. 다만, 제일장(第一場)에서는 사서(四書, 논어·맹자·중용·대학)의 뜻을 시험하는 사서의(四書義)와 오경(五經, 시·서·역·춘추·예기)의 뜻을 묻는 경의(經義)를 시험한다. 사서의는 《주자집주(朱子集註)》를 주로 하고, 경의에서 역(易)은 《정주전의(程註傳義)》를, 서(書)는 《채씨전(蔡氏傳)》 및 고주소(古註疏)를, 시(詩)는 《주자집전(朱子集傳)》을, 춘추(春秋)는 좌공곡(左公穀), 호씨(胡氏), 장흡(張洽)의 전(傳)을, 예기(禮記)는 고주소(古註疏)를 주로 해야 한다고 주장한다. 다만, 사서(四書)는 3도(三道, 각 3문제)를, 오경(五經)은 4도(四道, 4문제)를 출제할 뿐이다.

그런데 한 가지 주의할 것이 있다. 사서(四書)는 각 3문제씩 모두

12문제를 묻는 것이지만, 오경(五經)은 각 4문제씩 모두 20문제 가운데서 한 경전(經典)의 4문제만을 대답하면 된다는 것이다. 다시 말해 오경 모두를 시험하는 것이 아니라 자기가 원하는 경서만을 시험 본다. 이는 오경보다 사서를 더 중요하게 보는 의미가 있으며, 이것이 종전의 시험과 다른 점이다.

다음에 제이장(第二場)에서는 논(論) 1문제와 판어(判語) 5조(條), 조(詔), 고(誥), 표(表) 중에서 한 문제를 출제한다. 여기서 판어(判語)란 재판에 필요한 단안문(斷案文, 법률용어)을 말한다.

이상 제이장의 시험은 종전과 매우 다르다. 첫째, 종전에 없던 판어(判語)가 등장한 것이고, 둘째는 종전에 시험하던 부(賦), 송(頌), 명(銘), 잠(箴), 기(記) 등 문학에 관한 출제가 모두 없어진 것이다. 먼저 판어 곧 단안문이 등장한 것은 예사롭지 않다. 유수원은 "옛 사람은 만 권의 책은 읽어도 법률의 책은 읽지 않는다"는 객의 물음에 대해 "율학(律學)은 육학(六學)의 하나일 뿐 아니라 한(漢)나라에도 명법과(明法科)가 있고, 송나라에도 명법시(明法試)가 있으며, 《주례(周禮)》에도 법률이 나온다면서 고인(古人)도 법률을 공부했다고 반박한다.177)

한편, 유수원은 시나 문장을 잘하는 것은 부화(浮華)한 것으로, 정치에 실효가 없다는 주장을 《우서》 곳곳에서 피력하고 있어 그가 왜 과거시험에서 문학을 제외시켰는지를 이해할 수 있다. 그는 관제 개혁안에서도 예문관, 춘추관, 승문원, 교서관 등 문한직(文翰職)을 대폭 혁파할 것을 주장하였는데 이는 뒤에 다시 설명하겠다. 유수원이 평생 시문집(詩文集)을 남기지 않은 이유도 여기에 있을 것이다.

다음에 제삼장(第三場)에서는 경사(經史)와 시무책(時務策)을 시험하는데 5도(五道, 5문제)를 출제한다. 이는 종전과 크게 다르지 않다.

---

177) 권2 〈論科擧條例〉.

향시에 합격한 자는 회시(會試)에 나아가는데, 회시의 경우도 과목은 향시(鄕試)와 비슷하다. 다음에 전시(殿試)에서는 시무책(時務策)만을 시험한다. 다만, 시무책은 긴요하지도 않은 형식적인 것을 묻거나 대답하지 말고, 명백하게 시비와 득실을 논하는 데 중점을 두어야 한다. 유수원은 요즘의 시무책이 머리말은 배우들의 잡극(雜劇)과 비슷하고, 폐단을 구제하는 내용은 성(誠)이니 정(正)이니 하는 틀에 박힌 말만 한다고 개탄했다.

8) 시험감독 및 채점방법

유수원은 시험의 공정성을 높이기 위해서는 감독방법과 채점방법 등이 엄격해야만 한다고 믿고 자세한 대책을 제시하고 있는데, 권2의 〈논과거조례(論科擧條例)〉에 제시된 내용의 요지를 정리하면 다음과 같다.

(1) 향시의 고사장(考査場)은 고을마다 옮기지 말고 감영(監營)이 있는 읍으로 고정시킨다.

(2) 시험날짜는 향시(鄕試, 初試)의 경우 가을철 어느 날, 회시(會試, 覆試)는 봄철 어느 날로 고정하고, 수험생은 기일 이전에 서울에 올라와 공용증명서를 바쳐야 한다.

(3) 고사장에는 수험자의 수효대로 좌석을 만들고, 번호를 붙이고, 칸막이를 설치한다.

(4) 수험생은 새벽에 시험장에 들어가 해질 때 나오는데, 초고지, 답안지 종이, 붓, 먹, 벼루 이외에는 가지고 들어갈 수 없다.

(5) 문제지는 벽에 내걸지 말고 활자로 인쇄하여 배부한 다음 인쇄공을 내보낸다.

(6) 시험장의 중문(中門)과 외문(外門)을 엄중하게 지키고, 음식물을 가

지고 들어가는 종인(從人)들을 샅샅이 검문한다.

(7) 시권(試卷, 답안지)은 반드시 해서(楷書)로 쓰고, 13폭을 연결해서 붙인 다음 응시자의 3대 조상과 본관, 전공한 경서(經書)를 써서 검인을 받은 다음에 시험장에 들어간다.

(8) 시권은 묵필(墨筆)을 사용하고, 등록관(謄錄官), 대독관(對讀官), 수권관(收卷官)은 홍필(紅筆), 고시관(考試官)은 청필(靑筆)을 사용한다.

(9) 수권관(收卷官)은 응시자가 제일장, 제이장, 제삼장을 모두 썼으면 전자(全字)의 도장을 찍고, 3장 가운데 하나라도 답안지를 내지 않았으면 감자(減字)의 도장을 찍은 다음 응시자 명부에 기록한다.

(10) 시험일은 1일 간격에서 3일 간격으로 늘린다.

(11) 2명의 주고관(主考官)은 서울에서 내려 보내고, 5명의 동고관(同考官)은 문과출신의 지방관리로 충원한다. 그 밖에 감시관(監試官, 1명, 본도 어사가 맡음), 대독관(對讀官, 4명), 봉미관(封彌官, 1명), 등록관(謄錄官, 1명), 공급관(供給官, 1명), 수장관(收掌官, 1명), 수권관(收卷官, 1명), 순작관(巡綽官, 1명), 감문관(監門官, 1명), 수검관(搜檢官, 2명) 등 20명의 관원을 배치한다. 대독관 이하 수권관은 모두 지방수령과 교직이 맡게 하고, 순작관 이하는 지방의 무직(武職)이 맡도록 한다.

(12) 시권은 관노(官奴)가 받아 봉미관(封彌官)에 보내고, 봉미관은 자호(字號)를 써넣은 다음 등록관(謄錄官)에 보내 베껴 쓴 뒤 대독관(對讀官)에게 보내고, 대독관은 대독을 마친 뒤에 오경(五經)으로 분류하여 축(軸)을 만들어 발[簾] 안으로 보낸다. 그러면 2명의 주고관(主考官)과 5명의 동고관(同考官)이 제비를 뽑아 경서를 채점한다.

(13) 아전이 시권을 필사[등록]하여 대독관에게 보내면 검사를 마친 뒤에 시원(試院)에 넘겨주면 주고관, 동고관이 여러 관원들과 함께 모여 앉아 등록된 시권을 뜯어보고 바로 성적을 매긴다. 5명의 동고관은 오경을 나누어 평가하여 주고관에게 넘겨 합격여부를 결정

한다.

(14) 비용은 중앙에서 관전(官錢)을 내려 보낸다.

(15) 회시(會試) 규칙도 향시와 비슷하나 시관(試官)이 더 많아야 한다.

(16) 전시(殿試)의 시무책은 1천 자 이상으로 제한한다.

(17) 시관(試官)의 잘못이 있으면 감시어사(監視御史)가 예조에 명단을
    보고하고, 예조는 이조 또는 병조에 보내 처벌한다.

(18) 갑과(甲科) 합격자 이외의 사람은 다시 성균관에서 시행하는 관
    시(館試)에 응시하여 몇 명을 선발한다.

이상 유수원이 제안한 시험규칙은 종전에 견주어 한층 엄격하게
강화된 방법으로서 부정을 철저하게 차단하려는 의도가 담겨 있다.

제
5
장

관제개혁안

제5장 관제개혁안

1. 행정의 전문성 부족

유수원은 당시 최대의 문제점을 문벌(門閥)에서 찾고, 그 개혁방안을 제시했는데, 문벌의 폐단을 우선 경제에서 찾아 그 개혁방안을 제시한 것이 사민분업(四民分業)이었음은 앞에서 설명한 바와 같다.

그런데 문벌의 폐단은 경제에서만 나타나는 것이 아니라 정치운영에서도 막대한 폐단을 일으키고 있다고 보았다. 즉 문벌은 당론(黨論)으로 이어지고, 문벌과 당론은 다시 관료제도의 합리적인 운영을 파괴하는 데 이르렀다고 보고, 이에 대한 전면적인 개혁안을 제시했다. 《우서》 권1의 〈논본조정폐(論本朝政弊)〉와 〈논비국(論備局)〉, 그리고 권3의 관제총론(官制總論)에서 권5의 〈논척원은음(論戚畹恩蔭)〉에 이르는 21개항의 내용이 이에 해당한다. 그러니까 《우서》 77개항의 약 3분의 1이 관제개혁안으로 채워져 있다고 할 수 있다. 그가 관제개혁에 관해 얼마나 비상한 관심을 가졌는지를 알 수 있다.

유수원이 생각하고 있는 관제(官制)의 문제점은 크게 세 가지다. 첫째, 행정의 전문성이 부족하다. 둘째, 권력구조가 잘못되어 있다. 셋째, 필요 없는 용관(冗官)이 너무 많아 재정낭비가 심하다. 넷째, 관리의 임기와 평가제도가 잘못되어 있다.

그러면 먼저 행정의 전문성 부족에 대한 유수원의 생각을 알아보기로 한다. 그의 말부터 들어보자.

무릇 모든 일은 크고 작음에는 차이가 있지만, 그 처리의 요체는 같다. 병사(兵事)를 주관하는 사람은 병사만을 다스리고, 재부(財賦)를 주관하는 사람은 재부만을 다스리듯이 한 사람이 한 가지 일만을 전적으로 관장해야 한다. 이런 뒤에야 비로소 능력 있는 사람은 그 업적이 빛나고, 용렬한 사람은 그 잘못이 드러나게 된다. 나라를 경영하는 길은 곧 인재를 기용해서 맡은 일에 책임지고 힘쓰게 하는 것뿐이다. 그리고 일단 일을 맡긴 뒤에는 그 일을 감당하지 못할까 격정하고 간섭해서는 안 된다.[178]

여기서 병사(兵事)는 병사의 전문가에게, 재부(財賦)는 재부의 전문가에게 맡기는 식으로 행정의 전문화가 이루어져야 정치의 실효가 나타난다는 확신을 보여주고 있다.

유수원이 이렇게 행정의 전문화를 강조하는 이면에는 그렇지 못한 현실에 대한 강한 불만이 서려 있음은 물론이다. 그에 따르면, 지금의 형세는 자루는 하나인데 잡으려는 사람은 많고, 바가지는 하나인데 가지려는 사람은 여럿이듯이, 일은 하나인데 아는 체하는 사람은 수없이 많다는 것이다. 그 결과 현명한 사람은 그 재주를 다하지 못하고, 못난 사람은 그 졸렬함을 감추기가 쉽다. 그래서 모든 사람이 어물어물 지내면서 실제로는 이루는 일이 없다.

행정의 전문화를 해치는 주된 실체를 유수원은 비변사(備邊司)에서 찾고 있지만, 그 밖에도 직책이 중복된 기관이 너무나 많고, 또 관료의 인사이동이 너무 잦아 전문성을 키울 시간도 없다는 것이다.

---

178) 권1 〈論備局〉.

이 점에 대해서는 뒤에 다시 구체적으로 살피기로 한다.

2. 권력구조 개혁(1) ── 비변사(備邊司) 혁파, 육조 강화

유수원이 이상으로 생각하는 권력구조는 육조(六曹) 중심의 행정조
직이었다. 국가 행정의 가장 중요한 실무는 거의 모두 육조에 속하
고 있다고 보기 때문이다. 그런데, 지금은 육조의 권한이 축소되어
정치의 실효를 거두지 못하고 있다고 판단했다.

육조를 무력화한 주원인을 유수원은 우선 비변사(備邊司)에서 찾았
다. 비변사가 설치된 이후로 삼공(三公, 의정부 대신)과 육경(六卿,육조
판서)이 모두 제 기능을 잃게 되고, 행정의 문란이 극에 달했다고 본
다. 그래서 비변사의 문제점을 따로 떼어 논했는데, 그것이 《우서》
의 첫머리 부분에 해당하는 권1의 〈논비국(論備局)〉이다. 그가 얼마
나 비변사의 폐단을 크게 의식하고 있었는가를 말해 준다.

그러면 삼공(三公, 삼정승)은 어떤 기능을 가져야 하는가? 일부 논
자들은 의정부가 일일이 행정을 처결하는 서사제도(署事制度)를 가져
야 한다고 주장하고, 그것이 무너진 것을 개탄하고 있는데, 유수원
은 이를 잘못된 생각으로 보았다. 삼공(三公) 즉 의정부 대신은 임금
의 빈사(賓師)와 같은 존재로 도의(道義)로써 임금을 보좌하는 데 그
쳐야 한다.[179] 세세한 직사(職事)를 삼공에게 맡기면 삼공의 체통이
무너진다. 더욱이 삼공(三公)이 변변치 못하면 이를 구제할 방법이
없다.

그에 따르면, 일국(一國)의 일이 아무리 많아도 대개는 육조(六曹)와
육경(六卿, 육조판서)의 일에서 벗어나는 것이 없다. 그러므로 육조와

---

179) 권3 〈論官制之弊〉.

육경이 일을 잘하면 나라가 잘되고, 그렇지 못하면 나라가 무너진다. 그래서 육조와 육경의 기능을 높여주고, 우수한 인재를 육조에 배치하는 것이 중요하다. 그가 과거에 급제한 우수한 인재를 육조에 임명해야 한다고 주장한 이유도 여기에 있었다.

그런데 비변사(備邊司)가 등장하면서 육조와 육경이 직을 잃고, 아울러 삼공도 직책을 잃게 되었다. 비변사가 설치된 것은 명종(明宗) 때로서 일시적으로 국사(國事)를 논의하는 기관에 지나지 않았는데, 차츰 그 기능이 확대되어 온 나라의 정사를 맡는 기관이 되고 말았다.[180] 그리하여 의정부의 의정[時任議政], 육조의 판서(判書)와 훈련도감 및 어영청의 대장(大將) 등이 비변사의 직책을 겸하고, 가선대부(嘉善大夫, 종2품) 이상의 관원 가운데 일부를 골라 비변사당상(備邊司堂上)으로 임명하고 있다. 그러나 실제로 회의를 가질 때에는 병을 핑계하여 참석자가 한두 명에 지나지 않으며, 실제 운영은 비변사의 실무를 담당하는 1~2명의 구관당상(句管堂上)과 유사당상(有司堂上)들이 무랑(武郞, 종6품)으로 하여금 각 기관에 말을 전하여 일을 처리하고 있다는 것이다.

그런데 지방의 이민(吏民)들이 감영(監營)이나 중앙의 해당관청을 제쳐두고 크고 작은 일을 가리지 않고 모두 비변사에 직접 상소하는 것이 관행이 되어 비변사가 이를 재결하고 있다. 그래서 구관당상과 유사당상은 감영(監營), 병영(兵營), 수영(水營)에서 올리는 보고를 오히려 가로막고 있다는 것이다. 이런 까닭으로 의정부나 육조는 제 기능을 잃고 체통이 무너졌으며, 행정의 전문성이 떨어지게 되었다는 것이다. 그리하여 육조의 중신(重臣)들이나 장신(將臣)들도 "비국(備局)이 있으니 내 알바 아니오"라고 말하면서 일손을 놓고 그럭저럭 시일만 보내고 있다는 것이다.[181] 유수원은 이러한 비변사를 가리켜

---

180) 권1 〈論備局〉.

"나뭇군 같은 비전문가가 비변사에 앉는다"는 말이 맞는다고 하면서 비변사의 조속한 혁파를 강조하고 있다.

유수원은 이상과 같은 비변사의 폐단을 요약하여 다음과 같이 말하고 있다.

명(名)과 체(體)가 고르지 않고, 사리(事理)의 근거가 없음이 이보다 심한 것이 없다. … 그 결과 안으로는 육경(六卿)이 그 직분을 잃고, 밖으로는 수령이 책임을 지지 않는다. 정령(政令)이 여러 곳에서 나오고, 고적(考績)이 근거할 바가 없고, 정신이 흩어져 기강이 무너졌다. 모든 일이 혼란하고, 잡스러우며, 한가롭게 지낸 지가 오래 되었다.[182]

3. 권력구조 개혁(2) —— 관찰사사(觀察使司) 설치, 병영(兵營) 개혁

유수원은 중앙의 비변사도 문제이지만 지방관제에도 문제가 있다고 보았다. 무엇보다 각도의 관찰사(觀察使) 즉 감사(監司)의 기능이 지금보다 강화되고, 병사(兵使)의 기능을 약화시킬 필요가 있다고 생각하여 이에 대한 개혁안을 제시했다. 《우서》 권7의 〈논파지영문공비(論派支營門公費)〉가 그것이다.

당시 각 도에는 감사(監司, 종2품)가 있고, 병마절도사(兵馬節度使, 종2품)가 또 따로 있어서 병사(兵事)를 주관하고 있었다. 비록 감사가 병마절도사를 겸하는 경우에도 장군을 통제하지 못하여 병마절도사

---

181) 권1 〈論備局〉.
182) 권1 〈論備局〉.

의 기능을 수행하지 못한다. 이 때문에 전쟁이 일어나도 병마절도사가 감사의 명을 받들지 않고 있으며, 평시에도 감사와 평등하다고 자처한다.

더욱이 병마절도사의 폐단은 여기에만 머무는 것이 아니다. 병마절도사는 군대에 대한 통수뿐 아니라 군수(軍需)니 향자(餉資)니 하는 명목으로 군포(軍布)를 받아 사적으로 이용하고 있으며, 영고(營庫)를 설립하여 각종 물품을 거두어들이고, 공장(工匠)들을 모아 그릇들을 만들어 바치게 하고 있다. 그런데 장수들에게 재물(財物)을 맡기고, 백성의 재물을 마구 긁어모아도 아무도 조사하는 사람이 없는 것은 병사(兵使)의 고유권한을 넘어서는 일일 뿐 아니라 그 폐단이 막심한 것이다.

예를 들면, 평양(平壤), 안주(安州), 전주(全州), 통영(統營) 등의 병영(兵營)은 물력이 풍부하고 장려하다고 자랑하고 있는데, 사실은 통영의 경우 바다에서 나오는 온갖 이득을 얻어서 일부는 먹고 마시는 부비(浮費)에 쓰고, 일부는 개인의 호주머니로 들어가고, 일부는 권문세가로 들어가고, 일부는 걸태(乞駄)의 비용으로 없애고 있다. 실제로 "영문(營門)은 백성의 기름과 피를 긁어모아 낭비하고 있다"는 것이 유수원의 판단이었다. 그러므로 영문(營門)에서 관리하고 있는 재물은 모두 혁파하여 없애야 하며, 병사(兵使)가 서울에서 군관(軍官)을 거느리고 현지에 부임하는 것도 없애야 한다고 주장했다. 현지에 장교(將校)가 많으므로 구태여 서울에서 군관을 거느리고 갈 필요가 없다는 것이다.

이런 문제를 시정하려면 중국의 경우처럼 감사(監司)가 일상적으로 병정(兵政)을 통어하는 기능을 갖게 하고, 병사(兵使)는 다만 용병(用兵)의 기능만을 갖게 하는 것이 좋다고 한다. 다시 말해 전략(戰略)이나 군사재정 등은 감사나 수령이 맡고, 병사에게는 전술(戰術)만을 맡기자는 뜻이다. 이렇게 해야 업무의 전문적 분담이 제대로 되고, 전란(戰亂)을 당했을 때 감사가 근왕병(勤王兵)을 모집하는 등 병정(兵政)을 제대로 수행할 수 있다는 것이다.

한편, 감사는 군무(軍務)의 경험도 없고 실제로 병정(兵政)에 관여하지도 못하고 있으면서 그 밑에 친병(親兵)인 아병(牙兵)을 두고, 군관(軍官)을 모집하여 쓰고 있는데, 실제로는 이들이 고유한 군사기능을 수행하지 못하고 있었다.

또 감사는 수령의 출척을 담당하고 있었지만, 실무를 집행하는 하부기관이 미약하여 지방행정을 총괄하는 기능을 수행하지 못하고 있었다. 유수원은 이러한 제도를 매우 불합리하고 낭비적인 것으로 생각했다. 감사의 격을 높이려면 그 관청 이름도 감영(監營)이라고 할 것이 아니라 관찰사사(觀察使司)로 불러야 한다. 즉 사(司)라는 공식관청을 만들어야 한다. 그리고 감사 밑에는 육조(六曹)의 참의급(參議級)에 해당하는 3품의 정관(正官) 2명을 새로 설치하여, 한 사람은 전량(錢糧)을 주관하게 하고, 다른 한 사람은 풍헌(風憲)과 형명(刑名)을 주관하게 해야 한다. 지금 이런 일들을 한 사람의 감사에게 맡기고 있는 것은 말이 되지 않는다.

이와 같은 새로운 관직의 설치는 결과적으로 감사 밑에 있는 한 사람의 도사(都事)를 두 자리로 만든 것에 불과하므로 관직이 크게 늘어나는 것은 아니다. 그러나 유수원은 현재의 감사들이 지나치게 비용을 많이 쓰고 있는 것을 걱정했다. 예를 들어 평안감사는 한 달에 1천 관(貫) 이상을 사용하고 있는데, 이런 비용이면 여러 관원들의 월봉으로 주더라도 모자라지 않을 것이라고 했다.

이 밖에도 감사가 낭비하는 예산은 많은데, 이를 시정하려면 회계(會計)를 정확하게 해야 한다. 예를 들면, 1년에 써야 할 경비를 항목별로 기록하여 총액(總額)을 중앙에 보고하고, 만약 특별히 써야 할 경비가 있을 경우에는 역시 그 항목을 보고하여 허락을 받아야 한다. 다시 말해 회계제도(會計制度)와 감사제도(監査制度)의 확립을 유수원은 모든 국가운영에서 반드시 해결해야 할 과제로 보고 있는데, 감영의 경우도 예외가 아니라고 보는 것이다.

유수원은 각 감영뿐 아니라 정부 각 아문의 예산낭비의 또 한 가지 예로서 종이를 들고 있다. 각종 공문서를 작성할 때 글자를 작게 써서 작성하면 종이가 크게 절약될 터인데 글자를 너무 크고 거칠게 쓰기 때문에 막대한 양의 종이를 삼남지방에서 거의 공짜로 사들이고 있다고 한다.

4. 용관(冗官) 혁파

1) 문한직(文翰職) 혁파 — 예문관, 춘추관, 승문원, 교서관 혁파

유수원은 우리나라에 불필요한 관직(官職) 즉 용관(冗官)이 너무 많아 권력이 합리적으로 배분되어 있지 못할 뿐 아니라 국가재정의 낭비가 심하며, 결과적으로 백성의 부담을 가중시키고 있다고 진단했다.

그는 우선 혁파해야 할 용관(冗官)으로서 문한직(文翰職) 관청을 들고 있다. 정치의 실효를 거두려면 민생과 관련된 일을 직접 담당하는 관청이 가장 중요한데, 우리나라는 시(詩)나 문장(文章)을 잘 짓는 부화(浮華)한 문예(文藝)를 너무 숭상하여 문한(文翰)을 맡은 관청을 너무 많이 두었다는 것이다.[183] 유수원은 시나 문장을 잘 짓는 것이

---

183) 권3 〈論官制之弊〉.

정치에 무슨 큰 도움이 되느냐고 반문하고 있다.[184]

예를 들면, 문한직(文翰職)으로 홍문관(弘文館)이 이미 있는데, 사명(辭命)과 사관(史官)의 임무를 띤 예문관(藝文館), 시정기(時政記)를 작성하는 춘추관(春秋館), 외교문서를 담당하는 승문원(承文院), 서적편찬을 맡은 교서관(校書館) 등이 따로 있다. 이들이 하는 일은 서로 비슷한 점이 많으므로 이들을 모두 혁파하고 그 일을 홍문관에 통합시키는 것이 좋다.[185] 그리고 홍문관은 문한(文翰)에만 전념하고 언관(言官)의 직책은 그만두어야 할 것도 제안한다. 언론은 사헌부나 사간원으로 충분하기 때문이다.

특히 유수원은 교서관(校書館)에서 책을 출판하는 것도 문제가 있다고 주장했다. 지금 교서관에서는 국정에 꼭 필요한 책만을 출판하고 있는 것이 아니라 《삼국지(三國志)》처럼 긴요하지 않은 것도 찍어내고, 나아가 개인의 문집(文集)까지 발행하고 있는데, 백성의 기름을 짜내어 이렇게 긴요하지 않은 일까지 할 필요가 있느냐고 반문한다. 따라서 교서관을 혁파하고 그 대신 공조(工曹)가 출판을 맡되, 경연(經筵)에 꼭 필요한 경서(經書)만 간행하는 것이 옳다고 주장한다.[186]

홍문관, 예문관, 교서관은 이른바 삼관(三館)이라 하여 과거에 합격한 사람을 분차(分差)해왔는데, 이는 오직 유품(流品, 淸流)을 구별하기 위한 것으로, 실사(實事)나 실정(實政)에는 아무 도움이 되지 않는다. 다시 말해 집안이 좋은 문벌자제들을 우대하기 위한 기관일 뿐 국가경영에는 도움이 되지 않는다는 것이다.

유수원에 따르면, 문한직(文翰職)이 너무 많은 것도 문제지만, 이를

---

184) 위와 같음.
185) 위와 같음.
186) 권7 〈論免稅保率之類〉.

청요직(淸要職)으로 간주하여 너무 우대하기 때문에 육조의 기능이 제대로 발휘되지 못하고, 민생에 직접 도움이 되는 이치(吏治), 병제 (兵制), 형옥(刑獄), 이권(利權) 등과 같은 실정(實政)이 이루어지지 못한 다고 보았다. 이러한 유수원의 관점은 명분(名分)보다 실리(實事)를 존 중하는 그의 정치관과 학문관에 뿌리를 두고 있음은 말할 나위도 없다.

한편 성균관에도 쓸데없는 관원이 너무 많다고 한다. 즉 1명의 대사성(大司成, 정3품)만 있어도 사유(師儒)가 되기에 충분한데, 이 밖에 지사(知事, 정2품), 2명의 동지(同知, 종2품), 2명의 사성(司成, 종3품), 3명의 사예(司藝, 정4품), 4명의 직강(直講, 정5품), 13명의 전적(典籍, 정6품), 3명의 박사(博士, 정7품), 3명의 학정(學正, 정8품), 3명의 학록(學錄, 정9품), 3명의 학유(學諭, 종9품) 등 39명의 많은 관원을 두고 있는 것은 문제가 있다고 보았다.187)

2) 충훈부, 돈녕부, 의빈부, 장례원, 선혜청, 전의감 등 혁파

유수원은 혁파되어야 할 관직 중에 공신(功臣)과 그 후손을 관리하는 충훈부(忠勳府), 종친(宗親)을 관리하는 돈녕부(敦寧府), 외척을 관리하는 의빈부(儀賓府) 등도 포함된다고 생각했다. 이런 관청들은 실제로 하는 일이 없으므로 혁파하는 것이 옳다. 다만, 종친의 족보를 관리하는 종정부(宗正府) 하나만 있으면 족하다.

공노비를 관리하는 장례원(掌隷院)도 필요 없다. 노비는 그들이 소속된 해당관청에서 관리하면 된다. 또 공노비에 대한 사송(詞訟)은 서울은 한성부에서, 지방은 그 지방 관부에서 맡으면 될 것이다.

---

187) 권3 〈論官制之弊〉.

전의감(典醫監)과 혜민서(惠民署)도 비슷한 의료기관으로서 내국(內局, 內醫院)으로 통합할 수 있다.

환곡(還穀)을 관리하는 선혜청(宣惠廳)은 호조에 귀속시키는 것이 바람직하다고 주장했다.

3) 제조(提調), 의금부(義禁府) 등 혁파

유수원은 의정부 대신들이 겸하고 있는 제조(提調)제도에 대해서도 혁파해야 할 대상으로 생각했다. 제조제도는 국초에 의정부 대신들의 권한이 컸던 시절에 만든 것으로, 만민(萬民)과 음양(陰陽)을 다스린다는 원칙에서 파생된 것이다. 그래서 의정부 대신(大臣)들이 관상감(觀象監), 춘추관(春秋館), 홍문관, 예문관의 영사(領事)를 겸하고, 사옹원(司饔院), 사복시(司僕寺), 군기시(軍器寺) 등 여러 관청의 제조(提調)를 맡게 된 것이다.[188]

그러나 유수원에 따르면, 관상감은 대신들이 겸직할 일이 아니고, 춘추관은 앞에서 설명한 대로 혁파해야 할 관청이며, 사옹원(司饔院)이나 사복시(司僕寺), 종묘(宗廟) 등은 궁중 일을 맡은 기관으로 오히려 그 기능이 강화되어 정관(正官, 당상관)을 둘 필요가 있다고 한다. 그리고 군자시(軍資寺)나 군기시(軍器寺)는 한낱 창고에 지나지 않으므로 대신이 겸직할 이유가 없다.

유수원은 의금부(義禁府)도 혁파대상으로 보았다.[189] 의금부는 큰 정치적 사건을 다루는 추국(推鞫)기관인데, 대신들로 하여금 책임을 맡기고 있으나, 별로 할 일이 없어 한가롭게 지낸다. 따라서 의금부를 없애고, 이런 일들을 형조(刑曹)로 넘기는 것이 좋을 것이다.

---

188) 권3 〈論官制之弊〉.
189) 위와 같음.

4) 한성부 관원의 축소

유수원은 혁파해야 할 용관의 또 하나의 예로서 한성부(漢城府) 관원을 들고 있다. 지금 한성부에는 판윤(判尹, 정2품)을 비롯하여 좌윤(左尹, 종2품), 우윤(右尹, 종2품), 서윤(庶尹, 종4품), 2명의 판관(判官, 종5품), 오부(五部)의 주부(主簿), 3명의 참군(參軍, 정7품), 참봉(參奉, 종9품) 등 16명의 관원이 있고, 그 밖에 사산(四山)의 감역관(監役官)이 또 있다.190) 그런데 중국의 경우를 보면 이렇게 많은 관원이 없다. 따라서 한성부 관원을 줄이는 것이 좋다.

5) 군현(郡縣)의 합병

유수원은 지방 군현(郡縣)도 너무 많다고 주장한다. 우리나라의 영토는 그다지 큰 것이 아닌데도 지나치게 많은 군현이 있어서 재정적 낭비가 많고 백성들의 부담이 커진다는 것이다.191) 또, 군현은 민호(民戶)의 크고 작음과 전부(田賦)의 많고 적음을 기준으로 부(府), 주(州), 목(牧), 군(郡), 현(縣)을 나누어야 하는데, 우리나라는 그렇지 못하여 목(牧)의 민호가 현(縣)보다 작은 경우도 있다.

원래 군현의 수효는 임금이 하루에 한 군현을 다스려 1년에는 전국을 다스린다는 가정 아래 360여 개 내외를 두게 되었던 것이다. 그런데 유수원은 이런 제도를 비판하고, 토지와 인구를 기준으로 지방군현을 대단위로 재편할 것을 주장하고 있는 것이다.

---

190) 권7 〈論各司派支公費〉.
191) 위와 같음.

5. 임기(任期)와 고적(考績)의 개혁

1) 임기 개혁 —— 구임(久任) 필요

관제개혁 특히 인사행정에서 중요한 일은 관직의 임기(任期)가 길어야 한다는 것과, 엄격한 고적제도(考績制度)에 따라 관리의 실적을 평가하고 이에 따라 출척을 결정해야 한다는 것이 유수원의 지론이었다. 이는 임기가 너무 짧으면 관리의 전문성이 떨어지고 실적(實績)을 낼 겨를이 없으며, 그 업적을 평가하기도 어렵다는 데 이유가 있었다.

당시의 현실은 지방 수령(守令)은 임기가 있으나, 중앙관원의 경우에는 너무 자주 바뀌고, 재임기간의 업적도 제대로 평가하지 않은 가운데 출척(黜陟)이 행해지고 있는 것에 대한 대안이기도 했다. 유수원은 《우서》 권3의 〈논구임직관사례(論久任職官事例)〉와 권4의 〈논고적사의(論考績事宜)〉에서 이를 자세하게 논하고 있다. 그 요지는 다음과 같다.

먼저, 관직이 자주 바뀌는 이유는 여러 가지가 있는데, 첫째는 예사(禮辭) 때문이다. 예사는 대신들이 세 번에 걸쳐 취직을 사양하는 상소를 올리는 것을 말하는데, 세 번에 걸쳐 사직상소를 올리면 그 자리를 다른 사람으로 바꾼다. 그런데, 임금은 매번 친히 비답(批答)을 내려야 하니 번거롭기 그지없다. 따라서 앞으로는 한원(翰苑)의 유신(儒臣)들에게 간단한 비답을 내리도록 함이 좋다. 다음에 시종(侍從) 이하의 관리들은 한 번만 사양하는 상소를 올리도록 하고, 그 비답도 이조(吏曹)에서 하면 될 것이다.

두 번째는 질병(疾病)으로 말미암은 교체이다. 질병으로 말미암은 교체는 불가피한 경우가 있지만, 사소한 질병으로 체직하는 것은 옳지 못하다. 큰 병인 경우는 한 달에 5일간 병가(病暇)를 주어 치료하게 하고, 동료가 대신 일을 봐주는 것이 좋다. 다만 그 사유를 문서로 기록해 두어야 하고, 병이 다 나아도 출사하지 않으면 봉급을 중단하든가 벌을 주어야 한다.

또 병 때문에 임금에게 날마다 소단(疏單)을 올려 임금을 번거롭게 해서는 안 된다. 임금이 어떻게 병의 경중을 알겠는가. 병이 있으면 자기가 소속한 아문에 사유서를 제출하고, 그 아문의 당상관이 동료들의 증명서류를 받아 이조(吏曹)에 보내면, 이조가 이를 조사하여 체직하게 하는 것이 좋다.

또 육조 각 아문의 최고책임자인 수당(首堂)이 사정이 있어 출근하지 못하는 경우에는 차당(次堂, 佐貳)이 대신 업무를 보도록 해야 실정(實政)이 행해질 수 있는데, 우리나라는 차당에게는 아무 일도 시키지 않아 행정의 공백이 생기고 있다. 육조 낭관(郞官)의 경우도 마찬가지로 병이 있으면, 같은 관청의 요원(僚員)이 일을 대신 처리하도록 해야 한다.

세 번째는 정세(情勢) 때문에 관직의 교체가 많다. 정세란 물의(物議) 곧 여론을 듣고 관직을 바꾸는 행위인데, 이는 잘못된 것이다. 여론은 증거가 불확실한 경우가 많으므로 반드시 탄핵을 받은 뒤에 사실여부를 확인하여 체직하도록 해야 한다.

물의는 특히 당론(黨論)과 관련이 있기 때문에 유수원은 물의로 말미암은 인사행정을 매우 부당하다고 보았다.

네 번째는 너무 빈번한 이차(移差)로 인한 체직(遞職)이다. 이차가 심한 경우는 아침에 직책을 제수했다가 저녁에 다른 자리로 보내기도 하는데, 이렇게 되면 아무 일도 할 수 없다.

따라서 이상과 같은 폐단을 시정하려면 우선 관직의 임기를 3년으로 정하는 것이 좋다. 3년 임기는 경관(京官)과 외관(外官)에 동시에 적용되어야 한다. 다만, 재상이나 판서는 이 제도에 구애받을 필요가 없으며 10년이라도 할 수 있어야 한다.

2) 고적(考績) 개혁
—— 행사역부(行事歷簿), 3·6·9의 고만제(考滿制)

유수원은 관리의 업무평가 즉 고적(考績) 방법도 크게 개혁해야 할 일로 보았다. 당시의 인사행정이 너무 자주 있고, 업적평가 방법도 불합리한 점이 많다고 보았다.

먼저, 당시 인사행정은 해마다 6월과 12월에 걸쳐 두 번씩 도목정사(都目政事)가 이루어지고 있는데, 반년 만에 업적을 평가하는 것은 기간이 너무 짧다. 또 여기서 좋은 평가나 나쁜 평가를 받아도 인사를 맡은 이조(吏曹)와 병조(兵曹)에서 무시당하는 사례가 많다. 이는 출척의 실권을 재상(宰相)이 쥐고 있어서 재상에게 잘 보여야 승진이 가능하기 때문이다.

여기에 더하여 높은 관직에 있다가 낮은 관직으로 떨어지는 경우가 매우 많다. 예를 들면 목사(牧使, 정3품)나 부사(府使, 종3품)를 지낸 자가 군수(郡守, 종4품)나 현감(縣監, 종6품)으로 떨어지기도 한다. 이렇게 승강(乘降)의 원칙이 무너지면 관리들은 승진의 희망을 잃고 맡은 일에 성의를 보일 수가 없으며, 관직에 있는 동안 탐학을 일삼게 된다. 유수원은 당시 관원들이 관직에 마음을 붙이지 못하고 살아가는 모습을 다음과 같이 적고 있다.

위로는 당상관(堂上官, 정3품)에서 아래로는 낭관(郎官, 5~6품)에 이르기까지 사람마다 생각이 구차하여 조금도 직무를 수행할 마음이 없다. 그저 "내일이면 어느 자리로 옮겨갈지 모르는데 내 어찌 이를

마음에 두겠는가. 담당 아전에게 물어서 적당히 처리하여 사고나 일
어나지 않으면 족하다"고 여기면서 지낸다.[192]

결국 관리들은 언제 자리를 옮길지 모르므로 무사안일주의에 빠
지고 대소(大小)의 관원들은 서리(胥吏)를 유모(乳母)처럼 섬기면서 모
든 실무는 그들에게 맡겨 버린다. 그러니 관원은 있으나 마나 한 존
재가 되어 버렸다.

위와 같은 인사제도의 모순을 시정하려면 먼저 1년에 두 번씩 하
는 도목정사(都目政事)를 없애는 것이 좋다. 6개월 만에 관료들이 실
적(實績)을 쌓는 것도 불가능하며, 6개월마다 인사행정[도목정사]을
하는 것도 너무 번거롭기 때문이다. 그래서 3년에 한 번씩 실적을
고찰하고, 9년 만에 치적을 통틀어 살펴서 출척(黜陟)을 결정하는 것
이 바람직하다. 이것이 유수원이 주장하는 3고(三考)·6고(六考)·9고(九
考)의 고만제도(考滿制度)이다. 물론, 중앙관과 지방관이 모두 임기제
를 갖기는 마찬가지다.

이렇게 실적평가기간을 늘리는 대신 평가기준은 매우 엄격해야
하고, 평소에 관리의 업무실적을 날짜별로 상세하게 기록해 두어 평
가에 반영해야 한다. 말하자면 개인의 업무일지를 정확하게 기록해
두어야 한다는 것이다. 예를 들면, 사헌부 관리의 경우 "몇 월 며칠
에 아무개를 논죄했다"고 쓰고, 따지지 말라는 임금의 교지가 있었
는지, 논박을 받은 관원이 과연 죄를 지었는지 여부를 적어야 한다.
말하자면, 각 관원들이 행한 일의 결과와 그로 말미암아 죄를 입은
사실 등을 빠짐없이 기록하여 이를 고적(考績)에 반영해야 한다는 것
이다. 이렇게 기록한 장부를 유수원은 〈행사역부(行事曆簿)〉라고 부른
다. 요즘 말로 하자면 공무원 신상카드라고 말할 수 있다.

---

192) 권4 〈論考績事宜〉.

위에 말한 〈행사역부〉는 각 아문의 당상관이 작성하여 경관(京官)
의 경우는 이조와 병조에 보내 보관하고, 지방관의 경우는 감영(監營)
에 장부를 둔다. 그 다음에 이조와 사헌부의 장관은 그 장부를 조사
하여 다시 평가를 내리고, 대신들이 모여서 최종적으로 평가하여 임
금에게 계문(啓聞)한다. 외방의 경우는 감사가 평가를 써서 이조로
보낸다.

한편, 3품 이상의 당상관(堂上官)은 평가를 받지 않으며, 임기가 끝
나면 임금이 직접 출척을 결정해야 한다. 감사(監司)의 경우는 사헌
부의 장관이 평가를 쓰고, 이조에서 다시 평가한 뒤 임금의 결재를
받아야 한다.

그러면 9년 만에 통틀어 고적(考績)하여 출척할 경우, 어떤 이가
승진되고 어떤 이가 강등되는가? 유수원에 따르면, 세 번 고적(考績)
에서 모두 상고(上考, 최고점수)를 받은 자가 먼저 승진되고, 그 다음
에 두 번 고적에서 상고를 받은 이가 승진된다. 중고(中考)를 받은
자는 그대로 두고, 하고(下考)를 받은 자는 뚜렷한 죄가 있을 경우에
는 파면시키고 다시 임명하지 않는다.

그런데 한 가지 문제가 있다. 국가에 경사가 있을 경우에는 특사
(特赦)의 은전을 베풀어 사죄(死罪) 이하의 죄인을 사면하는 것이 관
례이다. 그러면 고적에서 나쁜 점수를 받은 사람도 사면대상이 될
수 있는가? 이 문제에 대해 유수원은 사면의 남발을 경계하고 있다.
특히 왕실의 질환이 평복(平復)된 것을 기념하여 사면령을 내리는 것
은 문제가 있다고 본다. 유수원은 중국의 경우를 들어, 죄인을 사면
하더라도 직첩(職牒)만을 되돌려 줄 뿐이지 관직에 서용하는 것은 아
니라고 한다. 그런데 우리나라에서는 죄의 경중을 가리지 않고 일괄
하여 석방하고 다시 서용하는데, 이렇게 되면 법을 두려워하지 않게
되고 국가의 기강이 서지 않는다는 것이다.

6. 당론의 폐단 — 형세(形勢), 주론(主論), 물의(物議)

유수원은 당시 정치를 문란하게 만드는 원인의 하나로 주론(主論)과 물의(物議)의 폐단을 지적했다. 《우서》 권4의 〈논주론지폐(論主論之弊)〉와 〈논삼사책임사의(論三司責任事宜)〉, 그리고 권5의 〈논물의(論物議)〉가 이에 관한 글이다. 이 문제는 사헌부(司憲府)와 사간원(司諫院)에 대한 개혁안과 관련되어 있는 바, 여기서는 우선 주론과 물의에 대한 유수원의 비판부터 소개하기로 한다.

주론은 주론자(主論者)가 조성하는 여론을 말하는데, 주론자는 젊은 선비 가운데 이른바 청의(淸議)를 가지고 선비의 영수(領袖)가 된 인물을 가리킨다.[193] 그런데 삼사(三司, 홍문관·사헌부·사간원)의 대관(臺官)들은 주론을 받아들여 여론을 조성하고 이를 바탕으로 지나치게 정치를 좌지우지한다는 것이다.

주론(主論)은 물론 폐단만 있는 것은 아니다. 원래 주론이 시작된 것은 중종 때 조광조(趙光祖) 일파가 중종반정(中宗反正)을 주도한 정국공신(靖國功臣)들을 비판하면서 시작된 것으로, 이것이 공론(公論)을 조성하고 세도(世道)를 바로잡는 데 도움이 된 것이 사실이다.[194] 그러나 이러한 풍조가 그 뒤 끊이지 않고 이어져 내려와 유수원 당시에는 주론자가 반드시 공정한 사람들도 아닌 데다, 주론이 당론(黨論)과 연결되고, 인사권을 쥐고 있는 주전자(主銓者) 곧 이조와 병조의 낭관(郎官)과 연결되어 관료의 인사를 좌지우지하고 있다는 것이다. 그래서 겉으로는 공의(公議), 공론(公論), 물의(物議), 시론(時論), 청의(淸議), 사론(士論)을 표방하고 있지만 내막으로는 특정 당파나 문벌의 이해를 대변하고 있으며, 국가의 실제적인 정사(政事)요 실사(實事)인

---

193) 권4 〈論主論之弊〉.
194) 권4 〈論主論之弊〉.

인사, 경제, 군사, 형벌, 민은(民隱, 백성들의 고통) 등은 돌볼 겨를이 없다는 것이다. 유수원의 말을 들어보자.

> 아, 양사(兩司, 사헌부와 사간원)는 관직(館職, 홍문관)의 비위를 맞추고, 관직은 전조(銓曹, 이조와 병조)의 비위를 맞추고, 전조는 주론자(主論者)의 비위를 맞추니, 그 통탄스러움을 이루 다 말할 수 없다. 이제 만일 각기 그 직무를 지키고, 각기 그 일을 행한다면 어찌 이러한 더러운 풍습이 있겠는가.195)

즉 문한을 맡은 홍문관(弘文館)과 언론을 맡은 사헌부(司憲府)와 사간원(司諫院), 인사를 담당한 이조(吏曹)와 병조(兵曹), 그리고 여론을 주도하는 주론자(主論者)가 서로 비위를 맞추면서 국정을 주도하고 있어서, 국리민복에 관련되는 실정(實政)이 제대로 이루어질 겨를이 없다는 것이다. 유수원은 이를 마치 인체의 정신(精神)과 복심(腹心)이 병들어 지절(肢節, 뼈대)과 혈맥(血脈)이 마비된 것에 비유했다.

삼사의 여론을 주도하는 것을 주론(主論)이라 한다면, 중인(衆人)들의 여론을 물의(物議)라고 한다. 유수원은 정치의 훼예통색(毁譽通塞, 수치와 명예, 통하고 막힘)과 염우거취(廉隅去就, 모나고 나가고 들어감)가 물의에 따라서 좌우된다고 보면서 그 문제점을 비판했다. 물론 물의는 경우에 따라서는 공정한 것도 있다. 하지만, 내막을 살펴보면 사사로운 의견인 경우가 많다는 것이다. 특히 당시의 물의는 대부분 당론(黨論)이나 형세(形勢), 혹은 사사로운 원한과 관계가 있다는 것이 그의 진단이다.196) 따라서 유수원이 비판하는 물의는 여론조작 또는 오늘날의 포퓰리즘과 비슷한 점이 있다.

---

195) 위와 같음.
196) 권5 〈論物議〉.

유수원에 따르면, 역사적으로 물의(物議)에 어긋나는 인물 가운데도 훌륭한 인재가 얼마든지 있었다고 본다. 예를 들어, 공자(孔子)나 자산(子産)은 처음에는 여론의 지지를 받지 못했는데, 노(魯)나라와 정(鄭)나라가 여론을 따라 그들을 등용하지 않았다면 그것이 과연 옳은 일이었겠느냐고 묻고 있다. 이 밖에도 처음 여론은 좋지 않았으나 뒤에 훌륭한 정치를 편 인물들이 역사적으로 얼마든지 많았던 사례를 소개하고 있다.

유수원은 주론과 물의가 범람하면서 국가의 정치는 국리민복과 관련된 실정(實政)에는 신경을 쓰지 않고, 쓸데없는 일로 시간을 소비하고 있다고 진단했다. 주론과 물의에 따라 인사가 자주 교체되다 보니 날마다 개정(開政, 인사회의)이 열리고, 승정원은 패초(牌招)를 발행하여 관료들을 소환하고, 관리들이 올리는 상소(上疏)와 계사(啓辭), 정고(呈告) 등으로 시끄럽게 하루가 간다고 한다.

특히 임금이 관직에 나오지 않는 신하들을 부르기 위해 발행하는 패초(牌招)에 대해 유수원은 심한 불만을 토로했다. 이 때문에 신하들이 임금을 우습게보고, 또 신하들은 정고(呈告)를 통해 관직을 사양하는 것을 고절(高絶)하게 생각하는 폐습이 생겨났다는 것이다.[197]

그렇다면 삼사(三司)와 주론(主論)의 폐단을 바로잡을 방법은 무엇인가? 유수원은 그 방법의 하나로 문한(文翰)을 맡은 홍문관(弘文館)이 사헌부 및 사간원과 함께 삼사(三司)로 불려 언론에 참여하는 것을 막아야 한다고 보았다. 홍문관은 맡은 바가 경연(經筵)에서 임금에게 규간(規諫)하는 일과 임금의 교서를 짓고, 역사를 편찬하는 수사(修史)의 일로 사헌부 및 사간원과는 직책이 다르다. 그런데 홍문관이 양사(兩司)와 더불어 연명으로 상소하는 이른바 합사(合辭)를 하는 것은 부당하다. 그리고 홍문관 이외에 시정기(時政記)를 편찬하는 춘추관(春

---

197) 권4 〈論牌招〉.

秋館)과 임금의 사명(辭命)을 짓고 사관(史官)의 직책을 갖는 예문관(藝文館)을 따로 두는 것도 옳지 않다. 이런 일들은 홍문관에 통합하자는 것이 유수원의 생각임은 앞에서 이미 설명한 바 있다.

7. 사헌부와 사간원의 개혁

그러면 양사(兩司)로 불리는 사헌부(司憲府)와 사간원(司諫院)은 어떤 문제를 일으키고 있으며, 또 어떤 직책을 가져야 하는가? 이 문제를 집중적으로 논의한 것이 《우서》 권4의 〈논양사류례(論兩司謬例)〉와 〈논대계직감율명지폐(論臺啓直勘律名之弊)〉, 그리고 권5의 〈논양사합행직무사의(論兩司合行職務事宜)〉, 〈논서경(論署經)〉, 〈논탄핵(論彈劾)〉이다. 유수원이 양사의 폐단과 그 개혁에 대하여 얼마나 비상한 관심을 가지고 있었는가를 엿볼 수 있다.

유수원은 앞에서도 양사가 주론(主論)과 물의(物議)의 폐단을 일으키고 있음을 지적하고 있거니와, 여기서 한 걸음 더 나아가 양사의 폐단을 다음과 같이 지적한다. 양사는 소(疏)나 차자(箚子)를 임금에게 올리는 것은 옳지만, 윤허받지 못한 일을 날마다 잇달아 아뢰는 연계(連啓)를 하거나, 뜻이 관철되지 않으면 인피(引避)하여 직책을 피하는 일이 빈번한 것은 문제가 있다는 것이다. 대관(臺官)이 탄핵하는 것은 대개 인사에 관련된 것인데, 사소한 실수를 문제 삼아 밤낮으로 분규를 일으키는 것은 마치 아이들 장난과 같다.[198] 따라서 인사는 전조(銓曹)에 맡기는 것이 옳다.

대관의 두 번째 문제점은 율법(律法)을 함부로 논정(論定)하는 일이다.[199] 대관이 아무리 탄핵하는 일을 주관한다고 하지만, 율법을 논

---

198) 권4 〈論兩司謬例〉.

정하는 것은 형조(刑曹), 한성부(漢城府), 의금부(義禁府) 등 법사(法司)의 처리[재판]를 기다려야 함에도 죄인의 범죄사실을 조사하거나 확인하지도 않은 대관이 어떻게 생사를 결정할 수가 있느냐는 것이다. 그런데 지금은 대관이 극률(極律)을 요청하여 임금이 윤허를 내리면 의금부가 전지(傳旨)를 받들어 그대로 시행하고 있다. 그래서 지체 높은 대신(大臣)일지라도 사실을 진술할 겨를도 없이 죽어야 한다. 유수원은 이에 대해 "고금에 어찌 이렇게 괴이한 규례가 있느냐"고 개탄한다.[200]

국문이나 재판을 거치지도 않고 젊은 대관의 탄핵으로 사람을 함부로 죽이는 이 같은 나쁜 관행 때문에 당론(黨論)이 조성되고, 상호 살륙과 보복이 끊이지 않고 이어진다는 것이 그의 판단이다.

그러면 이런 폐단을 시정할 대안은 무엇인가? 유수원은 범죄가 있으면 반드시 법사(法司)에 넘겨 국문을 하고, 율법(律法)에 명문(明文)이 있을 때 비로소 죄명을 정해야 한다고 주장한다. 말하자면 죄형법정주의(罪刑法定主義)를 강조하고 있는 것이다.

유수원은 나아가 "협박에 의해 따라간 자는 불문에 붙이고, 죄 없는 자를 죽이느니 자신이 실형(失刑)한 책임을 책임진다"는 경전(經典)의 말이 참으로 옳다고 하면서 형옥(刑獄)을 신중하게 할 것을 거듭 거듭 강조하고 있다.

그러면 사헌부(司憲府)와 사간원(司諫院)이 수행해야 할 본래의 업무는 무엇인가? 유수원은 권5의 〈논양사합행직무사의(論兩司合行職務事宜)〉에서 이 문제를 상세하게 논하고 있다. 그 요지를 정리하면 다음과 같다.

먼저, 사헌부는 언책(言責)만 하는 기관이 아니라, 중앙과 지방의

---

199) 권4 〈論臺啓直勘律名之弊〉.
200) 위와 같음.

모든 정치기강을 세우는 일이 중요하다. 그러기 위해서는 대관(臺官)을 각 관청과 각 도별로 나누어 업무를 분담시키고, 각 관청은 모든 문서를 대관들에게 제공해야 한다. 특히 옥송(獄訟), 전량(錢糧), 부역(賦役), 군오(軍伍)와 관련되는 일들을 규찰하는 것이 중요하다.

또 지방에는 각 도별로 어사(御史)를 파견하는 일이 중요하다. 어사는 신분을 드러내거나 또는 잠행(潛行)하는 방법을 병용하여 수령의 부정과 탐오, 요역에 부자(富者)를 제외시키지 않는지 여부, 송사(訟事)를 사정(私情)으로 처리하는지 여부, 창고의 재고를 장부와 대조검사하는 일, 군기(軍器)나 전량(錢糧)이 제대로 관리되고 있는지 등을 조사하여 중앙에 문서로 계문(啓聞)해서 수령을 승진시키거나 처벌해야 한다.

이 밖에 어사가 할 일은 더 많다. 각 지방의 수로(水路)나 제방(堤防), 교량(橋梁), 도로(道路) 등이 제대로 관리되고 있는지, 유민(流民)들이 화전(火田)을 일구는 일이 없는지, 황무지나 유휴농경지가 없는지, 도적을 제대로 잡아들이고 있는지, 토호나 아전들의 행패는 없는지, 관사(官舍)를 제대로 수리하고 있는지, 농사의 피해를 감안하여 세금을 감면해 주고 있는지 등 백성들의 일상생활에 관련되는 일들을 소상하게 문서로 작성하여 보고해야 한다. 그래야 지방관이 이를 두려워하고 기강이 잡히게 될 것이다. 어사가 올린 문서는 모두 전조(銓曹, 이조와 병조)나 해당 관청에서 관리하여 인사에 반영해야 한다.

그런데 지금의 사헌부는 언책(言責)에만 매달리고, 고유한 감찰기능은 소홀하여 국가기강이 서지 않고 있다고 주장한다. 중앙정부가 전곡(錢穀)을 마구 소모하고, 형옥(刑獄)이 지체되고, 공인(貢人)에게 지급하는 공가(貢價)를 마음대로 정하고, 군대를 쓸모없는 노약자로 채워도 아무도 이를 규찰하는 일이 없다. 또 지방 수령은 환곡(還穀)을 싼값으로 내다 팔고, 대동미(大同米)를 전포(錢布)로 대납하고 그 잉여 이익을 도둑질하거나 해도 아무도 규찰하지 않는다. 이런 일들을 감독하는 것이 바로 사헌부의 일이다.

다음에 사간원(司諫院)의 바람직한 직책은 무엇인가? 사간원은 본래 당송(唐宋) 이래 간쟁(諫諍), 규핵(糾劾), 봉박(封駁, 임금의 명령에 잘못이 있을 때 그 교서를 시행하지 않고 임금에게 돌려주어 취소하게 하는 일), 검정(檢正) 등의 책임이 있었는데, 이를 시행하기 위해 이방, 호방, 예방, 병방, 형방, 공방 등 6방(六房)을 두어 6부(六部)의 문서를 모두 조사할 수 있는 권리를 가지고 있었다. 그래서 중국에서는 당송 이래로 사간원을 육원찰관(六院察官)이라고도 불렀다는 것이다.

사간원이 6부를 감시하는 일을 하려면 모든 관아의 소장(疏章)이나 계본(啓本)을 한 부 더 복사하여 사간원에 보내 등기하고, 문서철에 붙여둔다. 그리고 나서 각 관아는 일을 마친 다음 사간원에 와서 해명하도록 한다. 만약 기한이 지나도 상신(上申)하지 않으면 탄핵한다. 그리고 임금이 각 관아에 내린 명령이 법도에 어긋날 때에는 이를 봉박(封駁)해야 한다.

유수원은 6방 하나하나의 일을 구체적인 사례를 들어 설명하고 있지만, 너무 번거로워 소개하지 않는다. 그 핵심은 사간원이 육조의 행정 전반을 구체적으로 파악하면서 필요에 따라 탄핵해야 한다는 것이다.

사간원의 직책은 이렇듯 행정실무를 구체적으로 파악하여 그 잘못을 탄핵하여 바로잡는 일을 해야 하는데, 당시의 사간원은 증거도 확실하지 않은 풍문에 의거하여 마구 탄핵만을 일삼아 세도(世道)에 해를 끼치고 있다고 보았다. 이는 마치 지사(地師)들이 땅 속의 길흉을 제대로 알지도 못하면서 묏자리를 판단하는 것과 같아서 매우 위험하다는 것이다. 따라서 근거 없는 탄핵을 할 경우에는 오히려 대간(臺諫)을 무고죄로 처벌할 필요가 있다고 했다.201)

끝으로 유수원은 대관이 수행하고 있는 서경(署經)제도 또한 혁파해야 한다고 주장했다. 고려시대에는 크고 작은 모든 관리를 임명할 때 대관의 승낙을 얻는 서경을 했는데, 조선시대에 들어와서는 하급 관료를 임명할 때에만 대관이 서경하도록 바꾸었다. 그러나 대관의 서경은 대개 문벌(門閥)과 물의(物議)에 따라서 좌우되므로 이를 폐지하는 것이 옳다는 것이다. 인사행정은 어디까지나 이조와 병조 등 전조(銓曹)에서 맡아야 하기 때문이다.

이상 양사제도 개혁안의 기본정신은 사헌부나 사간원이 지금처럼 주로 정적(政敵)을 비판하는 언론만 해서는 안 되고, 그 기능을 대폭 강화하여 중앙과 지방을 통틀어 국가의 육조(六曹)에 관계되는 구체적 행정실무를 감찰하고 탄핵해야 한다는 것으로 요약된다. 그래야 정치의 기강이 세워지고 부패가 없어지고 백성들이 편안해지고 정치의 실효가 이루어질 수 있다는 것이다.

8. 통청(通淸)과 추승(推陞)의 폐단

유수원은 관제의 모순 가운데 통청(通淸)이라 하여 청요직(淸要職)으로 나가는 것을 중요시하고, 또 관료의 임기제가 확립되지 않은 가운데 관료에 대한 인사가 원칙 없이 수시로 남발되고 있는 추승(推陞)의 폐단을 개탄스럽게 생각했다.

먼저, 통청(通淸)이란 과거합격자 가운데서 붕당(朋黨)이나 재상(宰相) 혹은 명류(名流)의 지원을 받는 사람이 주론자(主論者)의 언설(言說)이나 부론(浮論)에 따라 청환(淸宦)으로 일컬어지는 문한직(文翰職)이나 대관(臺官) 또는 육조의 낭관(郞官)이나 수령(守令)에 임명하는 제도를

---

201) 권5 〈論彈劾〉.

말한다.

유수원은 현재와 같이 문란한 과거시험에 합격한 사실만으로는 인재를 평가하기 어려운데 어떻게 미리 현능한 자를 가려서 통청(通清)할 수 있느냐고 반문하고, 현실적으로 통청제도가 붕당의 이해와 긴밀하게 얽혀 있다고 보았다. 따라서 관직인사가 합리적으로 운영되려면 우선 과거제도 자체가 개혁되어 우수한 인재가 합격되도록 하고, 이렇게 뽑힌 인재는 일단 격례(格例)를 만들어 그 원칙에 따라 관직을 주어야 한다고 주장한다.

급제자에 대한 격례는 앞에서 이미 살핀 바와 같다. 이를 다시 정리한다면, 급제자 중에서 성적이 가장 우수한 갑과(甲科) 3인 정도는 문한직(文翰職)을 제수하고, 그 나머지는 육조의 실무직이나 지방의 수령으로 보내야 한다는 것이다. 왜냐하면 육조의 직책이나 수령직이 실제로 국가운영에서 가장 중요한 직책이기 때문이다.

다음에 유수원이 강조하는 것은 앞에서도 언급했지만, 합리적인 임기제도(任期制度)와 승진제도(陞進制度)이다. 승진은 크게 두 종류가 있다. 하나는 임기를 마치고 승진하는 것이 있고, 다른 하나는 임기를 마치지 않았지만 결원이 생겨 승진하는 경우가 있다. 전자를 고만승진(考滿陞進), 후자를 추승(推陞)이라고 부른다. 그는 특히 추승의 폐단을 지적하고 있다.

관료의 임기와 승진은 일정한 원칙 곧 격례(格例)가 있어야 한다는 것이 유수원의 지론이다. 그 원칙은 첫째 3년의 임기를 지키는 것이고, 둘째는 임기 내의 실적을 세밀하게 문서로 작성하여 이를 인사에 반영해야 한다는 것이다. 이른바 〈행사역부(行事曆簿)〉가 그것이다. 유수원에 따르면, 관료의 직책은 임기가 길어야 전문성이 높아지고, 그 실적을 평가할 만한 시기에 이른다는 것이다. 그런데 당시의 현실은 아침에 임명되었다가 저녁에 파하는 등 원칙이 없고, 임기 중의 업적이 제대로 평가되지도 않는다는 것이다. 그래서 관직생활을 수십 년간 해도 관리의 전문성이 높아지지 못하고 중요한 실무를 모두 서리(胥吏)에게 맡기는 결과가 된다는 것이다.

그런데 관직의 임기를 따지는 데에는 예외가 용납된다. 예를 들어 임기 가운데 부모의 삼년상을 당했다든지, 병으로 체직되었다든지, 가벼운 죄로 파직된 경우는 임기가 지났더라도 복직되어야 한다.

다음에 인사행정에는 긴급성에 등급이 있어야 한다. 유수원은 이를 급선(急選), 유선(類選), 대선(大選), 원선(遠選), 그리고 세공선(歲貢選) 등 다섯 종류로 나누었다.

급선은 매우 긴급한 직책으로서 예를 들면 변방을 지키는 자리를 말한다. 이런 자리는 속히 관직을 임명할 필요가 있다.

유선은 다소 한가한 직책이거나 수령직을 말하는 것으로, 이런 자리는 모아 두었다가 한꺼번에 전보하는 것이 좋다. 각 읍에는 학직(學職)이 있고, 이들은 앞으로 수령이 될 사람들이므로 수령의 자리가 비었을 경우 학직으로 하여금 수령이 올 때까지 일을 대행시켜도 무방하다는 것이다. 또 수령을 감찰하는 감사(監司)를 각 도에 한 사람만 보내는 것은 옳지 않다. 감사 밑에 1~2명의 참의급 정관(正官)을 보내 일을 분담하도록 하는 것이 좋다. 주(州)나 부(府)에도 마찬가지로 정3품의 자리를 마련하는 것이 좋다. 외관(外官)이 많아야 정치의 실효가 높아지고 승진의 기회도 넓어질 것이다.

대선은 임기가 끝난 뒤에 출척을 크게 시행하는 것으로 도정(都政)이 이에 해당한다. 원선은 거리가 약간 멀어서 빈자리를 속히 메워야 하는 경우이다.

세공선은 세공유생(歲貢儒生)을 시험하여 학직(學職)에 임명하는 것을 말한다.

이렇게 관직의 성격에 따라 급히 임명할 곳이 있고, 조금 늦출 수 있는 자리도 있는데, 지금은 그렇지 않아서 거의 날마다 관직을 제수하여 번거롭고 소란스럽기가 아이들 장난 같다는 것이다.

9. 군사제도 개혁 — 양병제(養兵制)로

유수원은 백성들의 급보(給保)에 의지해서 유지되는 군사제도와 군사재정의 혁신을 제안했다. 보인(保人)이 쌀과 베를 국가에 바치고, 병기(兵器)도 보인이 스스로 마련하는 현재의 군사제도는 양역(良役)의 가장 큰 폐단으로서 철폐의 대상이 된다는 것이 그의 생각이다. 특히 "군보(軍保)에게 포(布)를 징수하는 제도는 실로 고금에 없는 법"202)이라고 혹독하게 비판했다. 그의 군제개혁 전반을 논한 글이 《우서》 권9의 〈논군제(論軍制)〉이다.

유수원은 먼저 군사편제의 혁신을 강조한다. 왜란과 호란 이후로 종전의 오위체제(五衛體制)와 진관체제(鎭管體制)가 무너지고 서울 부근에 수어청(守禦廳, 남한산성), 총융청(摠戎廳, 지금의 세검정 부근) 등 군문(軍門)이 새로 세워져서 경기도 백성들의 부담이 커졌으며, 방영(防營), 진영(鎭營), 독진(獨鎭) 등이 생겨나서 수령이 지방군사를 지휘하는 진관체제(鎭管體制)가 무너졌으며, 아병(牙兵), 별대(別隊) 등 새로운 부대가 창설되어 군비부담이 늘어났으며, 훈련도감(訓鍊都監)이 설치되어 모병(募兵)이 이루어지고, 장정제(長征制)가 실시되고 있는데 이 또한 실책이다.

그러면, 군사제도는 어떻게 바뀌어야 하는가? 군대를 충원하는 방법은 무엇인가? 유수원은 병농일치(兵農一致)나 고려시대와 같은 부병제(府兵制)는 실현 불가능한 것으로 보았다. 병농일치는 중국의 고대

---

202) 권8 〈論魚鹽征稅〉.

처럼 정전제(井田制)가 있어야 가능한 것이고, 고려의 부병제도 또한 군사들에게 토지가 지급되어야 가능한 일인데 지금 그럴 수는 없다고 보았다. 따라서 새로운 군사제도는 국가재정으로 군사를 기르는 양병제(養兵制)로 갈 수밖에 없다고 보았다.

유수원에 따르면, 서울에는 1만 명 정도의 경병(京兵)을 두고, 지방에는 외위(外衛)를 설치하되, 경영과 외위의 군사들을 반(班)을 나누어 교대로 훈련을 받고 숙위하게 한다. 그리고 호적(戶籍) 중에서 군사(軍士)를 따로 군호(軍戶)로 편성하고, 서울의 군사는 경군(京軍)으로 편입시키고, 외위의 군사는 각 군문(軍門)과 기병(騎兵), 보병(步兵) 등으로 편입시킨다.

다음에 호수(戶首)와 보인(保人)을 가리지 말고 건장한 사람을 뽑아 군사로 편입시키되 각 군사의 이름 밑에는 자(子), 제(弟), 질(姪) 등 족속(族屬) 가운데서 스스로 여정(餘丁) 한 명을 정하여 기록한다. 여정(餘丁)에게는 정전(丁錢)과 잡요(雜徭)를 면제해 주고, 군사가 늙어죽거나 하여 결원이 생기면, 여정으로써 보충한다. 그러니까 군포(軍布)를 부담하는 보인(保人)은 없어진다.

다음에 경병(京兵)과 향병(鄕兵)의 편제는 어떻게 하는가? 그에 따르면, 경병은 오위체제(五衛體制)를 복구하고, 향병은 진관체제(鎭管體制)로 돌아가는 것이 좋다. 오위의 각 영(營)에는 1명의 무사(武師)를 두는데, 2품 이상의 문신이나 병조참판과 군무를 협의하게 한다. 그러니까 군사에 대한 최고 지휘권은 문신이 함께 장악한다.

또 1명의 감기어사(監紀御史)를 두어 군사의 승진, 출척, 포상, 처벌 등을 장부에 기록하여 시행하게 한다. 그리고 장신(將臣)들의 성적은 3정승과 이조판서, 병조판서, 대사헌이 모여 심사하고, 장수들에 대한 호령과 지휘는 병조에서 주관한다. 이는 다시 말해 병권을 병조가 장악해야 한다는 것이다. 이는 현재 종친들이나 공신들이 군문(軍

門)을 장악하고 있는 것을 박탈하여 병조에 귀속시켜 실질적으로는 국왕이 병권을 가져야 한다는 뜻이다.

다음에 실직(實職)이 없는 허명의 군직(軍職)을 없애야 한다. 예컨대 중군(中軍), 천총(千摠), 별장(別將), 파총(把摠), 초관(哨官) 등의 군직은 실직(實職)이 없는 것으로 이를 혁파하여 호군(護軍), 사직(司直) 이하의 정직(正職)으로 대체시키고 실직을 주어야 한다.

군제상 또 하나의 과제는 속오군(束伍軍)의 문제다. 이 문제를 논한 것이 《우서》 권9의 〈논속오보갑(論束伍保甲)〉이다. 여기서 그는 속오군제를 뒤에 설명할 새로운 호적제 및 진관제(鎭管制)와 연결시켜 그 해결책을 제시하고 있다. 즉 진관제에 따라 수령이 속오군을 관할하도록 한다. 다음에 호적제에 따라 10가(家)를 1갑(甲)으로 묶고, 갑에는 갑수(甲首)를 두며, 10갑을 1보(保)로 편제하는데 보마다 보정(保正)을 둔다. 이를 보갑제(保甲制)라 한다. 보와 갑은 해마다 보정(保正)과 갑수(甲首)로 하여금 농한기에 모여 활쏘기 등 훈련을 하게 한다. 이들이 하는 일은 도둑을 잡는 것이 주임무이다.

보정(保正) 위는 속오장관(束伍將官)이 통솔하고, 그 군대는 지금의 잡색군(雜色軍)과 원래의 속오군 중에서 정장(精壯)한 사람을 택하여 보충한다. 그리고 역시 본군(本軍)이 자손제질(子孫弟姪) 가운데서 한 명의 여정(餘丁)을 스스로 정하도록 한다.

속오군사는 무예와 도둑을 잡은 실적에 따라 순포소교(巡捕小校)로 승진하고, 순포소교는 업적에 따라 순포부교위(巡捕副校尉)로 올라간다. 그리고 속오장관이 순포정교위(巡捕正校尉)와 부교위(副校尉)를 겸대하도록 한다. 속오장관은 업적이 뛰어나면 경영(京營)의 집사(執事)나 기고관(旗鼓官) 등으로 승진시킨다.

다음에 기병(騎兵)에 필요한 말은 어떻게 조달해야 하는가? 먼저, 유수원은 말을 관리들에게 상품으로 주는 제도를 비난한다. 이 때문에 종마(種馬)가 없어지고, 마정(馬政)이 무너지고 있다고 한다. 따라서 앞으로는 말을 상품으로 주는 제도를 없애고, 종마를 번식할 방법을 강구해야 한다.[203]

군사들의 무기는 해마다 새로운 것을 지급하는 것은 무리이므로 몇 년에 한 번씩 수리비를 각 도에 내려주어 수리하도록 한다. 한편, 우리나라 군대는 갑옷이 없는데, 이런 상황에서는 아무리 훌륭한 장수라도 사력을 다해 싸울 수 없다. 그러므로 두꺼운 가죽은 다른 데 쓰지 못하게 하고, 군사들의 머리, 얼굴, 등, 배, 가슴 등을 보호해 주어야 한다. 이래야 군사들의 사기가 진작될 수 있다.

---

203) 권9 〈論騎軍.馬政〉.

제 6 장

사민분업과 전정(田政) 및

농업진흥방안

제6장 사민분업과 전정(田政) 및 농업진흥방안

1. 정전제(井田制)와 균전제(均田制) 비판

위에서 사민분업(四民分業)과 관련하여 사(士)의 전문화에 대한 유수원의 개혁사상을 살펴보았다. 그러면 사민의 둘째 번 직업인 농업은 어떻게 전문화해야 하는가? 그의 농업에 관한 개혁안을 제시한 글은 《우서》 권1의 〈논여제(論麗制)〉 가운데 〈전제(田制)〉와 〈총론사민(總論四民)〉, 권6의 〈논호구격식(論戶口格式)〉, 권7의 〈논화전(論火田)〉, 〈논과종상마(論課種桑麻)〉, 권9의 〈논한민(論閑民)〉, 그리고 권10의 〈논변통규제이해(論變通規制利害)〉 등이다.

유수원은 우선 토지겸병에 따라 토지가 사대부들에게 돌아가고 농민들이 토지를 갖지 못한 현실을 안타까워하고 이를 바로잡아야 한다고 말했으나,[204] 구체적으로 토지제도의 개혁을 주장하지는 않았다. 전제개혁은 언제나 실패로 끝나고, 토지집중이 반복되는 결과를 가져왔기 때문이다. 고려시대에도 전시과(田柴科)에 따라 모든 관료와 군인, 심지어 공장(工匠), 진부(津夫), 역자(驛子, 역졸)에게까지 토지가 지급되었지만, 결국 모든 토지가 사대부에게 돌아가고 농민은 토지를 갖지 못하게 되었다고 개탄한다.[205]

---

204) 권1 〈論麗制〉 가운데 〈田制〉.

유수원은 고대 토지제도의 이상(理想)으로 여겨져 온 주나라의 정전제(井田制)나 그것을 계승했다고 하는 당나라의 토지제도[균전제인 듯]도 결국 힘 있는 사람들에게 토지를 빼앗기고 말았다면서 토지의 재분배가 궁극적으로는 농민을 이롭게 하지 못했다고 생각했다. 그에 따르면 주자(朱子)나 정자(程子)도 당나라 제도를 칭송하지 않았다고 한다.206)

대체로 토지분배론자들은 모든 국민들에게 토지를 골고루 나누어 준 주(周)나라의 정전제(井田制)를 이상적인 토지제도로 보고 있지만, 유수원은 그렇게 생각하지 않았다. 주나라는 정전제(井田制)를 봉건제(封建制)와 연결시켜 실시한 것으로 옛날에는 좋은 제도였지만 오늘날에는 실현불가능한 것으로 믿었다. 지금은 봉건제(封建制)가 무너지고 군현제(郡縣制)로 바뀌었으며, 정전제도 시행할 수 없는 제도가 되어 버렸다. 따라서 정전제와 봉건제로 돌아가는 것은 시대에 맞지 않는다.

전제개혁이 별로 실효성이 없다는 생각에서 유수원은 토지겸병(土地兼倂)이나 그로 말미암은 무전농민(無田農民)의 발생, 병작제도(幷作制度)의 관행 등에 관하여 안타깝게 생각하면서도 이를 현실적으로 인정하고자 했다. 그가 새로운 호적법(戶籍法)을 제안하면서 작인(作人)에게 빌려준 토지를 방전전(放佃田), 타인의 토지를 빌어서 경작하는 땅을 승전전(承佃田)이라고 부를 것을 제의한 이유도 여기에 있다고 하겠다.207)

---

205) 위와 같음.
206) 위와 같음.
207) 권6 〈論戶口格式〉.

2. 전정(田政) 개혁 ── 면세지, 진전(陳田), 화전(火田), 은루지, 손상(損傷) 대책

당시의 토지불균과 병작제도를 그대로 둔 상태에서도, 유수원은 크게 두 가지 문제를 해결할 수 있다고 믿었다. 하나는 농업으로부터 국가수입을 늘리는 것이고, 다른 하나는 농민생활을 안정시키는 것이다.

토지에서 국가수입을 늘이는 정책이 바로 전정(田政)이다. 유수원이 제시한 전정의 핵심은 두 가지였다. 하나는 전세제도(田稅制度)를 바꿔 토지를 많이 가진 자들이 전세를 많이 내도록 하는 것이다. 이 점은 유수원의 호적제도 개혁안에서 다시 소개하기로 한다.

전정(田政)의 두 번째 과제는 국가에 세금을 내지 않는 땅을 없애는 것이다. 즉 면세지(免稅地)를 없애고, 나아가 묵혀 있는 땅인 진전(陳田)과 산에 불을 질러 만든 화전(火田), 그리고 등록되지 않은 땅인 은루지(隱漏地)를 없애는 것이다.

한편, 농민생활을 안정시키는 것은 농업생산력을 높이는 것으로 해결할 수 있다고 본 것이다. 다시 말해 토지분배정책보다 농업성장정책을 통해 농업문제를 해결하자는 것이다.

그러면, 면세지, 진전, 화전, 그리고 은루지에 대한 유수원의 대책을 먼저 알아보기로 한다.

1) 면세지 혁파 ── 궁방전, 둔전 혁파

유수원에 따르면, 당시 전국의 토지는 100만 결(또는 145만 결)[208]이 넘지만 실제로 국가에 세금을 바치는 실결(實結)은 그 절반에 지

---

208) 권7 〈論蕩恤賑救〉.

나지 않는다고 보았다.209) 그러니까 전국 전지(田地)의 절반은 국가에 세금을 내지 않는 면세지(免稅地)라는 것이다.

면세지의 예로서 그는 사패전(賜牌田)을 먼저 들었다. 이는 궁가(宮家)에 지급된 궁방전(宮房田)을 말한다. 다음에 각 아문(衙門)에 지급된 둔토(屯土)나 지방의 역(驛)에 지급된 역토(驛土)도 국가에 세금을 내지 않는 면세지로서 혁파되어야 한다고 믿었다. 따라서 이들 토지는 모두 호조에 귀속시킬 필요가 있다.210) 그 대신 궁가와 아문에서 필요한 경비는 늘어난 국가의 전세수입으로 지출하면 된다고 보았다. 이 문제에 대해서는 뒤에 다시 논의하게 될 것이다.

유수원은 관리와 인리(人吏)들에게 대동미(大同米)와 잡역(雜役)을 면제해 주는 복호(復戶)의 특전도 없어져야 한다고 주장한다.211) 따라서 이러한 사패지와 면세지, 복호 등을 모두 혁파하여 국가에 귀속시키는 것이 절대 필요하다.212)

2) 진전(陳田) 대책

해마다 농사를 짓지 않고 놀리는 진전(陳田)이 있는 한 국가수입은 물론 농업생산력은 높아질 수 없다. 그러면 진전을 없애는 방법은 무엇인가? 유수원은 국가가 해마다 나서서 묵혀 있는 진전(陳田)인지 경작하고 있는 기전(起田)인지를 조사하여 전세(田稅)를 부과하는 방식을 반대했다. 진전과 기전을 조사하는 일 자체가 매우 번잡할 뿐 아니라, 기전을 진전으로 속여 탈세하는 현상이 많기 때문이다. 그러므로 진전을 없애는 방법의 하나는 진전(陳田)과 기전(起田)을 구별하

---

209) 권1 〈論麗制〉 가운데 〈田制〉.
210) 권6 〈論田政〉.
211) 권6 〈論田政〉.
212) 권6 〈論田政〉.

지 않고 모든 토지를 결수(結數)에 따라 전세(田稅)를 부과하는 것이
다.213) 그래야 진전이 줄어드는 효과가 있고, 국가의 전세수입도 늘
어날 것이기 때문이다. 물론 토지의 등급에 따른 전세의 차등은 있
어야 한다.

진전(陳田)이 나쁜 것은 면세(免稅)만이 아니다. 진전이 많으면 농토
가 줄어들어 농업생산력이 크게 떨어지기 때문이다. 그래서 일찍이
《경국대전》에는 진전을 고발하는 사람에게 진전의 경작권을 주었
다.214) 또 조선 후기에 편찬된 《수교(手敎)》에서는 이를 보완하여
"영구히 경작권을 주는 것이 아니라 본래의 주인이 환추(還推)할 때
까지만 경식(耕食)하게 한다"고 했다.

그러나 이런 법으로는 진전을 적극적으로 활용하기 어렵다. 따라
서 유수원은 이를 더욱 적극적으로 수정할 필요가 있다고 하면서
다음과 같은 대안을 내놓았다. 즉 "진전을 고발하는 이에게 경종(耕
種)하게 하되, 3년 뒤부터 납세를 하도록 하고, 만약 지주가 나타나
면 3분의 1을 지주에게 주고, 3분의 2를 진고(陳告)한 사람에게 주도
록 한다. 그리고 진전이 아닌 땅을 진전이라고 속인 자는 중벌(重罰)
로 다스리고, 그 땅을 진고자에게 주도록 하자"고 제안했다.215) 그러
니까 진전을 고발하는 자에게 아예 땅을 넘겨주자는 주장이다.

진전을 없애는 또 하나의 방법은 온 마을이 힘을 합하여 진전을
복구하는 일이다.216) 현재 국가에서는 홍수 등 재난으로 말미암아
진전(陳田)이 생기면 이를 '성천(成川, 개울이 되었다)' 또는 '복사(覆沙,
모래로 덮였다)', 또는 '포락(浦落, 배가 닿는 동네)'이라고 부르고, 세금
을 면제하는 데만 신경을 쓰고 있는데, 이렇게 되면 농토는 갈수록

---

213) 권6 〈論田政〉.
214) 위와 같음.
215) 위와 같음.
216) 위와 같음.

줄어들 수밖에 없다. 그러므로 재난을 만나면 온 고을이 힘을 합하여 적극 복구하고 개간하는 데 힘을 쏟아야 한다. 그래야 전야(田野)가 개간되고 농업생산량이 늘어날 것이다.

3) 화전(火田)과 은루지(隱漏地) 대책

유수원은 나아가 진전(陳田) 발생의 한 원인이 되고 있는 화전(火田)의 금지를 적극 주장했다. 화전은 산에 불을 놓아 밭을 만든 것을 말하는데, 이 때문에 산사태가 일어나 농토를 망칠 뿐 아니라, 나무와 산짐승이 줄어들고, 산불이 번지고 있다고 개탄했다.[217] 이렇게 화전이 생겨난 이유는 양역(良役)을 회피하려는 사람들이 유민(流民)으로 떠돌아다니는 데서 발생한 것이기 때문에 화전을 엄금하는 동시에 화전의 원인이 되고 있는 양역(良役)의 폐단이 동시에 시정되어야 할 것을 강조하고 있다.[218]

다음에 탈세(脫稅)를 목적으로 국가에 신고하지 않고 농지를 경작하는 은루지(隱漏地)에 대한 대책도 시급하다고 보았다.[219] 그러면 은루지를 없애는 방법은 무엇인가? 은루지는 자수(自首)하여 신고하게 하되, 만약 신고하지 않고 뒤에 발각되면 감춘 면적과 숨긴 햇수를 따져 세금을 추징해야 한다고 주장한다. 그리고 지방 관아에서 쓰고 있는 사결(私結)도 수령으로 하여금 자수하게 하고, 만약 발각되면 세금을 배상하고, 수령을 처벌하여 국경수비대로 보내야 한다.

---

217) 권7 〈論火田〉.
218) 권7 〈論火田〉.
219) 권6 〈論田政〉.

4) 손상평가 방법 개선, 궁방전, 역둔전 혁파

유수원은 전세제도를 합리적으로 만들기 위해서는 천재(天災)로 입은 손상(損傷)을 평가하는 방법도 개선해야 한다고 주장했다.[220] 그동안 국가에서는 서원(書員)을 보내 손상을 조사하고 있는데 거짓말을 많이 하여 작폐가 매우 심하다. 앞으로는 서원을 보내지 말고, 호방(戶房)의 향리(鄕吏)로 하여금 문서를 총괄케 하되, 새로 작성된 호구법(戶口法)에 따라 이갑(里甲)이 각호(各戶)의 땅 가운데 어느 자호(字號)의 전토 몇 부(負) 몇 속(束)이 재해를 입었는지를 본인들이 직접 쓰게 한다.

이장(里長)은 이 기록들을 모아 관찰사에 보고하면, 관찰사는 호조에 다시 보고한다. 호조는 복심관(覆審官, 경차관)을 지방에 보내 그 기록을 가지고 직접 조사하여 사실여부를 파악한다. 만약 사실을 속인 것이 드러나면 이장(里長)을 처벌한다.

3. 호적제도 개혁 ── 균역(均役)을 위한 이갑제(里甲制)

1) 새로운 호적제도

유수원의 개혁안 가운데서 획기적인 것의 하나는 호적제도(戶籍制度)의 개혁이다. 이것은 주민편제를 크게 바꾸는 것으로서, 세원(稅源)의 확대와 수세(收稅)의 균등을 위한 것이 주목적이지만, 주민협동을 통해서 농상공업을 발전시키려는 목적도 있었다.

유수원은 새로운 호적법의 모델을 중국에서 찾았다. 즉 중국식 편

---

220) 권6 〈論田政〉.

리제(編里制)인 이갑제(里甲制)를 도입하고, 이러한 주민편제를 바탕으로 호적제도를 획기적으로 바꿀 것을 제안했다.《우서》권6의 〈논호구격식(論戶口格式)〉과 〈논관사조책칙례(論官司造冊則例)〉, 〈논편심구관신증사례(論編審舊管新增事例)〉, 〈논균요사리(論均徭事理)〉 등이 바로 이런 문제를 제기한 글이다.

유수원이 제안한 편리제의 특징은 10호(戶)를 1갑(甲)으로 하고, 11갑 즉 110호를 1리(里)로 하며, 6리를 1향(鄕)으로 편제하는 것이다. 그리고 1리 가운데서 인정(人丁)과 토지가 많은 부호(富戶) 10인을 이장(里長)으로 뽑아 해마다 1인씩 교대로 이사(里事)를 집행하게 한다.[221] 이갑(里甲)을 편성할 때 상대적으로 인정과 토지가 적은 빈호(貧戶)를 기령호(畸零戶)라고 불러 고르게 각 이(里)에 배치한다.

호(戶) → 갑(甲, 10호) → 이(里, 11갑) → 향(鄕, 6리)으로 이어지는 이 편리제는 주대(周代)의 비려족당제(比閭族黨制)[222]와 정전제(井田制)의 정신을 계승한 것이라고 한다. 이런 편제는 이갑(里甲) 단위로 농업의 협동화를 강화하여 증산과 노동력 절감을 꾀하고,[223] 다른 한편으로는 수세체제(收稅體制)를 철저하게 균등하게 하려는 데 목적이 있었다. 그의 이러한 구상에는 명나라 이갑제(里甲制)의 영향도 있었을 것이다.

유수원은 편리제의 실시와 병행하여 호적제(戶籍制)의 개혁을 동시에 제안하고 있다. 그가 제안한 새 호적제는 호(戶)마다 전(田), 정(丁), 사(事), 산(産) 등 네 가지 사항을 세밀하게 기록한다는 것과, 갑(甲)마다 도(圖)를 넣어 10호의 배치를 시각적으로 보여주는 것이 중

---

221) 권6 〈論戶口格式〉, 「中國之坊郭鄕里 猶古之比閭黨州 所謂理者 乃編戶一百十家爲一里 六里爲一鄕也 一里中 以其丁田多者十人 爲里長 餘百戶分爲十甲 每歲役里長一人 管攝一里之事 輪役十年 終而復始 故曰 排年里甲 依次充當也」.

222) 권6 〈論戶口格式〉.

223) 권10 〈論變通規制利害〉, 「況編鄕里之制旣成 則民有比閭族黨之義 亦必同心合力 共辦此等事 中原則井田雖廢 民風之相助相恤共辦興利除害之事 則至今無異於同居井田之日矣」.

요한 특징이다. 이를 더 구체적으로 설명하면 다음과 같다.

첫째, 전(田)은 전답의 종류와 결수를 말한다. 여기서는 토지를 관전(官田)인 경우에는 승관전(承管田)으로 기록하고, 자기 땅인 경우에는 자종전(自種田), 남에게 빌려준 땅은 방전전(放佃田), 남의 땅을 빌린 것은 승전전(承佃田) 등으로 나누어 기록하되, 그 결수(結數)와 더불어 그 집에서 부담하는 대동미(大同米), 전세미(田稅米), 균요미(均徭米) 등을 세밀하게 기록한다.

둘째, 정(丁)은 인정(人丁) 곧 가족사항을 말한다. 여기서는 호주(戶主)와 처의 이름과 나이, 조상삼대(祖上三代, 부·조·증조)의 이름과 직책을 적고, 아들, 딸, 며느리의 이름과 나이를 적는다. 다음에 머슴인 고공(雇工)이나[224] 데리고 사는 노비인 솔정노비(率丁奴婢)의 이름과 나이, 거주지가 다른 외거노비(外居奴婢)의 주소, 이름, 나이를 기록한다. 그리고 16세 이상의 성정(成丁)의 수효와 성정이 바치는 정전(丁錢)의 액수, 16세 이하 미성정(未成丁)의 수효, 60세 이상 노인의 수효를 적고, 나아가 외거하는 노비의 성정(成丁), 미성정, 노인, 부녀의 수효와 성정의 균요전(均徭錢)을 적는다. 그러니까 신분의 고하를 가리지 아니하고 모두 적는다.

셋째, 사(事)는 직업과 매매행위 등을 말한다. 여기서는 직업을 농공상(農工商)으로 나누어 적고, 공(工)의 경우는 공(工)의 허가증인 험첩(驗帖)과 국가에 바치는 공세액(工稅額)을 적는다. 상(商)의 경우는 상업의 종류와 허가증인 상인(商引, 또는 票引)의 등급, 상세액(商稅額)을 기록한다.

넷째, 산(産)은 재산사항을 말한다. 산이란 점포(店鋪), 저사(邸肆), 제택(第宅)의 액호(額號, 이름)와 매매등급을 기록한다.[225] 예를 들면

---

224) 권6 〈論戶口雜令〉.
225) 위와 같음.

상인인 경우 매매하는 물품을 주(酒), 장(醬), 반(飯), 면(麵) 등으로 나누어 기록하고 세액(稅額)을 적는다. 다음에 기와집이 몇 칸, 초가집이 몇 칸, 대지(垈地)는 몇 칸인가를 적는다. 이 밖에 소, 말, 돼지, 나귀, 노새, 조우(租牛, 다른 사람에게 빌려주고 돈을 받는 소) 등 가축의 수효를 적는다. 다음에는 뽕밭의 크기, 뽕나무와 대추나무의 수효, 배나 수레의 수량 및 세액 등을 적는다.

산(産)을 기록함에 주목할 것은 개인이 가지고 있는 금은(金銀)이나 비단 등 옷감, 그리고 곡식의 양 따위는 기록하지 않는다는 점이다.226) 다시 말해 동산(動産)은 제외시킨다. 이런 것까지 기록하여 세금을 매기면 지나치게 가혹한 수탈이 될 수 있기 때문이다. 이를 다시 정리한다면 각 호별로 가족사항과 부동산, 직업, 그리고 세액을 낱낱이 명기하도록 한 것이 큰 특징이다.227) 그러니까 호적은 단순히 사람만을 기록하는 것이 아니라, 재산상황까지도 세밀하게 기록해야 한다는 것이 종전의 호적과 근본적으로 다르다. 그리고 이 호적은 호의 배치도를 그린 도(圖), 인구를 적은 적(籍), 재산을 기록한 장(帳) 등 세 가지 특징을 갖춘 호적이 된다.

호적제도를 위와 같이 바꿀 경우, 종전처럼 3년마다 호적조사를 하는 것은 어려울 것으로 보았다. 그래서 10년마다 한 번씩 해도 무방하다고 보았다.228) 그러나 이(里)의 책임자인 이갑(里甲)은 해마다 자기 관내에서 죽은 사람과 새로 태어난 사람, 혼인하여 맞이한 사람, 도망한 노비, 팔아버린 노비, 죽은 노비, 매매한 전지(田地) 등 모든 변동사항을 보고받아 이를 기록해 두어야 한다. 그러니까 대대적인 호적조사는 10년에 한 번 하는 것이지만, 해마다 변동사항을 이

---

226) 권6 〈論戶口雜令〉.
227) 권6 〈論戶口格式〉.
228) 위와 같음.

갑에게 보고해야 하므로 실제로는 매년 호적의 변동사항을 알 수 있다.

위 호적제도에서 눈여겨볼 사항은 사노(私奴)에게서도 국가가 정전(丁錢)과 균요전(均徭錢) 및 균요미(均徭米)를 받는다는 사실이다.[229] 다만, 솔거노(率居奴)는 주인이 정전(丁錢)을 대신 내고, 외거노는 자신이 낸다. 균요미(均徭米)와 균요전(均徭錢)은 독립가호(獨立家戶)를 가진 외거노(外居奴)에게만 해당되는데, 외거노의 주인인 상전(上典)이 내는 것이다. 균요전과 균요미란 가호(家戶)에 부과되는 호세(戶稅)로서 균요전은 1인당 5문(文)을 내야 하며, 균요미는 1부(負)마다 쌀 5홉 정도로 한다. 이렇게 되면 땅이나 노비를 많이 가진 부호는 균요전과 균요미를 그만큼 많이 내게 될 것이고, 그래야 균역(均役)이 가능하다고 유수원은 생각했다. 그러니까 유수원이 생각하는 균역은 사노비에게서도 국가가 세금을 받는다는 점에서 매우 이례적이고 그만큼 획기적인 뜻을 갖는다.

만약 호적이 위에 말한 것처럼 정밀하게 작성된다면 누구를 가리지 않고 세금을 피할 수 없을 것이며, 특히 부자의 부담이 커지고, 국가의 수입은 크게 늘어날 것이다. 또 이러한 호적은 남의 집에 빌붙어 살면서 세금을 내지 않는 이른바 협호(挾戶)를 없애는 효과도 있을 것이다.

2) 균요(均徭)를 위한 전미(錢米) 징수

편리제와 호적제를 철저하게 시행하면 국가의 처지에서는 세수입(稅收入)을 확대하는 효과가 있는 것이지만, 백성들의 편에서는 가난한 사람들보다 부자가 더 많은 세금을 내는 결과가 된다. 유수원의

---

229) 위와 같음.

주장은 바로 부자가 더 많은 세금을 내 균요(均徭)의 효과를 거두고 나아가 국가의 재정수입도 확대하자는 것이었다.

그러면 균요의 구체적 방안은 무엇인가?

유수원은 호적에 등록된 인정(人丁)과 토지, 부동산(不動産) 등 재산에 따라 세금을 내면 자연히 균요가 될 것으로 생각했다. 다시 말해 인정과 재산이 많은 사람은 자연히 세금을 많이 내게 되고, 인정과 토지가 적은 사람은 그만큼 낼 세금이 적은 것이다. 다만 주읍(州邑)에서는 주민을 재산 정도에 따라 상중하(上中下)의 세 등급으로 나누어 〈요역주지책(徭役周知冊)〉을 만들어 놓고 참고하는 것이 좋을 것으로 보았다.

호적은 관에서 비치하고, 백성들은 자기집의 호적첩(戶籍帖)을 각자 가지고 있어서, 호적에 기록된 재산에 따라 국가는 세금을 매기고, 백성들은 호적첩에 따라 세금을 내면 되는 것이다. 종전에는 호적에 토지를 기록하지 않고, 토지대장(土地臺帳)인 양안(量案)을 따로 만들었는데, 양안에 토지소유자인 전주(田主)를 적지 않고, 경작자인 기주(起主)만을 적었기 때문에 세금제도에 혼란이 있었던 것이다. 그러나 유수원이 제안한 호적은 직영지인 자종전(自種田)과 남에게 빌려준 방전전(放佃田), 그리고 남에게 빌린 승전전(承佃田)을 모두 정확하게 기록해 놓았기 때문에 세금제도에 혼란이 생기지 않는다는 것이다.[230]

그런데 유수원의 개혁안은 균요에는 효과가 있을지 모르나, 백성들의 부담이 전보다 커진다는 문제가 제기될 수 있었다. 왜냐하면 호마다 전에 없던 균요미(均徭米)로서 1부(負)에 쌀 5홉을 토지에 부과하고, 또 균요전(均徭錢)으로서 1명마다 5문(文)씩 노(奴)에게 부과하기 때문이다. 그렇게 되면 1결마다 내는 세금은 대동미(大同米) 12두, 전세(田稅) 4두, 균요미 5두를 합하여 모두 21두의 세금을 내게 된다.

---

230) 권6 〈論均徭事理〉.

그런데 유수원은 1결당 21두의 세금도 적다고 보았다. 오히려 1결마다 대동미와 전세로 9두를 더 징수하여 도합 30두의 세금을 받는 것이 좋다고 주장한다.

1결마다 30두를 징수하는 것은 너무 지나치지 않느냐는 객의 질문에 대하여 유수원은 그렇지 않다고 대답한다. 왜냐하면, 1결당 생산량은 쌀 200두 이상이 되기 때문이다. 따라서 1결당 30두는 바로 십일세(十一稅)에 들어맞는다. 다만, 그 밖의 잡세(雜稅)는 모두 혁파해야 한다. 어쨌든 이렇게 세금제도가 바뀌면 국가세입이 크게 늘어날 것으로 그는 기대했다.

3) 신호적제와 왕안석 신법과의 차이

유수원이 제안한 호적법은 이론상으로는 매우 합리적인 것이지만, 실제로 운영하기는 쉬운 일이 아니었다. 세금을 내지 않기 위해 호적을 피하려는 사람도 있고, 걸인(乞人)도 생겨날 수 있으며, 몰래 이사 가는 사람, 그 밖에 호적을 원망하는 사람들이 나오게 될 가능성이 높다. 이에 대한 유수원의 대책은 다음과 같다.[231]

(1) 일부러 호적에 빠지는 사람은 적발하여 변방으로 강제로 이주시킨다.
(2) 이사 가는 사람은 반드시 떠난 지역과 이사 간 지역의 관아에 신고하여 공문(公文)을 받은 뒤에 마을에서 받아들인다.
(3) 몰래 이사 가는 사람은 그 동네의 이웃과 친족이 붙잡아 오도록 한다.
(4) 흉년으로 걸인(乞人)이 되어 떠돌아다니는 사람은 본래 거주지의

---

231) 권6 〈論戶口雜令〉.

증빙서류가 있을 때에만 국가에서 진휼하고, 가을 추수 뒤에 본래
의 거주지로 되돌려 보낸다.

(5) 몰래 이사 와서 농사짓는 사람은 붙잡아 되돌려 보내야 한다. 그
러나 이사 온 지 오래 된 사람은 새로 입적하도록 한다.

(6) 힘센 사람이 약한 사람의 투탁을 받아 자기 호적에 입록하는 이
른바 협호(挾戶) 또는 협정(挾丁) 또는 양호(養戶)는 요역을 피하기
위한 수단이므로 불법으로 다스려야 한다. 이들은 독립된 가호(家
戶)로 입적해야 한다.

다음에 유수원의 호적법은 저 북송시대 왕안석(王安石)의 신법(新法)
처럼 지나치게 가혹하다는 비난이 생길 수 있다. 이에 대해 유수원
은 다음과 같이 변명하고 있다.[232]

새 호적법은 중국의 하, 은, 주, 한, 당, 송 이래 통용되어온 것으
로, 왕안석과는 아무런 관련이 없다는 것이다. 예를 들면, 당나라의
과역호(課役戶)제도나, 송나라의 물력전(物力錢)제도, 금나라의 추배법
(推排法) 등이 모두 인력과 물력을 종합해서 세금을 매긴 것이며, 주
자(朱子)가 말한 팔자법(八字法, 丁口開落 産錢推割)도 마찬가지다.

왕안석이 비난을 받은 것은 송나라의 구법(舊法)이 나쁜 것이 없었
는데도 쓸데없이 신법(新法)을 만들었기 때문에 분란이 일어난 것이
다. 왕안석은 거란에게 빼앗긴 연운(燕雲) 16주를 회복하려는 전쟁을
준비하기 위해 청묘법(靑苗法)을 시행했는데, 이는 이식(利殖)을 통해
국가재정을 증진하려는 것이기 때문에 잘못된 것이다.

우리나라는 지금 중국과 다르다. 허다한 이익의 원천이 사문(私門)
에 널리 흩어져 있는데도 국가가 여기에서 세금을 거둘 줄 모르고
있다. 국가란 재용(財用)을 기반으로 나라를 다스려야 하는데, 나라가

---

232) 위와 같음.

가난한 상태에서 어떻게 국가를 운영하며 민안(民安)을 가져올 수 있
는가라고 반문한다. 다시 말해 유수원은 부호층(富戶層)이 이미 성장
한 현실을 감안하여 이들로부터 국가운영에 필요한 세금을 거둬야
국가도 좋고, 가난한 백성도 부담을 덜 수 있다는 생각을 가지고 있
었던 것이다.

정전사산(丁田事産)을 토대로 세금을 매기는 것은 물방울 하나도
새지 못하게 하는 것으로서 지나친 수탈이 아니냐는 객의 질문에
대해서도 유수원은 그렇지 않다고 대답한다. 왜냐하면 개인이 가지
고 있는 금은(金銀)이나 비단, 곡식 등 동산(動産)은 기록하지 않으며,
아전(衙前)으로 하여금 일을 주관하도록 하기 때문에 작간이 생길 수
없다는 것이다.

4. 농업생산력 제고 방안

유수원은 국가의 전세수입을 높이는 방법과 아울러 농업생산력을
높이는 방법에 대해서도 비상한 관심을 가지고 그 대안을 제시했다.
그것은 바로 농업경영과 농업기술의 혁신이다. 그런데 농업진흥에
대해 근본적인 회의를 가지고 있는 사람들이 많은 것을 그는 안타
깝게 생각했다. 즉 농토는 제한되어 있는데 인구는 점점 많아져 희
망이 없다고 보거나,[233] 아니면 우리나라의 자연조건이 농업에 불리
하다는 주장이다. 그러나 그는 이러한 견해가 모두 타당치 않다고
보았다.

유수원에 따르면, 하늘은 사람을 낼 때 반드시 먹을 것을 타고나
게 만들었기 때문에 인구증가는 이유가 될 수 없다는 것이다. 또 우

---

233) 권1 〈總論四民〉.

리나라의 자연환경은 다른 나라에 견주면 오히려 좋은 편이라는 것
이다. 토지가 비옥하고, 산수(山水)가 조화를 이루고, 기후가 적당하
여 의식주에 필요한 물자가 나오지 않는 것이 없으며, 지방마다 농
업특산물이 있다는 것이다.

우선 우리나라는 지방마다 특산물이 있다는 사실을 그는 상기시
키면서 그 실례를 다음과 같이 들었다. 평안도에는 명주와 무명, 함
경도에는 삼베, 황해도에는 무쇠, 삼남지방[충청, 전라, 경상도]에는
대나무와 닥나무, 바다 근방에는 각종 물고기와 소금, 김, 미역 등이
생산된다. 이 밖에 산골에서는 콩, 조, 재목 등이 나와 생활에 필요
한 물자가 없는 것이 없다.234) 비록 서역(西域)이나 안남(安南), 일본
(日本) 등에서는 진귀한 물건이 많이 나온다고 하지만 이런 것들은
우리 생활에 꼭 필요한 필수품이 아니라는 것이다.

유수원은 농업생산력이 떨어지는 원인을 크게 네 가지로 보고 그
대책을 논했다. 첫째는 양반문벌의 발달로 농업인구가 감소한 것이
다. 둘째는 수리시설(水利施設)과 농기구 등 농업기술이 뒤떨어져 있
는 것이다.235) 셋째는 농사를 짓지 않고 묵혀두는 진전(陳田)과 산에
다 불을 질러 농토로 사용하는 화전(火田)이 너무 많은 것이다.236) 넷
째는 농업경영이 전문화하지 못하고 상업화하지 못한 것이다.

이상 네 가지 원인에 대한 유수원의 대안을 차례로 검토하기로
한다.

---

234) 권1 〈總論四民〉.
235) 권1 〈總論四民〉, 「國之大政 無過於農 農之大要 無過於水利」.
236) 권7 〈論火田〉.

1) 양반문벌 타파로 농업인구 확대

유수원은 농업이 피폐한 사회적 원인을 무위도식하는 양반사족(兩班士族)이 많아 농업인구가 감소한 데서 찾았다. 그가 양반문벌의 타파를 무엇보다 강조한 이유가 여기에 있었던 것이다.

그는 양반, 중인 그리고 상인(常人) 가운데 조금 여유가 있는 사람은 농사를 기피하기 때문에 농업인구가 줄고, 그 때문에 토지의 이용도가 높아지지 못한다고 개탄하고,[237] 문지제도(門地制度)가 백성들로 하여금 농부가 되는 것을 수치로 여기게 하였다[238]고 지적하고 있다. 따라서 그가 양반문벌제도의 타파를 그토록 강하게 주장하는 것은 그것을 통해서 농업인구의 증가를 기대하는 데에 한 가지 목적이 있었던 것이다. 이 점은 이미 앞에서 자세하게 소개했으므로 여기서는 다시 언급하지 않기로 한다.

2) 지형에 따른 전지(田地) 활용

농업기술의 혁신과 관련하여 유수원은 먼저 지형에 따라 땅을 이용하는 방법을 다양하게 할 것을 중국의 예를 들어 강조하고 있다. 《우서》 권10의 〈논변통규제이해(論變通規制利害)〉에서 이 문제를 자세히 논하고 있는데 이를 정리하면 다음과 같다.

중국에는 구전(區田)이라는 것이 있다. 이것은 1묘의 땅에 수백 개의 구(區, 구덩이)를 파고, 구를 격(隔)하여 종자를 뿌리는데, 구의 깊이는 1척으로 하고, 1승(升)의 분(糞)을 사용한다. 이렇게 하면 구마다

---

237) 권1 〈總論四民〉, 「兩班 中庶 至于常人之稍有氣力者 皆以自手農業 爲大羞恥 雖目見農務之愆期 灼知秋後之飢餓 男婦束手 皆不耕鋤 一國之中 此類無限 其何以不負天時而能盡地力乎」.
238) 권1 〈總論四民〉, 「又爲門地之法 使民恥爲農夫」.

곡식 1두씩을 생산하여 보통 밭에 견주면 소출이 몇 배나 되고, 면적이 넓지 않아서 노동력도 절감된다.

또 중국에는 포전(圃田)이 있는데 이는 채소밭이다. 주위에 울타리를 치고, 밖에는 뽕나무나 산뽕나무를 심어 가꾸면 보통밭에 견주어 1년 소득이 몇 배가 된다.

위전(圍田)이라는 것도 있다. 이는 물가의 땅에 흙을 쌓아서 제방을 만들면 한발이나 홍수에 해를 입지 않는다. 한편, 모양과 제도가 위전과 비슷하나 노력이 덜 드는 궤전(櫃田)이 있다.

도전(塗田)이라는 것도 있다. 이는 조수(潮水)가 출입하는 바닷가 진흙 위에 수패(水稗, 물피)를 먼저 심어 염분을 거둬 내고 전답을 만든다. 벽을 쌓거나 토막나무를 세워 조수가 들어오지 못하게 하고, 전답가에 도랑을 파서 빗물을 저수했다가 가뭄에 관개수로 이용한다. 이렇게 되면 보통전답보다 소득이 10배가 된다. 가을에는 보리를 심는다.

또 중국의 강소성과 절강성에는 떼[筏]를 만들어 웅덩이나 늪에 띄우고, 그 위를 줄풀과 진흙으로 바른 다음 그 진흙 위에다 벼를 심는다. 이를 가전(架田)이라고 하는데 벼가 매우 잘 자란다.

3) 수리(水利) 개선

농업생산력을 높이려면 수리시설의 개선이 절대 필요하다. 수리시설은 물을 저장하는 기술과 물을 운반하는 기술을 말한다. 이 문제에 대해서도 유수원은 중국이 우리보다 앞섰다고 보고 그 개선방법을 제시하고 있다.

먼저, 지형이 높거나 낮아 물을 대기 어려운 곳에 제방을 쌓고 갑문(閘門)을 만들어 물을 대 주는 것을 수갑(水閘)이라 한다. 다음에 땅을 파고 물을 저장하는 피당(陂塘, 방죽)은 우리나라에도 있지만, 흙을 파내고 나무를 심어 물의 근원을 도와야 한다. 음구(陰溝)라는 것이 있는데, 이는 땅 속에 낸 도랑으로서 벽돌을 바닥에 깔고 위는 박석으로 덮는다. 중국 북경(北京) 등에는 거리에 더러운 도랑이나 오물이 보이지 않는데, 이는 음구 때문이다. 그 밖에 물을 끌어들이는 방법으로 목책(木柵)으로 물을 막는 수책(水柵), 땅 위에 가(架)를 설치하는 가조(架槽), 두레박틀인 길고(桔橰), 도르래인 녹로(轆轤), 물을 이용한 풀무인 수배(水排), 무자위로 물을 끌어올리는 번거(翻車)와 통차(筒車), 소를 이용하여 물을 끌어들이는 우예수차(牛曳水車), 노새를 이용하여 물을 끌어들이는 나전통차(騾轉筒車), 물을 이용하여 물을 끌어올리는 무자위인 수전고거(水轉高車), 사람의 힘으로 물을 끌어올리는 무자위인 괄수윤거(刮水輪車) 등이 중국에 있는데, 이를 배울 필요가 있다.

4) 농기구 개선

유수원은 농업생산력을 높이기 위해서 농기구(農器具)의 개조도 절대 필요하다고 믿었다. 우리나라의 농기류는 모두 둔렬(鈍劣)하기 때문에 한층 정교하고 날쌘 중국의 농기구를 제조하여 보급해야 한다고 주장했다. 농기구뿐 아니라 실을 만들고 옷감을 짜는 잠직기계(蠶織機械)도 마찬가지로 그 개량의 필요성을 절감하였다.[239] 그는 중국의 농기구를 자세히 설명하면서 농기구 개량의 필요성을 설명하고 있다.

중국의 곡괭이나 쟁기는 우리나라와 달라 땅을 깊이 팔 수 있다. 그 밖에 말처럼 타고서 모를 심는 앙마(秧馬), 씨앗을 뿌리는 수레인

---

239) 권10 〈論變通規制利害〉.

돈거(砘車), 가래, 호미, 쇠스랑, 보습, 운조(耘爪, 김맬 때 손가락에 끼는 깍지), 비구(臂篝, 팔뚝에 끼는 토시), 하택거(下澤車, 전답에서 짐을 실어 나르는 수레), 타거(拖車, 농기구 등을 싣는 수레), 기타 여러 종류의 방 아가 정교하다. 이런 것들을 제조해서 사용하는 것이 좋다.

5) 잠직(蠶織) 기구 개선

유수원은 양잠에 사용하는 기구도 개선될 필요가 있다고 믿었다. 중국에는 큰 물레인 대방거(大紡車), 작은 물레인 소방거(小紡車), 그 밖에 승경거(繩經車), 인경거(紉經車), 남소거(南繅車), 북소거(北繅車), 목 면선가(木綿線架), 방거(紡車), 낙거(絡車) 등이 있어서 우리나라보다 잠 직하는 기술이 앞서 있다. 따라서 이런 기구들을 배워 익힐 필요가 있다.

이상 여러 농기구와 잠직기구들은 규격과 제작기술이 자세히 글 로 적혀 있으므로 이를 가지고 그림으로 본떠서 제작하는 일이 어 렵지 않다고 유수원은 말하고 있다.

유수원은 우리가 중국의 기구들을 충분히 만들 수 있는 가능성을 혼천의(渾天儀, 천문기구), 편종(編鐘, 악기), 편경(編磬, 악기), 방향(方響, 악기), 불랑기(佛狼機, 대포), 경단(卿緞, 비단), 토활자(土活字), 유리와(琉 璃瓦), 징니연(澄泥硯, 흙으로 만든 벼루) 등을 만들었던 경험에서 찾고 있다.

6) 새로운 종자의 도입

유수원은 중국에서 새로운 품종을 들여오는 것도 농업생산력을 높이는 데 필요하다고 믿었다. 풍토가 다른 중국에서 받아들여 성공을 거둔 자연물산의 예를 그는 다음과 같이 들고 있다. 민성휘(閔聖徽)가 중국 산동성의 각종 과실수를 고향인 임천(林川)에다 옮겨 심어 성공을 거두었으며, 또 어떤 이는 중국 하남성의 향수리(香水梨, 배나무의 일종)를 경기도에 옮겨 심어 성공한 일도 있고, 요동의 백송(白松)을 이식하여 키우고 있기도 하다. 그리고 문익점(文益漸)이 목화씨를 얻어다 심고 정천익(鄭天益)이 씨아를 만든 일도 그러한 예에 속한다.

유수원은 이런 사실들이야말로 실사(實事)에 관계되는 행위로 칭송하고 있다. 그런데 지금의 선비들은 중국의 화장도구나 노리개, 보화, 진패(珍貝) 등에는 관심을 가지고 모두 가지려고 하면서 정작 생활에 필요한 기구들에는 관심이 없는 것을 고질적인 병통이라고 개탄하고 있다.

7) 농업 전문화와 상업화

농업생산력의 증대와 농민수입의 증대를 위해서는 또한 농업경영(農業經營) 방식을 크게 전환해야 할 것을 촉구하였다. 그 요체는 농업의 전문화와 상업화이다.

유수원에 따르면, 농업에는 수전농업(水田農業, 논농사)과 원포농업(園圃農業, 밭농사)의 구별이 있다. 원포농업에서도 그 종류가 많은 것인데, 우리나라 농민들은 한 집에서 이 여러 종류의 농산물을 한꺼번에 재배하는 경향이 있어서 농업경영이 전문화하지 못하고, 따라서 농업소득도 적다고 개탄한다.

농업소득을 올리려면 농업경영을 철저히 분업 전문화해야 한다. 예를 들면, 소채(蔬菜) 재배자는 소채만을, 양잠(養蠶) 종사자는 양잠만을, 양계(養鷄)하는 사람은 양계만을 전업으로 하여 모든 의식주

생활에 필요한 물종을 이런 식으로 경영하여 생산해야 한다. 이렇게 하면 한편으로는 의식주 생활의 물자가 풍부해질 뿐 아니라, 농민은 그것을 상품으로 판매하여 수익을 올리고, 그 수익으로서 다른 생활 용품을 사들이거나 노동자를 고용하여 필요한 작업을 하게 되므로 농민생활도 향상될 것이라고 한다.[240]

이 밖에 유수원은 목화보다도 이익이 많은 양잠(養蠶)을 위한 뽕나무를 적극적으로 심고, 양잠이 맞지 않는 지역에는 대추, 밤, 삼, 모시, 쪽 등을 토질에 맞게 심을 것을 국가가 강제할 필요가 있으며, 그 종류와 수량을 기록하여 호조에 보고해야 한다고 주장했다.[241] 이렇게 전문화한 농업경영 방식은 이를테면 농산물의 상품화를 전제로 하는 상업적 농업(商業的 農業)이라고 볼 수 있다. 그는 중국이 이러한 상업적 농업이 가장 발달한 것으로 보고 우리나라에서도 일부지역, 예컨대 왕십리(往十里) 같은 데서는 이러한 상업적 농업이 이루어지고 있다고 보았다.

5. 진휼정책 개선 — 환곡, 상평청, 진휼청 혁파

지금까지 유수원의 농업진흥책을 살펴보았다. 그런데 농민생활 안정책을 위해서는 농업생산력의 증대도 필요하지만, 동시에 흉년에 대비한 진휼정책(賑恤政策)도 개선되어야 한다고 생각했다. 지금까지 빈민구제를 목적으로 한 제도로는 곡식을 대여해 주는 환곡(還穀)이 있고, 진휼청(賑恤廳)을 세우고, 그리고 곡식을 받고 직첩을 파는 납속가자첩(納粟加資帖)이나 수령의 자비곡(自費穀) 등을 가지고 빈민을

---

240) 권9 〈論閑民〉.
241) 권7 〈論課種桑麻〉.

구제하는 등의 정책이 있었다. 그러나 유수원은 이러한 제도가 모두 합리적이지 못한 것으로 인식하고 있었다.[242]

먼저, 상평청에서 시행하는 환곡은 모곡(耗穀)을 취하고 이를 다시 증식(增殖)하는 제도로서 감영(監營)과 병영(兵營), 수영(水營)도 이를 본받아서 환곡을 시행하고 있어 백성이 더욱 곤란을 받고 있다고 한다.[243] 따라서 고리대(高利貸)로 변한 상평청을 혁파해야 하고, 진휼청도 세력 있는 감사나 수령만이 사적으로 이용할 뿐으로 궁민(窮民)에게 돌아가는 혜택이 없으므로 혁파해야 한다고 믿었다.[244]

특히 대장군이나 가선대부(嘉善大夫) 등의 직급을 파는 납속가자첩은 국가의 명분을 어그러뜨리는 것으로 마땅히 폐지해야 할 것으로 보았다.

수령의 자비곡(自費穀)이란 것도 말이 되지 않는다고 그는 보았다. 수령이 모아놓은 곡식을 자비곡이라 하는데, 실제로는 가렴주구했거나 상인의 이익을 탈취했거나 하는 등의 부정한 방법으로 모아놓은 곡식에 지나지 않는다. 설혹 수령의 봉록(俸祿)을 아껴서 모아놓은 것이라 하더라도 이는 장려할 일이 아니다. 이는 오히려 명예를 낚는 행위로서 청렴하고는 관련이 없다. 유수원은 수령의 자비곡(自費穀)을 이렇게 비판한다.

백성은 국가의 백성이지 원래 수령의 백성이 아니다. 구(救)할 수 있으면 힘을 다하여 구하고, 힘이 미치지 못하면 살고 죽는 것을 백성들 자신에게 맡기는 것이 옳다. 어찌 구구하게 수령의 자비곡에 의지하는가. … 봉록을 주고 나서 그 봉록을 떼어내어 백성을 진제하는 것을 장려한다면 애당초 봉록을 줄 필요가 어디 있는가. 이로

---

242) 권7 〈論蠲恤賑救〉.
243) 권7 〈論常賑二廳〉.
244) 위와 같음.

써 명예를 낚는 사람은 결코 청렴한 관원이 아닌데, 그에게 상을 준다면 국가의 체통을 어떻게 이루겠는가. 그리고 감사(監司)와 어사(御史)가 이를 포상해야 한다고 보고하고 있으니 간활한 일들이 어찌 늘어나지 않을 수 있으며, 나라의 체통이 어찌 땅에 떨어지지 않을 수 있겠는가.[245]

즉 빈민구제는 국가가 할 일이지 수령이 할 일이 아니라는 것이다. 그리고 수령이 자기의 봉록을 떼어서 빈민을 구제하는 것을 장려한다면 애당초 봉록을 줄 필요가 없다는 것이다.

그러면 빈민구제의 새로운 대안은 무엇인가? 유수원이 제시하는 새로운 방법은 기본적으로 호구법(戸口法)과 관련되어 있다. 즉 새로운 호구법을 시행하게 되면 세원(稅源)이 확대되어 국가재정이 충실하게 된다.

현재 원장부(元帳付)에 기록된 전국의 농지는 145만 결을 내려가지 않으므로 이 가운데 면세지(免稅地)를 없애고, 모든 농지에서 1결당 30두를 거둔다면 전세수입은 약 430만 석이 될 것이다. 이 가운데 일부를 중앙에서 쓰고, 나머지를 지방에 남겨놓는다면 흉년에 대비한 진제(賑濟)는 걱정할 필요가 없다는 것이다. 다만, 진민에게 쌀을 직접 나누어 주는 것은 좋은 방법이 아니다. 그보다는 시가(市價)보다 쌀값을 싸게 하여 대동미(大同米)와 전세(田稅)를 돈으로 내게 하는 방법이 좋다. 예를 들어 풍년에 쌀 한 가마니 시가가 3관(貫)이면, 진민에게는 2관 반으로 계산하는 방법이 있다. 이렇게 되면 쌀값이 자연히 떨어지고 소민(小民)들이 굶어 죽을 염려가 없어질 것이다.

다음에 유수원은 진제(賑制)를 위한 또 다른 방법을 제시하고 있다. 앞에서 말한 것이 국가적 진제법이라면 민간에 의한 진제법이

---

245) 권7 〈論賑恤賑救〉.

또 있다는 것이다. 나라의 체통이 서는 진제를 하려면 국가의 노력과 백성들 스스로의 노력이 합쳐져야 한다. 그래서 다음과 같은 대안을 제시한다.

먼저, 지방에서 평소에 납속(納粟)하는 백성들에게 그 양을 따져서 낭관(郎官) 정도의 낮은 산직(散職)이나 의역산화(醫譯算畵) 등 잡류직(雜類職)을 주고 실무는 맡기지 않는다. 그리고 100석이나 200석을 내는 백성은 특히 '의민(義民)'으로 인정하여 정표(旌表)를 세워주고, 향촌에서 관대(冠帶)를 착용할 수 있게 하는 것이 좋을 것이다. 그리고 흉년에는 이 곡식을 가지고 진민을 구제한다. 말하자면 지방의 부호들을 산직(散職)이나 의민(義民)으로 참여시켜 빈민을 구제하는 방법이다. 실제 중국에서는 송나라 이후로 이런 방법이 널리 시행되고 있었는데 유수원은 중국의 제도를 본받자는 것이다.

이 밖에 시장경제를 통한 빈민구제방법이 있다. 즉 상업이 발달하면, 흉년에 큰 무곡상인(貿穀商人)들이 대량의 쌀을 수레에 싣고 와서 작은 이문을 붙여 판다 하더라도 큰 이익을 얻게 될 것이며, 백성들도 쌀을 싸게 살 수 있을 것이다. 다시 말해 상공업과 유통경제가 발전하게 되면 자연히 시장경제를 통해서 빈민들이 쌀을 구할 수 있는 가능성이 있다는 것이다.

그러나 궁극적으로 빈민은 국가가 전적으로 책임질 수 없는 문제로 유수원은 인식하고 있다. 위의 인용문 가운데 "살고 죽는 일을 백성들 자신에게 맡기는 것이 좋다"는 말은 얼핏 냉혹한 표현으로 보이지만, 여기에는 농공상(農工商)의 발전을 통해서 빈민문제를 자생적으로 해결하려는 원대한 전망이 담겨 있다고 볼 수 있다.

제 7 장

사민분업과 상공업 진흥방안

제7장 사민분업과 상공업 진흥방안

1. 상세(商稅)와 전매사업 강화

유수원은 앞에서 말한 바와 같이 농업과 상공업을 본말관계(本末關係)로 인식하였다. 그러나 그것은 공상(工商)이 어디까지나 농업을 기반으로 하여 발전될 성질의 것이기 때문에 농업에 일차성을 둔 것이지 상공업의 가치성을 낮게 평가하는 것은 결코 아니었다. 그는 도리어 인민의 물질생활 향상이나 국가 재정수입의 증대를 가져오기 위해서는 당시의 실정으로는 농업보다도 공상에 더 큰 기대를 걸고 있었다. 농업세만으로는 도저히 국가 재정의 수요를 충족시킬 수 없다는 것이 그의 판단이었다.

그는 중국의 경우 상업세나 전매수입이 농지세(農地稅) 곧 조부(租賦)보다도 배가 된다면서 우리나라에서도 그러한 방향으로 세정(稅政)이 전환되어야 할 것을 이렇게 말한다.

정전제도(井田制度)가 폐지된 뒤로는 양병비(養兵費)와 관리의 녹봉 등이 옛날보다 몇 배나 늘어나 천하의 곡식과 포백(布帛)을 전부 거두어들여도 다 먹일 수가 없다. 그래서 후세에는 상세(商稅)와 전매수익으로써 그 비용을 충당하였는데, 그 1년 동안의 수입이 조부(租

賦)보다도 배나 되었다. … 우리나라는 전부(田賦) 외에 다른 재화(財貨)가 없어서 백관과 종묘의 경비도 오히려 부족하여 군수(軍需)는 손도 대지 못하고 있다. 그래서 부득불 군보(軍保)로부터 군포(軍布)를 징수하였으나 이것은 폐단이 너무나 크다. … 이제 산택(山澤)과 자연(自然)의 이익을 취하고 천, 백 가지 방법으로 사사로이 점유하고 있는 재화를 빼앗아서 양민(良民)의 뼈를 깎는 원망을 풀어주고자 하는 것이니 이것이야말로 인인(仁人)·군자(君子)가 마땅히 해야 할 일이다.[246]

다시 말하자면, 정전제도(井田制度)가 시행될 때에는 백성들이 토지를 모두 가지고 있어서 군사비를 스스로 충당하고 있었고, 관리의 녹봉을 주지 않아도 생활이 보장되었는데, 정전제가 폐지된 뒤로는 국가가 군사비와 관료 녹봉비를 전적으로 부담하는 시대가 되었다는 것이다. 국가는 군사비와 녹봉비를 조달하기 위해 부득이 세금이나 전매사업에 의존할 수밖에 없다. 그런데 우리나라는 지금 군보(軍保)로부터 받아들이는 군포(軍布)를 가지고 국가경비를 지탱하고 있는데 이는 폐단이 너무 크다. 앞으로는 군포를 없애는 대신 상업세(商業稅)나 적극적인 전매사업(專賣事業)을 통해 부족한 국가경비를 충당해야 한다.

여기서 유수원은 당시에 가장 큰 사회문제로서 논란이 되어 온 양역(良役)의 폐단과 국가재정의 허갈을 상공세(商工稅)와 여러 가지 전매사업으로 타결해 보자는 의도가 엿보이고 있다.

상공업의 육성은 비단 상공업자의 부의 축적이나 국가수입을 늘리는 효과만 있는 것이 아니라 여유가 있는 부상대고(富商大賈) 또는 부민(富民)들이 지역사회 발전에도 적극적으로 공헌하는 효과를 가져

---

246) 권8 〈論魚鹽征稅〉.

올 수 있다고 믿었다. 유수원은 중국의 경우를 예로 들면서 부자들이 참여할 수 있는 지역개발사업의 구체적 사례를 다음과 같이 들고 있다.[247]

첫째, 축성(築城), 축지(築池) 등 군사적 방위시설을 건설하는 것이다.

둘째, 교량(橋梁)을 건설하거나 도로(道路)를 닦아 크고 작은 수레가 다닐 수 있는 길을 만드는 것이다.

셋째, 마을에 사립학교인 의학(義學)을 세워 어린이들을 가르치는 것이다.

넷째, 지방에 의장(義莊)이라는 재원을 마련하여 빈민(貧民)과 족당(族黨)의 궁핍을 구제하는 것이다.

참고로 위에 든 사례들은 실제로 중국 송나라 시대 이후로 청대에 이르기까지 있었던 사실들이다.

그 밖에 상공업이 육성되면 국가의 세수입(稅收入) 증대를 가져오고, 나아가 경제생활에 필요한 여러 일용품을 풍부하게 생산하고, 그것을 효율적으로 유통시킴으로써 국민 전체의 물질생활을 향상시킬 수 있다. 그의 상공업정책의 기저에서 일관되어 흐르고 있는 의도는 바로 이와 같은 이용후생(利用厚生)이었다.

2. 상업 진흥방법 ── 무허가 상인의 축출

조선 후기에 이르러서는 조선 전기에 견주어 공상(工商)이 괄목할 만큼 발전한 것이 사실이었다. 이런 현상은 15세기 말 지리상의 발

---

247) 권8 〈論商販事理額稅規制〉과 姜萬吉, 앞의 논문, 69쪽 참조.

견 이후 서양의 포르투갈, 스페인, 네덜란드, 영국 등이 인도, 중국, 일본 등과 활발한 동방무역에 착수하면서 촉진된 현상이기도 했다. 우리나라는 서양과 직접 교류는 없었으나, 중국 및 일본의 상공업발달에 영향을 받아 나름대로 국제무역이 종전과 견줄 때 활기를 띤 것이 사실이었다.

유수원 자신도 조선 후기 상공업 및 화폐유통경제의 발달을 잘 알고 있었으며, 바로 그렇기 때문에 상공업에 대한 국가의 정책을 중요하게 생각했던 것이다. 그는 큰 장사꾼 곧 부상대고(富商大賈)가 많다는 사실을 《우서》의 여러 곳에서 설명하고 있다. 그럼에도 그가 상공업의 피폐를 개탄하고 여러 가지 정책을 제시하는 것은 당시의 상공업구조가 합리적으로 짜여 있지 못하고, 특히 국가재정에 큰 도움을 주지 못한다는 점에 있었다. 따라서 그의 관심은 상공업의 양적 확대에만 있는 것이 아니라 그 구조적 개편에 더 큰 관심이 놓여 있었다.

유수원의 상업에 대한 개혁안은 《우서》 권8의 〈논전폐(論錢弊)〉, 〈논상판사리액세규제(論商販事理額稅規制)〉에서 구체적으로 제시하고 있다.

그는 당시의 상업체제의 무질서를 '상법무도(商法無道)'라는 말로 표현했다. 그러면 당시 상업체제의 모순은 어디에 있다고 보았는가? 그는 무엇보다도 국가의 통제권을 벗어난 사상(私商)과 사공(私工)의 자유 상공업활동을 가장 큰 불만으로 생각했다. 예컨대 무허가 상점인 가가(假家)의 소매매상인(小賣買商人), 국가의 허락을 받지 않고 큰 점포를 운영하는 난전상인(亂廛商人), 말 한 필에 물건을 싣고 다니는 단마행상인(單馬行商人), 등에 상품을 지고 다니면서 파는 배담잡화상인(背擔雜貨商人) 등 무허가 상인들을 그는 '상업을 좀먹는 해충'이라고까지 극언했다. 그래서 이러한 무허가 상인들을 모두 없앤 뒤라야

상도(商道)가 세워질 것이라고 단언한다.248)

그러면 그가 그토록 무허가 상업의 폐단을 통박하는 이유는 무엇일까? 그 이유는 다음과 같다. 우선, 가가소판자(假家小販子)의 폐단부터 알아보자.249) 이들은 첫째 상인의 이익을 도둑질한다. 왜냐하면 이들은 시전(市廛) 곧 대시(大市)로부터 곡식, 물고기, 과일, 채소 등 잡물을 받아다가 파는 사람들인데, 소비자들이 이리로 몰려 큰 상점들, 바로 시전에는 소비자들이 오지 않기 때문이다.

둘째, 이들은 시전(市廛)의 법을 어지럽힌다. 이것은 첫째와 중복되는 말인데, 결국 자유소상인들의 상업활동 때문에 국가로부터 허가받고 세금을 바치는 시전의 독점적 상행위가 붕괴된다는 것이다.

셋째, 이들은 곡식을 허비하는 근원이다. 예를 들면, 술장수와 떡장수의 경우를 보자. 큰 거리 작은 거리 할 것 없이 수백, 수천 명의 장수들이 늘어서 있고, 게다가 머리에 이고 다니는 장수가 거리와 집집을 누비고 있는데, 이것을 하나하나 떼어서 생각하면 소량의 곡식을 소비한 것이지만, 전체를 합계하면 하루에 소비되는 양곡이 몇 백 석이 될는지도 모르는 것이다. 그런데 이것이 모두 팔리느냐 하면 그렇지도 않다. 따라서 공연한 식량의 낭비를 가져올 뿐이다. 만약 떡장수와 술장수의 인원을 규제하여 일정한 상점에서만 팔게 한다면 하루에 몇 십 석의 미곡만 들여도 충분히 떡과 술을 공급할 수 있을 것이다.250)

---

248) 권8 〈論商販事理額稅規制〉, 「至於街巷間 凡百假家小買賣 及亂廛之類 與夫單馬行商 背擔雜貨以賣之輩 尤是商業中 蟊蠹蟊蠧之甚 一倂痛禁 然後商道方可成樣 倂令本店捕告 罪以重律可也」.

249) 권8 〈論商販事理額稅規制〉, 「或曰 亂廛固可惡矣 假家小買賣 又何可痛也 答曰 其害尤甚於亂廛矣 一則盜商人之利也 一則亂市廛之法也 一則靡穀食之源也 一則逃公家之稅也 此而不禁商不爲商矣」.

250) 권8 〈論商販事理額稅規制〉, 「試以酒餠言之 大街小巷 羅列餠餌者 不知幾千百處 甚至於頂戴小方般賣餠者 沿門迷街 此雖或造幾斗 或造幾升 合以計之 則一日都中餠米 不知費了幾百石矣 此無盡賣之理 公然虛費 逐日如是 豈非可痛之甚乎 設使餠肆 只有額設幾店 則一店雖日造幾

비단 떡장사나 술장사뿐만 아니라 자유영세상인의 상행위는 대략 이렇게 수요와 공급의 균형을 이루지 못하고 물자의 낭비를 가져오는 폐단이 있다고 그는 보았다.

넷째, 이들은 국가의 세금을 회피한다. 사실 이것이야말로 유수원이 가가상인을 억제하고자 하는 가장 큰 이유의 하나인 것이다. 그리고 이러한 탈세행위는 소상인일수록 많다. 따라서 그가 난전(亂廛)보다도 특히 소규모 행상인(行商人)이나 가가(假家)의 상행위를 배격하는 이유도 여기에 있는 것이다. 따라서 이러한 가가소판자(假家小販子)의 폐단은 난전보다도 더 심하다고 한다.

3. 대상인, 소상인, 노동자의 동업 —— 합과(合夥), 동과(同夥), 용보(傭保)

그러면 무허가 소상인의 폐단을 시정하는 방법은 무엇인가? 그는 그 대안을 상업경영(商業經營)의 합리화와 수세체제(收稅體制)의 합리화라는 두 가지 측면에서 제시하고 있다. 이 문제를 집중적으로 논한 것이 《우서》 권8의 〈논상판사리액세규제(論商販事理額稅規制)〉다.

먼저, 상업경영의 합리화방안으로서 그가 제시하는 것은 소상인과 대상인과의 제휴이다. 양자의 제휴는 두 가지 형태가 있다. 하나는 자본(資本)의 합자이고, 두 번째는 부상(富商)의 자본과 가난한 사람의 노동력이 결합되는 형태이다. 어떠한 형태이든 빈상(貧商) 곧 소상인의 독자적인 영업행위는 용납될 수 없으며 반드시 부상(富商)과 제휴해야 할 것을 그는 주장한다. 이것은 부상만을 옹호하기 위한 것만이 아니고, 빈상 자신의 이익을 증진시키는 길도 된다고 믿었다. 다

十石米 亦必盡賣 豈有虛費空棄之弊哉」.

시 말하자면 양자의 결합은 양쪽에 다 같이 이득을 준다는 것이다. 부상과 빈상과의 관계에 관하여 그는 이렇게 설명한다.

 부상(富商)은 반드시 세약소민(細弱小民)의 힘을 입어야 액점(額店, 국가의 허락을 받은 상점)을 개설할 수 있다. 그가 혼자서 경영할 수는 없는 것이다. 대저 작은 것은 큰 것에 통합되고, 가난한 자는 부자에게 예속되는 것이 사리상 떳떳한 일이다. 그런데 우리나라는 상판(商販)이 제 모습을 갖추지 못하여 부자는 빈자를 부릴 줄 모르고, 빈자는 스스로 매매행위를 한다. 그래서 부자는 이익이 크지 못하고 빈자는 매번 자본을 잃고 만다. 그 원인을 추구해 보면 국가에서 전시(廛市)의 정치를 제대로 못하여 백성들이 자행자지(自行自止)하여 상업의 체통을 이루지 못한 데에 까닭이 있다.251)

여기서 유수원은 "작은 것은 큰 것에 통합되고, 가난한 자는 부자에 예속되는 것이 사리상 떳떳하다"는 주장을 펴고 있다. 이는 매우 파격적인 발상이 아닐 수 없다. 바꿔 말하면 강자를 털어 약자를 먹이자는 분배론적 시각에서 벗어나, 강자와 약자의 제휴와 상부상조의 원리를 제시하고 있기 때문이다. 그리고 이런 시각은 시장경제의 경쟁원리를 인정하면서 강자와 약자가 다 함께 사는 길을 찾자는 것이다.

이렇게 부상과 빈상의 협동을 지지하는 유수원은 각 지역의 부상과 빈상들이 서로 제휴하여 주객(主客)의 연계관계를 맺으면서 연대책임제적인 상업경영을 운영할 때 이것을 '동과(同夥)' 또는 '합과(合夥)'라고 불렀다. 말하자면 동업(同業)이다.

 '합과상업'과 '동과상업'이 같은 것인지 다른 것인지는 확실하지

---

251) 권8 〈論商販事理額稅規制〉.

않다. 아마 동업이라는 면에서는 서로 같지만, 약간의 차이점이 있는 듯하다. 그러면 구체적으로 '합과'나 '동과'는 어떻게 운영되는지 알아보자.

'합과(合夥)'의 경우, 합과상인의 일부가 병사(病死)하는 경우에는 나머지 합과상인들이 그 납세의 의무를 대신하게 한다[252]고 한 것을 보면 합과상업은 납세의 책임을 공동으로 지고 있는 동업체라는 것을 알 수 있는데, 그렇다면 자본도 공동으로 출자되었을 것으로 짐작된다. 말하자면 합자회사(合資會社)인 셈이다.

한편, '동과상인'의 경우는 내부에 점주(店主)와 방객(房客)의 구별이 있어서 점주는 본점(本店)을 경영하고 방객은 외방에 거주하면서 동일품목의 지점(支店)을 경영한다고 한다.[253] 그렇다면 동과상업은 연쇄점(連鎖店)의 성격을 지녔다고 보인다.

동과상업은 모든 물종(物種)에 다 해당되는 것이 아니고 주로 전국적 수요를 가진 내구성상품의 판매에 적합하다고 한다. 예컨대 포백(布帛, 옷감)이나 소금과 같은 상품판매업자에서 가장 전형적인 형태로 상정된 것이었다. 가령, 서울의 큰 포점(布店)이 함경도 함흥(咸興)이나 경성(鏡城), 북청(北靑) 등지의 작은 포점을 동과(同夥)로 만들어 이들을 서울 본점에 등록하고, 지방의 상점에도 서울 포점(布店)의 방객(房客)임을 밝혀준다.[254] 이렇게 되면 서울과 지방의 모든 포점이 국가에 등록되어 세금을 내게 되고, 또 서울과 지방의 포점이 서로 자본을 합치게 됨으로써 경영규모가 확대될 수 있을 것이다. 이 경우 구체적으로 어떻게 이익이 분배되는지에 대해서는 언급이 없으

---

252) 권8 〈論商販事理額稅規制〉, 「每商商人 不可單擧一商印給 宜定同夥幾名 以成合同商引貨票 而授之矣 督稅司驗放司 皆錄同夥姓名 則雖有病死者 自有同夥不患其不爲徵納矣」.

253) 권8 〈論商販事理額稅規制〉, 「以京師言之 編定元額店肆名分房舖旣成 本店店主及坐店同夥 商籍載其名姓 籍貫年歲本房店貨之爲某店 然後編以字號次第 如布店主張一名下 又載其外方同 夥姓名居住籍貫 曰咸興布商韓二 鏡城布商尹三…係本店店房客云云」.

254) 이와 같음.

나, 자본비율에 따르는 방법이 상정될 수 있을 것이다.

다음에 부상(富商)과 빈상(貧商)의 결합형태로서 또 하나 제시된 것은 부상이 대자본을 출자하고, 빈상은 그 점원(店員) 곧 용보(傭保)로 고용되어 상품의 제조·판매를 분업적으로 대행하고, 그 대가로서 일정한 공전(工錢, 품값)을 받는 제도이다.255) 그러니까 이 경우는 자본의 합작이 아니라 자본과 노동력의 합작이라고 할 수 있다.

유수원은 이러한 합작형태의 예를 병점(餠店) 곧 떡가게에서 찾아 설명하고 있다. 가정에서 떡을 만들어 가가(假家)나 행상으로 팔 경우에는 필요 이상의 곡식이 낭비되므로 이를 막기 위해서는 큰 병점(餠店)이 용보(傭保)를 고용하여 이들로 하여금 떡을 만들게 하거나 소판(小販)하게 하고, 이들에게 공전(工錢)을 지급하면 된다는 것이다. 이렇게 하면 주인과 용보가 다 같이 이득을 보고 곡식의 낭비도 사라질 것이다.

여기서 문제가 되는 것은 병점주인(餠店主人)이 할 일이 무엇이냐이다. 떡을 용보가 만들고 판매한다면 병점주인은 무슨 일을 해야 하는가? 유수원은 이에 대해 주인이 직접 병점을 경영할 수도 있고, 그것이 싫으면 문을 닫고 누워서 지내도 좋다고 한다. 다만, 주인은 백금(百金) 또는 천금(千金)의 자본을 투자하여 떡을 만들고 팔 수 있는 가사(家舍)와 장와행각(長窩行閣, 기다란 행각), 그리고 점방(店房)을 만들어야 하며, 용보를 모집해야 한다. 그러니까 떡을 만드는 공간과 떡을 파는 공간을 주인이 제공해야 한다는 것이다. 그리고 주인이 직접 병점을 경영하는 경우에는 손님을 접대하고, 돈을 받고, 장부 즉 재장(財帳)을 정리하고, 월급을 계산하여 공전을 지불하는 일

---

255) 유수원은 이러한 傭保제도의 실례로서 餠店의 主人이 小販子(小賣商人)를 傭保로서 모집하여 떡을 제조 판매케 하고 工錢을 지불하는 경우를 설명하고 있다(권8 〈論商販事理額稅規制〉).

을 맡는다.

비단 떡집만이 아니라 재목(材木)이나 와요(瓦窯, 기와), 의복(衣服), 기명(器皿, 그릇) 등 모든 점포들이 이런 형식으로 운영될 수 있다고 유수원은 말한다. 가령 의복의 경우를 보자. 주인은 소비자의 수요에 따라 물건의 규격을 길고 짧고, 넓고 좁고, 두껍고 얇게 여러 등급으로 나누어 만들고, 각각 그에 맞는 원가(原價)를 정해서 팔 수 있다. 음식과 그릇도 이렇게 할 수 있다, 다만, 의복이 겉은 근사한데 안이 조잡하든지, 음식이 겉은 깨끗한데 속은 더럽다든지 할 경우에는 시장(市長, 시전의 우두머리)에게 고발하거나 관부(官府)에 소송하여 벌을 주어야 한다. 아주 심한 경우에는 점포를 폐쇄할 수 있다. 말하자면 불량상품은 처벌해야 한다는 것이다. 유수원은 이런 제도야말로 《주례(周禮)》에서 말하는 전인지법(廛人之法)이라고 한다.

위 제도는 물품의 제조와 판매를 신속히 할 뿐 아니라 물자의 낭비를 막고 점주(店主)와 용보(傭保)가 다 같이 이득을 보는 제도라고 한다.256) 합과상업과 이 제도와의 차이점은 전자가 순수한 판매를 위주로 하는 상업형태인 것과 달리 후자는 부상이 상품생산 및 판매상의 경영주 또는 투자자가 되고, 빈상이 임금노동자 내지는 소생산자로서 결합되는 형태라고 할 수 있다.257) 또 후자는 포목(布木)처

256) 권8 〈論商販事理額稅規制〉, 「賣不淹時日 費省利厚 主客俱便 何可吝惜工錢 不役小販乎」.
257) 강만길 교수는 합과상업이 순전히 유수원의 상업정책이라기보다는 당시의 현실적인 상업체제의 반영으로 보고 있으며, 합과상업에는 ①小商人의 合資로서 경영되는 대규모 상업형태, ②大商人과 小商人이 결합하되 大商人의 주도 밑에 대규모로 조직적인 상업을 경영하는 형태, ③大商人이 소생산자층을 고용하여 상품을 自造하는 형태가 있는 것으로 분석한 다음에 이 세 가지 형태는 시기적으로 ①,②에서 ③의 형태로 변천되어 갔다고 보아 합과상업 자체가 3단계로 발전한 것으로 추정하였다(강만길, 앞의 논문, 1971). 매우 흥미 있는 견해라고 생각되나, 합과상업 자체가 과연 현실적으로 존재하였으며, 그것이 과연 시기적으로 ①,②,③의 순서로 발전된 것인지, 그리고 용보제(傭保制)와 합과상업을 동일시할 수 있는지에 대해서는 앞으로 더 많은 연구가 필요할 것이다.

럼 전국적인 수요를 지닌 내구성 상품이 아니라 지역적인 수요를 지닌 소비재상품이라고 할 수 있으며, 제조와 판매가 병행되는 상품이라고 할 수 있다. 그래서 옷이나, 떡, 기와, 건축자재, 술, 그릇 등에 적합한 것이다.

유수원은 이와 같이 상업의 대형화와 협동화를 주장하면서 다른 한편으로는 우리나라 사람들의 소비형태에 대해서도 비판을 가했다. 가령 연회나 제사 때의 음식을 보면 지나치게 많은 음식을 차려 놓고 이를 다 소비하지 못하여 남는 음식을 친척이나 이웃에게 나누어 주는데 이 때문에 물자를 낭비하는 폐단이 있다고 한다.

중국의 경우를 보면 그렇지 않다. 음식을 시장에서 사다가 한 가지 음식을 먹고 난 다음에 다음 음식을 제공하므로 쓸데없는 낭비가 없고 비용도 저렴하다는 것이다. 다시 말해, 음식을 너무 자급자족하려고 하지 말고 필요한 음식을 사서 먹는 방법을 강구하고, 음식을 서비스할 때에도 한꺼번에 모든 음식을 제공하여 다 먹지 않고 버리는 습관을 고쳐야 한다는 것이다. 참고로, 이러한 논란은 요즘에도 일어나고 있다.

4. 상설시장, 도시형성, 수세강화

유수원은 상업경영 합리화와 성업진흥에 대한 방안으로서 위에 소개한 합과상업(合夥商業)과 동과상업(同夥商業) 이외에도 지방에서의 상설시장(常設市場)과 도시형성(都市形成)의 필요성을 제기하고 있다. 합과상업과 동과상업은 주로 서울과 지방의 대도시를 염두에 두고 제시한 것이므로 지방 중소도시의 상업은 별도의 대책이 필요하다고 본 것이다.

당시 지방의 군읍(郡邑)에서는 5일마다 정기적으로 열리는 장시(場市)가 있었다. 그러나 장시만으로는 지방상업이 발달할 수 없다고 그는 보았다. 물론, 지방이라 하더라도 평양(平壤)이나 전주(全州), 개성(開城) 등 대도시에는 상설시장(常設市場)이 있었다. 이것이 곧 지방에서의 시전(市廛)이다.

유수원은 대도시뿐 아니라 작은 군읍(郡邑)이라도 교역이 활발하고 경제성이 높은 곳에는 상설시장이 개설되어야 한다고 믿었다. 실제로 상도(商道)가 세워지면 돈 많은 상인들이 지방의 읍내로 달려가서 허가받은 상점인 액점(額店)을 세우게 될 것이라고 주장했다. 여기서 상도(商道)라 함은 액점상인들이 가진 금난전권(禁難廛權)을 말한다. 즉 지방상인들에게도 서울의 시전상인과 마찬가지로 난전(亂廛)을 막을 권리를 주어야 독점적 이익이 보장되어 상설시장을 개설하게 될 것이라는 것이다.

지방상업이 발달할 필요성은 지방재정의 측면에서도 절실하다고 보았다. 지방의 액점(額店)에서 수세(收稅)를 할 경우에는 국가재정이 충실해지고 이것이 지방운영에 도움을 주어 가난한 세민(細民)들이나 백성(百姓)과 이노(吏奴)들을 닦달하지 않게 될 것이기 때문이다. 그의 말을 들어보자.

오늘의 주현(州縣)은 용도(用度, 비용)가 매우 많은데 그것은 읍내에 공상(工商)이 없기 때문이다. 백성들이 공억(供億)을 감당하지 못하는 것도 여기에 원인이 있고, 세민(細民)들이 요판(料販)으로 호구(糊口)하지 못하는 것도 이 까닭이다. 이노(吏奴)들이 가난하여 생활을 지탱하지 못하는 것도 이 때문이다. 사민(四民)들이 각기 제 업무에 힘쓰고 상판(商販)이 크게 일어나면 읍내에 반드시 전사(廛肆, 상점)들이 생겨나게 될 것이다.258)

공상의 부진이 결국 가난한 백성과 아전과 관노비들에게 피해를 가져온다는 것이다. 그러면, 재정수입을 늘이는 구체적 방안은 무엇인가? 우선, 상공업이 육성되어야 세원(稅源)이 확보된다는 것은 앞에서 이미 설명한 바와 같다. 그런데 여기서 한 걸음 더 나아가 세금을 거두는 구체적 방법을 유수원은 다음과 같이 제시하고 있다.

첫째, 인표제도(引票制度)를 도입하는 것이 필요하다. 인표는 정부에서 상인에게 발행한 허가증을 말하는데, 자본량에 따라 인표의 수가 달라진다. 따라서 부상(富商)은 많은 인표를 가지고 그만큼 상업활동을 활발하게 할 수 있으며, 인표의 양만큼 상업세(商業稅)를 바쳐야 한다. 반대로 빈상(貧商)은 인표를 많이 가질 수 없고, 따라서 세금도 적게 낼 것이다. 그렇지만, 빈상이 부상과 동과상업(同夥商業)을 할 경우에는 사정이 달라질 것이다.

둘째, 수세(收稅)를 담당하는 정부기관을 늘려야 한다. 예를 들어 세과사(稅課司), 독세사(督稅司), 험방사(驗放司)를 설치할 필요가 있다. 먼저 세과사는 세금부과를 맡은 기관으로서 호조에 소속되며, 개성(開城), 평양(平壤), 전주(全州), 대구(大邱), 함흥(咸興) 등 8도의 주요 주요도시에 설치한다. 세과사는 이들 지역의 상인들에게 특정상품에 대한 인표(引票)를 발급하여 상업세를 매기는 일을 한다.

다음에 독세사(督稅司)는 세금을 거둬들이는 징세기관으로서 위에 소개한 여러 지역에서 구체적으로 상업세를 징수하는 일을 맡는다. 역시 호조에 속한다. 예를 들면, 전주의 생강상(生薑商)이 생강을 가지고 평양에 가서 팔았다고 하자. 이 경우 전주 세과사는 상인에게 생강인표(生薑引票)를 주고, 이 사실을 호조에 보고한다. 상인은 인표를 가지고 평양에 가서 하나는 평양 세과사에 반납하고, 다른 하나는 독세사에 반납하면서 동시에 세금을 낸다. 평양 독세사는 이렇게

---

258) 권7 〈論外方派支公費〉.

받은 세금을 연말에 호조에 납부한다.259)

  셋째로, 험방사(驗放司)는 무엇을 하는 곳인가? 이것도 역시 호조에
속하며, 세정(稅政)의 부정을 감독하는 기관이다. 예를 들어 인표(引票)
를 받은 상인이 상품을 팔고 나서 세금을 납부하지 않을 경우, 호조
는 해당관청에 시달하여 탈세상인의 상품을 몰수하고, 상적(商籍)에서
제거하여 상행위를 할 수 없게 하며, 험방사는 호조의 지시에 따라
그 상인의 동과(同夥)에게도 인표를 발급하지 않게 하는 한편 다른
상인들로 하여금 탈세상인을 고발하게 해야 한다는 것이다.260)

  요컨대 유수원의 상업정책의 핵심은 무허가 소상인의 활동을 금
지하여 그들을 대상인과 제휴케 함으로써 부상과 빈상에게 다 같이
이득을 가져다주게 하고, 부상에 의한 지역사회의 개발을 촉진하며,
또한 국가의 세금수취를 늘리자는 데 초점이 놓여 있는 것이라 하
겠다.

5. 화폐정책의 개선

  상업경제의 육성과 화폐는 불가분의 관계가 있음은 두말할 필요
가 없다. 유수원은 화폐문제에 관한 논의를 따로 제시했는데, 그것
이 《우서》 권8의 〈논전폐(論錢弊)〉이다. 그 요지는 다음과 같다.

  우선 "화폐는 천하의 공폐(公幣)이자 공물(公物)이므로, 그 법을 마
련할 당초에 천하를 위해 지극히 공정하게 마음을 가져야만 비로소
폐단 없이 시행될 수 있다"는 전제 아래 유수원은 화폐문제를 제기
하고 있다. 그러니까 화폐의 기능을 일단 긍정적으로 바라보고 문제

---

259) 권8 〈論商販事理額稅規制〉.
260) 위와 같음.

를 제기하고 있다. 그리고 화폐가 공정하고 원만하게 유통되어야 상
공업이 발달할 수 있다는 것을 인정하고 있다.

그런데, 당시의 화폐는 여러 가지 폐단이 있었다. 유수원은 그 폐
단은 화폐경제 자체의 폐단이 아니라, 화폐의 유통구조와 화폐의 질
적인 문제에서 찾고 있다.

첫째, 화폐가 군문(軍門)이나 지방의 영진(營鎭) 그리고 부상대고(富
商大賈)의 손에 비축되어 있어서 시중에는 돈이 돌고 있지 못하다.
이를 전황(錢荒)이라고 하는데, 이것이 큰 문제이다.

둘째, 돈을 많이 가진 사람들이 상공업에 투자하지 않고, 땅과 노
복(奴僕)을 사들이거나, 돈놀이로 이용하기 때문에 상공업발달에 도움
을 주지 못하고 있다는 것이다. 말하자면 화폐가 부동산 매입이나
고리대로 이용되고 있을 뿐 제조업이나 유통업에는 투자되지 않고
있다는 것이다.

셋째, 국가에 돈을 전문적으로 관리하는 관청이 없고, 돈에 관한
전법(錢法)이 없다. 그래서 돈의 크기, 두께, 무게, 그리고 성분 등을
규제하지 않아, 규격과 무게가 다른 저질화폐(低質貨幣)가 마구 유통
되고 있으며, 국가재정이 허갈할 때 새 돈을 마구잡이로 주조해 낸
다. 그러므로 화폐의 순기능(順機能)과 공신력(公信力)이 서지 않는다.
국가는 해마다 일정한 양의 화폐를 주조하여 유통시켜야 전황(錢荒)
을 구하고 나아가 악전(惡錢)을 바꾸어 줄 수 있는데 그렇지가 못하
다. 여기에 개인이 몰래 돈을 사주(私鑄)해도 이를 막지 않고 있어
돈의 가치가 더욱 떨어지고 유통경제를 혼란시키고 있다는 것이다.

그러면 이런 문제를 해결하기 위한 방안은 무엇인가? 유수원의 대
책은 다음과 같다.

첫째, 상공업을 천하게 보는 풍속을 바꿔야 부자들이 몰래 숨어서
부동산이나 고리대로 화폐를 이용하는 것을 막을 수 있고, 떳떳하게

화폐를 상공업에 투자하는 분위기를 만들어줄 수 있다. 그러면 부자들이 동과(同夥)를 모집하거나 점포를 열어 상업이 크게 성장하게 될 것이고, 돈의 흐름이 원만해질 것이다.

둘째, 군문(軍門)이나 영진(營鎭)이 돈을 비축하지 못하도록 제도를 바꿔야 한다. 당시 군문과 영진 등 군사기관이 주로 화폐를 발행하고, 이를 군비(軍費)로만 쓰는 것이 아니라 집권당파(執權黨派)의 정치자금으로도 쓰이고 있었던 것이다. 유수원은 이러한 군문과 영진의 영리행위를 막고, 여기서 필요로 하는 비용과 물품은 병조에서 지급해야 한다고 주장한다.

셋째, 돈을 전문적으로 관리하는 국(局)을 설치하고, 전법(錢法)을 만들어 돈의 크기와 두께, 무게, 성분 등을 일정하게 규제해야 한다. 화폐를 주조하는 데는 숯과 공비(工費)를 아끼지 말고 좋은 돈을 만드는데 총력을 기울여야 한다. 그리고 국가가 해마다 일정량의 새 돈을 주조하여 유통시키고 질이 나쁜 시중의 악화(惡貨)를 관전(官錢)으로 수시로 바꿔줘야 한다. 그래야 양화(良貨)가 유통되고 악화(惡貨)가 구축되며 돈의 공신력과 가치가 바로 서게 될 것이다.

넷째, 개인이 사사로이 돈을 주조하는 사주(私鑄)는 엄금해야 한다. 사주를 막는 방법은 법으로만 금하는데 머무르지 말고, 질 좋은 관전(官錢)을 만들어 적극적으로 유통시키고 악전을 교환하는 데서 가능하다.

이상과 같은 유수원의 화폐론은 화폐와 화폐경제의 중요성을 충분히 인식하면서 화폐와 유통경제의 수준을 높이려는 것으로 볼 수 있다. 그리고 유수원과 동시기에 살았던 정상기(鄭尙驥)나 이익(李瀷) 등과 같은 근기남인(近畿南人) 학자들이 화폐 자체를 부정적으로 바라본 것과는 상당한 시각의 차이를 보이고 있다.[261] 당시 농촌지식인

---

261) 정상기와 이익의 부정적 화폐론에 관해서는 원유한, 〈조선 후기 화폐유통구조 개

들은 화폐가 농촌수탈의 도구로 보였기 때문에 주로 그 역기능을 지적했던 것인데, 유수원은 유통경제의 중심지인 서울의 도시적 분위기에서 살았기 때문에 화폐의 순기능을 이해했던 것이다.

6. 일인일직(一人一職)과 임노동자[閑民]의 필요

유수원의 신분개혁사상은 앞에서 설명한 것처럼 양인(良人)과 노비(奴婢)를 가르는 이원적 신분제를 기저로 하고, 양인은 다시 능력에 따라 사·농·공·상의 사민(四民)으로 직업적 전문화를 이루자는 것으로 집약할 수 있다. 그런데 그가 말하는 사민의 분업이라는 것은 1인의 농민이 농사에 관계되는 모든 일을 수행하고, 1인의 상인과 1인의 공장(工匠)이 상업과 수공업에 관련되는 모든 일을 담당해야 된다는 뜻은 아니다.

가령 농업이라 하더라도 순수한 농사와 양잠(養蠶)과 목축(牧畜)의 구별이 있으며, 농사에는 또한 논농사와 밭농사의 구별이 있고, 논농사에서도 씨뿌리기, 김매기, 두엄 내기, 곡식 털기, 곡식 운반하기 등의 여러 세분된 작업영역이 있다. 이러한 모든 작업영역을 한 사람의 농부가 겸행할 수는 없는 것이며, 또 그렇게 하는 것은 결코 직업의 전문화가 아니라는 것이다.

유수원이 말하는 직업의 전문화는 '일인일직(一人一職)[262]'을 말한다. 즉 돼지를 기르는 사람은 돼지만 기르고, 닭이나 기타 가축은 기르지 아니하며, 포점(布店)을 하는 상인은 포백(布帛)만 팔고 다른 물품은 팔지 않는다는 식으로 한층 세분화한 직업의 전문화를 의미하는

선론의 일면 ─ 유수원의 현실적 화폐론을 중심으로),《역사학보》56집, 1972 참고.
262) 권9〈論閑民〉,「一人有一人之職 一人失其職 則一事缺」.

것이다.

우리나라에서는 한 사람이 이렇게 한 가지 일에 세심하게 전념하지 않고 여러 가지 일을 겸행하기 때문에 일이 정세(精細)하지 못하고, 전념함이 정세하지 못하기 때문에 소업(所業)이 전문화하지 못하며, 소업이 전문화하지 못하기 때문에 이득이 부족하여 남을 고용하거나 생활물자를 사들이지 못한다는 것이다.263)

만일 사민(四民)의 직업적 전문화가 이렇듯 '일인일직'의 규모로 이루어진다고 가정하면 사민의 손이 도저히 미치지 못하는 잡다한 작업영역이 남는다. 이러한 잡역(雜役)을 거들어주는 사람이 없으면 사민은 자기 직업에 전념할 수 없는 것이다. 여기에서 일정한 상직(常職)이 없이 백 가지 잡역을 수시로 거들어주면서 '수치위생(受値爲生)' 곧 '임금을 받고 사는' 임금노동자의 존재가 필요하게 된다. 그리하여 이처럼 임금을 받고 잡역을 거들어 주면서 살아가는 사람을 유수원은 '한민(閑民)'이라고 불렀다. 그는 《우서》 권9의 〈논한민(論閑民)〉에서 이 문제를 집중적으로 거론하고 있다.

본래 한민(閑民)이란 《주례(周禮)》의 구직(九職) 가운데 아홉 번째에 해당되는 직업인을 말한다. 《주례》에 따르면, "한민(閑民)은 상직(常職)이 없고 … 전이집사(轉移執事, 굴러다니면서 일을 맡음)한다. 즉 용임(傭賃)으로 공작(工作)하는 사람"264)이라고 한다. 이들은 '무의개걸지류(無依丐乞之類)'로도 불린다. 곧 의탁할 곳이 없이 돌아다니는 무산걸인(無産乞人)을 의미한다. 유수원이 이러한 자유임노동자를 '한민'이라고 부른 것은 《주례》의 '한민'에서 시사를 얻은 것이다.

그러면 우리나라에서는 이러한 임노동자가 있는가? 유수원에 따르

---

263) 권9 〈論閑民〉, 「東人凡事 麤疎 不曾細心經理 故治生亦不能專一精細 旣不能專一精細 故所業不專 不專故所得不足以雇人買物」.
264) 권9 〈論閑民〉.

면 우리나라에서는 백 가지 잡역(雜役)을 주로 노비(奴婢)와 고공(雇工,
머슴)에게 의뢰하고 있다. 그렇지만 그들의 손이 못 미치는 일이 많
고, 노비와 고공을 먹이고 입히는 데 소비되는 비용이 너무 많다.[265]
그래서 임노동자가 필요하다.

그런데, 우리나라에는 일정한 직업이 없이 떠돌아다니는 사람들이
사실은 많다. 예를 들면 '걸인'(乞人, 거지)이나 '한유지도(閑遊之徒)' 또
는 '향도계(香徒禊, 상두꾼)'라고 불리는 부류가 그렇다. 그런데 우리
는 이들을 무용지물로 생각하고 '한민'으로서 고용할 줄을 모른다고
유수원은 개탄한다.

중국은 우리와 다르다. 중국에도 우리의 '향도계'와 비슷한 '화자
단(化子團)'이라는 것이 있는데, 그들은 경향각지를 돌아다니면서 공
가(公家, 관청)의 심부름과 축성(築城) 등의 일에서부터 민간에서 길흉
행사에 필요한 여러 잡역, 이를테면 상여 메기, 무덤 파기 등의 일
과 그 밖에 두렁 파기, 차 끌기, 집짓기, 우물 파기, 교자(轎子) 메기,
이엉 짜기, 울타리 고치기, 벼 베기, 타곡(打穀)하기, 기와 굽기, 눈
치우기 등의 온갖 일을 담당한다는 것이다. 그래서 이들의 노동은
한 달 걸릴 일을 수일 만에 마치고, 10여 명의 노(奴)가 할 일을 몇
전(錢)으로 대신한다. 따라서 노비나 고공을 많이 거느릴 필요가 없
고, 이웃 동리사람들의 노동력을 빌려서 서로 농사일을 방해할 필요
도 없다는 것이다.[266]

만약, 사민의 분업이 이루어져서 공상이 발달하게 된다면, 우리나

---

265) 권9 〈論閑民〉, 「我國人 惟賴奴婢雇工 幹當百務 然猶有不逮苟簡之患矣 非但苟簡 又有浮費
   之患 衣食率畜其費甚巨故也」.
266) 권9 〈論閑民〉, 「自古 中國所謂化子團頭 卽我東之乞人也 此輩皆有統率之人 自成凡百坊局
   有同我所謂香徒禊 勿論京都與窮僻鄕邑 無處無之 凡公家百役使喚以至於築城等事 皆此輩爲
   之 至於閭巷間 吉凶凡事 行喪造墳 開渠築堤 修治農田 驅車造宅…等零瑣百務 皆出此輩 故一
   月之工 數日而畢 十奴之役 數錢而代 未嘗廣畜奴婢雇工 以費衣食也 未嘗借貸隣里 互妨農務
   也」.

라의 경향(京鄕)에 산재해 있는 무산한민(無産閑民)들은 결코 생계를
염려할 필요가 없게 될 것이다. 그들은 상인의 용보(傭保)가 될 수도
있고, 땔나무를 해서 팔 수도 있고, 상인의 장부를 정리해 주고 돈
을 계산해 주어 대가를 받을 수도 있고, 수레를 끌거나 화물을 날라
주면서 품삯을 받을 수도 있고, 목점(木店)을 개설하여 집짓기를 도
와줄 수도 있을 것이다. 그들의 작업영역은 무한히 넓어질 것이요,
또 사민은 수입이 늘어나서 이들을 얼마든지 고용할 수 있을 것이
라고 그는 전망한다.[267)

요컨대 유수원이 사민(四民) 이외의 한민(閑民)의 설정을 주장한 것
은, 당시에 양인계층분화로써 생겨난 무수한 몰락양인, 즉 무산무업
(無産無業) 농민들을 자유임노동자로 전환시킴으로써 그들의 생계를
터 주어 실업자(失業者)를 없게 하고, 노비·고공에 의한 불합리한 고
역제(雇役制)를 점차적으로 해소시키며, 동시에 농·상·공의 발전을 측
면에서 지원해 주려고 한 데에 목적이 있다고 하겠다.

사실 조선 후기에는 이러한 임노동자층이 상당한 정도로 성장하
고 있었는데 유수원은 이를 더욱 확대하고자 하는 데 뜻이 있었다
고 할 수 있다.

7. 공장(工匠)의 개혁

상업이 발달하면 물품을 제조하는 수공업도 자연히 발달하게 된
다는 것이 유수원의 지론이다. 그런데 수공업을 담당하는 공장(工匠)

---

267) 권1 〈總論四民〉 가운데 〈附金相埼甲申上疏〉, 「或曰 好子所論 工商盛行 則鄕曲閑遊之徒
雖無田土不得佃作 亦可有食糊口食力之道乎 答曰 店肆漸廣 販賣日盛 則或庸保而食之 或負薪
而賣之 或書子算計受直而食 或驅車擔貨 遞受脚價 或開設本店 贊人造屋 此等食力之道 不患其
不廣矣」.

에 대한 국가의 관리와 세금제도가 확립되어 있지 않은 것을 유수원은 큰 문제로 보았다. 유수원은 권10의 〈논공장(論工匠)〉에서 이 문제를 집중적으로 논하고 있다.

유수원에 따르면, 서울과 지방의 모든 공장(工匠)은 공조(工曹)에 이름을 등록하고 험첩(驗帖)을 교부받은 뒤에 세금을 납부해야 한다. 공장은 반(班)을 구성하여 교대로 1년에 몇 달 동안 관청에 입역(立役)하게 하고, 입역하는 동안에는 날짜를 계산해서 식비(食費)와 품삯을 지급한다. 그 대신 공장은 하루에 1전 몇 푼씩 공세(工稅)를 국가에 바쳐야 하며, 공조는 이를 공공비용에 충당한다. 한편, 공장은 평소에는 자유롭게 수공업에 종사하면서 매년 공세(工稅)를 국가에 바친다.

만약 공장이 세금을 피하기 위해 공조에 등록하지 않을 경우에는 다른 사람으로 하여금 고발하도록 한다. 그리하여 탈루자가 적발되면 세금을 탈루한 죄를 물어 먼 지방으로 유배를 보내야 한다. 즉 익세원배(匿稅遠配)의 율(律)로 처벌해야 한다. 그리고 공장으로부터 배상금인 속전(贖錢)을 징수하여 고발한 사람에게 주도록 한다.

당시의 문제점은 공장들이 가포(價布, 베)를 국가에 바칠 때 반드시 봉족(奉足)을 붙여 독징(督徵)하고 있다는 것이다. 공장에게 봉족(奉足)을 붙이는 것은 군사들에게 봉족 곧 군보(軍保)를 붙이는 것과 마찬가지로 일종의 국역제도(國役制度)로서 매우 번잡한 폐단이 있다. 또, 각 지방에서는 수령들이 공조에 보고하지 않고 사사로이 공장들에게 돈이나 베를 징수하여 사용(私用)하고 있는 것도 문제라고 본다.

따라서 유수원은 이런 폐단을 모두 없애고, 공장을 국가가 직접 관리하면서 적절한 품값을 주고 세금을 수취하는 것이 공장과 국가에 모두 유리하다고 보는 것이다.

제
8
장

재정개혁

제8장 재정개혁
─ 균역을 통한 세원확대와 지출문제

1. 균역을 통한 세원(稅源) 확대
─ 군포(軍布) 혁파, 정전사산(丁田事産) 세금

　유수원 개혁사상의 목표는 국부(國富)와 민안(民安)으로 집약된다. 그런데 민안을 위해서 국부(國富)의 증강이 절대 필요하다고 믿었다. 국부는 곧 국가수입의 증대를 의미한다. 국가재정수입의 확대를 통해 국가를 운영하면 백성들에 대한 무원칙한 탐학이 없어져 민안(民安)이 비로소 달성될 수 있을 것으로 믿었다. 유수원 개혁안의 핵심은 말하자면 철저한 재무국가(財務國家)의 건설에 있었다고 할 수 있다. 이는 종전의 국역(國役)과 법외(法外)의 자의적 수취에 따른 국가운영과는 성격이 다른 것이다.

　그런데, 국가수입의 증대는 거꾸로 백성들의 생활이 안정되어야 가능한 일로 믿었다. 그래서 사민분업(四民分業)에 따른 경제발전과 경제구조의 개혁을 추구했던 것이다. 즉 사농공상(士農工商)이 제각기 본업을 갖게 되면 자연히 농상공업(農商工業)이 발달하여 민생이 향상되고, 민생이 안정되면 국가에 대한 세금부담 능력도 커진다고 기대했던 것이다.

　그러면 세금제도는 어떻게 개선되어야 하는가? 유수원은 자기시대의 가장 잘못된 세금을 군포(軍布)로 보았다. 군포는 고금에 없는 제도로서 백성의 처지에서도 가장 부담스럽고, 국가의 처지에서도 60만 필 정도의 적은 군포수입에 크게 의존하여 국가를 운영하는 것은 너무 빈약하고 비정상적인 것으로 보았다. 그의 말을 들어보자.

군졸(軍卒)에게서 징포(徵布)하는 것은 무슨 정치의 법도인가. 대저 한 나라의 1년 경비가 60만 필(匹)의 군포에만 의존하고 있다니, 국계(國計)가 위태하다 하겠다. 모든 폐해가 이로 말미암아 나오고 있으니, 이들을 모두 쓸어버리고 민역(民役)을 크게 균등하게 한다면, 한 나라의 정전(丁錢), 세과(稅課)를 가지고도 경비에 부족할 리가 있겠는가.268)

유수원은 군제개혁(軍制改革)을 논한 〈논군제(論軍制)〉에서도 "군포를 거두는 것은 고금에 없는 제도"라고 맹렬하게 비판하면서 그 철폐를 거듭 주장했다.269) 그는 나아가 "군보(軍保)에게 포(布)를 거두는 제도는 고금에 없는 법으로서, 그 폐해가 이미 대단히 위태로운 지경에 이르렀다"270)고 거듭거듭 비판했다.

유수원은 군포를 2필에서 1필로 절감한 영조 27년(1751)의 균역법(均役法)이 아직 시행되기 이전 상태에서 군역(軍役)의 문제점을 지적했기 때문에 유수원이 염려하는 문제점이 균역법에 따라서 어느 정도 시정되었다고도 생각할 수 있다. 그러나 유수원이 균역법을 알았다 하더라도 아마 이에 만족하지는 않았을 것으로 보인다. 왜냐하면 균역법에서는 군포를 2필에서 1필로 감하는 데 지나지 않았지 군포 자체를 근본적으로 없앤 것이 아니기 때문이다. 또 군역법에서는 군

---

268) 권7 〈論免稅保率之類〉.
269) 권9 〈論軍制〉.
270) 권8 〈論魚鹽征稅〉.

포를 줄이는 대신 결전(結錢) 또는 결미(結米)와 어염선세(魚鹽船稅)를 추가하여 세원을 확대하는 조치를 취했지만, 유수원이 제기한 정전(丁錢)이나 균요전(均徭錢) 같은 것은 만들지 않았기 때문이다.

그렇지만, 균역법은 상당부분 유수원의 개혁안을 받아들인 측면도 없지 않다. 특히 결전(結錢) 또는 결미(結米)의 신설은 유수원이 제시한 균요미(均徭米)와 유사한 점이 있기 때문이다. 이 점에 대해서는 뒤에 다시 검토할 것이다.

유수원의 군역에 대한 개혁안은 보인(保人)이 내는 군포(軍布)에 의지하여 군대가 유지되는 제도 자체를 전면적으로 부정하고 있다. 다시 말해 보인제도(保人制度) 자체를 없애고, 군대는 전적으로 국가의 세금으로 유지되어야 한다고 보았다. 그런데 군대를 세금으로 유지하려면 군포를 대신할 만한 다른 세원(稅源)이 있어야 하는 것이다. 이에 대한 대안으로 제시한 것이 바로 새로운 호구법(戶口法)을 통해서 부과되는 정(丁), 전(田), 사(事), 산(産)에 대한 세금부과이다.

유수원이 새로운 호구격식(戶口格式)으로 가호(家戶)마다 정(丁), 전(田), 사(事), 산(産)을 세밀하게 기록하자고 한 것은 바로 인정(人丁), 토지(土地), 직업(職業), 재산(財産)에 대한 세금제도의 확립을 염두에 둔 것이었다. 이제 이를 구체적으로 살펴보면 다음과 같다.

1) 호세(戶稅) ── 균요미(均徭米) 신설

원래 가호(家戶)를 대상으로 하는 세(稅)는 토산물을 바치는 공납(貢納)이었다. 그러나 방납(防納)의 폐단이 생기자 조선 후기에 이르러 공납을 대동법(大同法)으로 바꾸어 1결당 12두의 대동미(大同米)를 내게 했는데, 그 결과 공납이 전세(田稅)로 바뀌었던 것이다.

유수원은 대동미(大同米)는 그대로 두고, 따로 가호마다 호세(戶稅)

를 부과해야 한다고 주장했는데, 이것이 균요미로서 1결당 5두를 받아야 한다고 생각했다.[271] 말하자면 종전에 없던 새로운 세금이 추가된 것이다. 만약 전국의 토지를 140만 결로 추산하고 그것이 모두 수세지(收稅地)로 된다면, 균요미는 약 70만 석이 될 것이다.

유수원이 제안하는 균요미는 신분의 높고 낮음을 가리지 않고 누구나 가호(家戶)를 가진 이는 반드시 내야 하는 의무세였다. 균요(均徭)라는 말도 '군역을 고르게 부담한다'는 뜻이 담긴 것이다. 그리고 균요미는 토지를 기준으로 부과되기 때문에 결과적으로 이 법이 시행된다면 토지를 많이 가진 부자의 부담은 크게 늘어날 것이고, 토지가 적은 백성들의 부담은 자연히 종전보다 훨씬 줄어들 것이다. 이렇게 되어야 비로소 균역(均役)이 이루어진다고 본 것이다.

유수원이 제시한 균요미는 균역법(均役法)이 시행되면서 줄어든 군포수입을 보충하기 위해 결전(結錢) 혹은 결미(結米)라는 이름으로서 1결당 2두를 수취한 것과 유사한 면이 있다. 그런 점에서 유수원의 주장이 균역법 성립에 상당한 영향을 주었을 것으로 추측된다. 다만, 2두의 결미(結米)보다 유수원이 제시한 5두의 균요미는 더 무거운 차이가 발견될 뿐이다.

2) 정세(丁稅) ── 정전(丁錢)과 노비의 균요전(均徭錢)

남자로서 16세 이상 60세 이하의 장정(壯丁)을 정(丁)으로 부르고 이들에게 군역(軍役)과 요역(徭役)을 지우는 것은 오랜 관행이었다. 군포(軍布)도 바로 이들이 내는 세금이었던 것이다.

그런데 유수원은 군포를 없애는 대신 모든 가호(家戶)마다 균요미(均徭米)를 받아야 할 뿐 아니라, 모든 장정에게 인두세(人頭稅)로서 정

---

271) 권6 〈論官司造冊則例〉 및 〈論均徭田賦事宜〉.

전(丁錢)을 더 부과해야 한다고 주장했다.272) 따라서 군포(軍布)를 감해 주는 균역법을 알았다 하더라도 유수원은 여기에 만족하지 않았을 것으로 보인다.

유수원은 정전(丁錢)의 액수에 대해서는 명확하게 말하지 않았으나, 중국의 경우는 장정마다 1년에 5~6전(錢)을 받았다고 하여 대략 이를 표준으로 생각하고 있다.273)

정전(丁錢)은 신분의 높고 낮음을 가리지 않고 누구나 장정이 되면 내야 한다. 심지어 공신(功臣)의 자손들도 적장자손(嫡長子孫)을 제외하고는 모두 정전을 내야 하며,274) 임금의 종친(宗親)도 친진(親盡), 곧 4대가 내려가면 정전을 내야 하고, 임금의 외척(外戚)이나 부마(駙馬)들도 친진하면 모두 정전을 내야 한다. 하물며 일반 관료들의 자손들이야 말할 필요도 없다.275) 정전이 면제되는 사람은 오직 학교에 적을 두고 있는 생원(生員)이나 정군(正軍, 현역병), 인리(人吏)뿐이다.276) 만약 모든 장정이 정전을 낸다고 가정하면, 그 수입은 만만치 않은 액수가 될 것이다. 가령 전국의 장정을 100만 명 정도로 추산한다면 정전의 총액은 100만 전(錢)이 되는 셈이다.

정전은 신분의 고하를 따지지 않으므로 사노비(私奴婢) 가운데 외거노(外居奴)의 경우에도 내야 한다고 주장한다. 외거노도 일반 양인(良人)과 똑같은 정전을 지워야 균역이 이루어진다는 것이다. 그러니까 유수원이 주장하는 균역은 양반뿐 아니라 사노비에게도 부담을 지우자는 뜻을 지니고 있다.

유수원은 정전 이외에도 사노비로부터 균요전(均徭錢)을 또 받아야

---

272) 권9 〈論軍制〉.
273) 권6 〈論官司造冊則例〉.
274) 권10 〈論勳裔〉.
275) 위와 같음.
276) 권6 〈論官司造冊則例〉.

한다고 주장했다. 다만, 균요전(均徭錢)은 노비의 주인이 내야 하며, 외거노 1구당 5문(文)의 액수가 합당하다고 생각했다. 정전의 10분의 1에 해당하는 액수다. 그러니까 국가는 외거노로부터 5전의 정전(丁錢)을 받고, 그 주인으로부터 5문의 균요전(均徭錢)을 또 받는 셈이 된다. 이렇게 되면 노비를 가진 상전 곧 양반의 부담은 옛날보다 한층 더 무거운 부담을 지게 될 것이다. 유수원은 그래야 균역(均役)이 이루어지게 된다고 보는 것이다.

3) 전세(田稅) —— 전세(田稅), 대동미(大同米)

유수원은 토지에 대한 세로서 전세(田稅)를 먼저 들고 있다. 전세는 전부터 거두어 오던 것으로 효종조 이후로는 1결당 4두로 고정되었다. 여기에 대동미(大同米)로서 1결당 12두로 받아오던 것도 대동법 실시 이후의 관행으로서, 그는 이 두 가지 세를 모두 그대로 인정하고 있다. 이 밖에 그는 앞에서 말한 것처럼 1결당 5두의 균요미(均徭米)를 거두자고 주장하고 있으므로 이들을 모두 합치면 모두 1결당 21두가 된다.

전세와 대동미를 합친 것은 16두에 지나지 않지만, 실제로는 대동미로서 1결당 100두의 피조(皮租, 껍질을 벗기지 않은 쌀)를 받고 있으며, 이 밖에도 별역(別役)이 있으면 따로 돈을 내고 있다고 한다.[277] 대동법 실시 이전에는 1결당 70두를 받기도 했다. 그러므로 이런 사정을 감안하면 전세(田稅)와 대동미(大同米)를 합쳐 25두 정도로 늘려 받아도 큰 부담이 되지 않는다고 보았다. 그렇게 되면 5두의 균요미까지 합쳐 1결당 30두가 된다.

유수원은 1결당 30두의 세금은 당시의 현실에서 볼 때 결코 많은

---

277) 권6 〈論均徭田賦事宜〉.

것이 아니라고 보고 있다. 왜냐하면 당시 1결당 수확량은 쌀 200두 이상 된다고 보기 때문이다.[278] 따라서 1결당 30두의 세금은 십일세 (什一稅)에 딱 들어맞는다고 보았다. 그러니까 토지에 대한 세금을 현재보다 오히려 더 높여야 한다고 주장하는 것이다.

그러나 유수원이 더 신경을 쓰고 있는 것은 전세율(田稅率) 자체가 아니라 진전(陳田)이나 은루전(隱漏田), 궁방전(宮房田), 아문둔전(衙門屯田) 등 면세전(免稅田)을 없애는 데 있었다. 유수원에 따르면, 당시 전국의 농지는 145만여 결이 되는데,[279] 이 가운데 면세지가 많아 실제 국가의 수입은 얼마 되지 않는 것이 큰 문제라고 보았다. 그래서 면세지를 없애는 것을 매우 중요한 개혁과제로 생각했으며, 그래야만 국가의 전세수입이 크게 늘어나서 재무국가로서의 기초를 다지고, 모든 국가운영에 필요한 경비를 세금으로 충당할 수 있을 것으로 보았다.

4) 사세(事稅) —— 상세(商稅), 공세(工稅), 염철전매(鹽鐵專賣), 속전(贖錢) 등

유수원은 새로운 세원(稅源)으로서 공상세(工商稅)를 매우 중요하게 보았다. 물론, 공상세는 그동안 실행되어 오던 것이지만, 그 세원을 더욱 확대할 필요가 있다고 생각한 것이다. 그는 중국의 경우를 들면서 전세(田稅)보다도 공상세(工商稅) 수입이 더 많다면서 우리나라도 국가재정의 주세원(主稅源)이 여기에 있어야 한다고 생각했다. 이는 뒤집어 말하면 조선 후기의 경제여건이 이미 그런 단계로 진입한 사실에 대응하는 세금정책을 제시한 것으로 볼 수 있다.

---

278) 권6 〈論均徭田賦事宜〉.
279) 권7 〈論錮血賑救〉.

공상세를 수취하는 구체적 방법은 그가 제시한 새로운 '호구격식(戶口格式)'에 반영되어 있다. 즉 새 호적에 가호(家戶)마다 사(事)를 반드시 기록하고, 사(事)로부터도 세금을 받아야 한다는 것이다. 여기서 '사(事)'라고 하는 것은 각 가호의 직업을 말한다. 예를 들어 상인(商人)의 가호에는 국가에서 지급한 상업허가증인 인표(引票)를 말한다. 공장(工匠)의 경우도 역시 국가에서 지급한 허가증인 험첩(驗帖)을 말한다. 상인의 인표에는 구체적으로 매매하는 물품의 종류와 세금액수가 적혀 있어야 하고, 공장에게 지급한 험첩에도 공장(工匠)의 업종과 세금액이 역시 적혀 있어야 한다.

이렇게 모든 상인과 공장을 빠짐없이 호구에 기록하고, 인표나 험첩을 받지 못한 상인이나 공장, 즉 등록되지 않은 상인과 공장은 일절 사업을 할 수 없게 하자는 것이고, 이렇게 '호구격식'에 등록된 상인과 공장은 반드시 세금을 내도록 해야 한다는 것이다. 따라서 새로운 호구격식에 모든 상공인들이 등록된다면 국가의 상공세 수입은 전보다 엄청나게 늘어날 것이다. 세금을 징수하는 국가기관으로 세과사, 독세사, 험방사를 호조에 두어야 한다는 것은 앞에서 이미 설명했으므로 여기서는 생략한다.

상인과 공장에 대한 세금은 전부터 이미 받아오고 있던 일이지만, 국가의 허락 없이 장사하는 난전(亂廛)이나 행상인(行商人) 등은 실제로 세금을 내지 않고 있었기 때문에 모든 상인과 공장들이 국가에 세금을 내고 있었던 것은 아니었다. 유수원의 개혁안은 바로 이러한 탈세자들을 철저하게 색출함으로써 국가의 상공세 수입을 증대시켜야 한다는 점에 특징이 있었던 것이다.

유수원은 상공세(商工稅) 이외에 국가의 세입원(稅入源)으로서 어염(魚鹽)과 철야(鐵冶)를 크게 주목하고 있다. 이를 논한 것이 《우서》권8의 〈논어염정세(論魚鹽征稅)〉와 〈논철야속환(論鐵冶贖鐶)〉이다.

어염(魚鹽)은 원래 국초 이래로 국가가 관리하면서 세금을 받아오고 있었는데, 조선 후기에는 이것이 개인사업으로 바뀌고 있었다. 영조 27년(1751)에 균역법이 시행되면서 국가는 그 어염세(魚鹽稅)를 균역청(均役廳)에서 관리하게 되었던 것이다.

그런데, 유수원은 균역법 시행 이전에 《우서》를 편찬했으므로, 《경국대전》에 근거하여 이 문제를 논하고 있다. 그에 따르면, 어장(漁場)과 염분(鹽盆)은 국가에 등록하게 하고 어염세를 바치도록 규정하고 있으나, 법이 제대로 준수되지 않고 있다는 것이다. 그는 물고기를 잡는 어장(漁場)보다도 소금을 굽는 염분(鹽盆) 즉 염전(鹽田)에 대한 징세를 중요시하는데, 그 방법은 다음과 같다.

먼저, 염분(鹽分, 염전)을 관리하는 관청으로 염사(鹽司)를 설치하여 소금의 생산과 판매 그리고 징세를 철저하게 감독해야 한다. 즉 염사는 전국의 염장(鹽場)을 파악하여 염과(鹽課)를 작성하고, 소금을 굽는 염정(鹽丁)의 인원을 정하고, 국가에서 자금을 내어 소금을 굽도록 한다.

소금이 생산되면 300근 또는 400근을 1인(引)으로 정하고, 인(引)마다 원가(原價)를 정한 다음 자본이 많은 부상(富商)에게 소금을 넘긴다. 부상은 염인(鹽引)과 염표(鹽票)를 정부로부터 산 뒤에 인표(引票)를 가지고 수레나 배에 소금을 실어 도시로 옮긴 다음, 약간의 이문을 붙여 소상(小商)에게 다시 판다. 소상은 지게에 짊어지고 시골마을을 다니면서 소비자에게 판다. 이 경우 소상은 인표가 필요 없으며 따라서 세금을 내지 않는다. 이렇게 되면, 정부, 부상, 소상, 그리고 소비자들이 모두 득을 보게 된다. 물론 소금을 굽는 염정에게는 휼전(恤典)을 베풀어 고통을 당하지 않게 해야 한다.

유수원에 따르면, 소금을 비롯한 산천의 자연물이나 상업에 대해 세금을 꼼꼼하게 매기는 것은 《주례(周禮)》에도 용납하고 있는 것으로서 성현(聖賢)의 가르침에 어긋나는 것이 아니라고 한다. 세금을 국가가 철저하게 관리하지 않으면 호세가(豪勢家)들만이 이득을 취하게 되고, 국가와 백성에게는 해가 된다는 것이다. 염분의 경우도 실제로 호세가들이 이익을 독점하고 있었는데, 그 이권을 국가에서 환수해야 한다고 본 것이다.

다음에 철야(鐵冶)를 비롯한 광산업(鑛産業)에 대해서도 소금과 마찬가지로 국가의 철저한 관리와 전매가 필요하다고 보았다. 이 문제를 논한 것이 권8의 〈논철야속환(論鐵冶贖鐶)〉이다. 여기서 유수원은 국가가 철이 생산되는 곳에 야좌(冶坐, 제철소)를 정하고, 해마다 정해진 근수(斤數)의 초철(炒鐵)을 생산하게 하고, 매 근마다 값을 매기도록 한다. 그리고 낫, 호미, 도끼 등 일용품 몇 가지를 만들게 하고, 상인들이 인표(引票)를 가지고 와서 사 가도록 하는 것이 좋다고 주장한다.

한편, 철을 생산하는 노동자는 국가가 직접 고용해야 하지만, 이 밖에 도류죄인(徒流罪人)을 활용할 것을 제안한다. 우리나라는 죄인을 귀양 보내면 배소(配所)에 가서 한가롭게 놀고 지내다가 오기 때문에 형벌의 효과가 전혀 없다는 것이다. 따라서 앞으로는 이들을 역참(驛站)이나 염장(鹽場), 또는 철야(鐵冶)에 보내 일하도록 하는 것이 좋다. 그러니까 요즘말로 하자면 근로봉사에 투입하자는 것이다. 만약 죄인 가운데 병고(病故)가 있어 노동할 수 없는 사람은 속전(贖錢)을 받아내 그 비용으로 사람을 고용하여 일을 돕게 하는 것이 좋다. 유수원은 나아가 죄인이 실형(實刑) 대신 돈을 내는 속전(贖錢)제도를 강화할 것을 주장하고 있다. 말하자면 벌금형(罰金刑)을 강화하자는 것이다. 물론 당시에도 속전이 실행되고 있었지만, 그 돈이 감사(監司)나 법사(法司)가 사용(私用)하는 것이 문제라고 보았다. 죄인에 대한 속환법(贖鐶法)은 《주례(周禮)》에도 세밀하게 규정되어 있을 뿐 아니

라, 현재도 중국에서는 이 제도를 적극 시행하면서 형부(刑部)가 속
전을 관리하여 공용(公用)에 쓰고 있다고 한다.

5) 산세(產稅)

유수원은 세원(稅源) 확대와 관련하여 재산세(財産稅) 곧 산세(產稅)
도 주목했다. 그가 제안하는 호구격식(戶口格式)에는 농지 이외에 주
택도 초가와 기와집을 나누어 몇 칸인지를 기록하고, 대지(垈地) 등
의 크기도 기록하고, 나아가 가축(家畜)과 배[船]나 수레[車] 등 운송
수단을 몇 개나 가지고 있는지도 기록하도록 되어 있는데, 이는 매
매할 때 세금을 내는 대상이 된다. 가축의 경우 팔지 않더라도 다른
사람에게 가축을 빌려주고 이식(利殖)을 취하는 경우에도 세금을 내
야 한다.[280] 소를 빌려주고 돈을 받는 것을 조우(租牛)라 한다.

토지나 주택, 가축, 그리고 술, 장(醬) 등을 매매하는 경우에는 1냥
마다 3문(文)의 세금을 받는 것이 좋다.[281] 그러니까 매매가의 약 3
퍼센트에 해당한다고 볼 수 있다. 물론 모든 매매행위는 세과사(稅課
司)에서 발행하는 아첩(牙帖)을 받아서 이루어져야 하며 아첩을 줄 때
세금을 받는 것이다.

유수원이 제기한 산세(產稅)는 지금까지 없던 새로운 세원이다. 다
만, 평상시에 내는 세금이 아니고, 재산을 판매하거나 대여할 때 생
기는 이득에 대한 세금으로 볼 수 있다. 말하자면 요즘의 양도세에
해당한다고 할 수 있다.

---

280) 권6 〈論戶口格式〉.
281) 권6 〈論編審舊管新增事例〉.

6) 평안도 세금의 중앙재정 전환

유수원은 국가수입 확대의 한 방편으로 양서(兩西, 평안도와 황해도), 특히 평안도의 각종 세금이 중앙재정으로 전환되어야 할 필요성을 제기했다. 이 문제를 논한 글이 《우서》 권7의 〈논양서재화(論兩西財貨)〉이다.

유수원에 따르면, 지역적으로 세금을 가장 많이 납부하는 지역은 물산이 풍부한 삼남(三南, 충청·경상·전라도)지방이다. 관동(關東, 강원도)과 관북(關北, 함경도)은 토지가 척박하고 백성이 가난하며, 경기도는 본래 조잔(凋殘)하여 국가재정에 큰 도움을 주지 못하고 있다는 것이다.

그런데 관서(關西) 즉 평안도의 경우는 다르다. 이곳은 물산이 풍부하고 상업이 발달하여 재화가 모여들고 있는데도, 여기서 내는 백성들의 세금은 국가재정으로 들어오지 못하고 중국에서 오는 사신(使臣)과 중국으로 가는 사신들의 접대비용으로 쓰이거나, 번진(藩鎭)의 군량미로 사용된다고 하면서 실제로는 사용(私用)되고 있는 것에 대해 문제를 제기했다.

사신(使臣)의 경우를 보더라도, 칙사(勅使)가 해마다 오는 것도 아닌데도 그 접대비용을 핑계 삼아 지방관이 도둑질하고 있어도 아무도 문제 삼지 않고 있다. 중국으로 가는 사행(使行)의 경우도 마찬가지다. 또, 사신들이 수레를 타고 가면 될 것을 6마리의 말이 딸린 교자(轎子)를 타고 갈 필요가 어디에 있으며, 각 고을에 물자를 바치게 하는 복정(卜定)도 나쁜 관행이다. 더욱이 이를 핑계로 한 도(道)를 모두 공억(供億, 접대)하는 지방으로 만들어 버리는 것은 부당하다. 평안도의 각 읍에서 1~2일의 사신접대비로 100여 관(貫)을 소비하고 있는데, 이렇게 사치스러울 필요가 없다. 평안감사가 1년에 쓰는 경비도 엄청나다고 한다.

따라서 앞으로는 평안도의 각 참(站)마다 소요되는 경비를 정해 주고, 그 밖의 세곡(稅穀)과 전화(錢貨)는 모두 서울로 실어 보내 국용(國用)으로 써야 한다.

평안도는 번진(藩鎭)이 지나치게 많고 크며, 여기에 많은 군량미와 전포(錢布)를 쌓아놓고 있는데 실제로 전쟁이 없으므로 이를 이식으로 이용하여 남용하고 있다. 앞으로는 필요 없는 번진(藩鎭)을 폐지하고, 곡식과 은화(銀貨)는 액수를 정하여 보관하도록 해야 한다. 다시 말해 재정이 풍족한 평안도 지방의 물화를 꼭 필요한 만큼만 현지에 남겨놓거나 배정해 주고 나머지는 중앙재정으로 전환하여 국용에 쓰게 되면 국가재정이 한층 안정될 수 있다는 것이다.

2. 재정지출의 개혁

1) 줄여야 할 지출, 늘려야 할 지출

유수원이 세입원(稅入源)을 확대하여 국가재정 수입을 증대시키려는 것은 무엇을 위한 것인가? 그것은 한마디로 국가경영을 안정시키면서 무명잡세(無名雜稅)를 폐지하여 백성들의 생활을 안정시키려는 것이었다.

전통적으로 조선왕조의 재정정책은 '양입위출(量入爲出)'과 '9년지축(九年之蓄)'을 원칙으로 하고 있었다. '양입위출'이란 매년 들어오는 수입을 바탕으로 들어온 것만큼 지출하는 것을 의미하는데, 이때 수입을 모두 그해 써버리는 것이 아니라 수입 가운데 일부를 남겨 저축해 두어 저축을 쌓아가는 방식을 쓴다. 그리하여 9년 동안 사용할 수 있는 비축을 가져야 나라가 비로소 나라답게 운영될 수 있다는 이론이다. 왜냐하면 '9년지축'이 없으면, 흉년이나 전쟁을 당했을 때 나라가 유지되기 어렵기 때문이다.

유수원은 이상과 같은 '9년지축'의 원칙을 일단 긍정하면서도 이를 그대로 받아들이지는 않았다. 왜냐하면 위 이론은 주로 식량을 두고 하는 말이기 때문이다. 지금은 국가재정이 식량만으로 충당되는 것이 아니고 화폐경제가 발달했기 때문에 반드시 9년 동안 먹을 수 있는 식량을 쌓아둘 필요는 없다. 국가수입에서 화폐의 비중이 그만큼 커졌기 때문이다. 따라서 중요한 것은 매년 국가의 수입을 넉넉하게 확보하는 일과, 불필요한 지출을 줄이되 반드시 필요한 부분은 과감하게 지출하여 무명잡세(無名雜稅)를 없애 민생을 안정시키는 일이다. 그가 앞서 살펴본 대로 쓸데없는 용관(冗官)이 너무 많은 것을 지적하고 이를 혁파해야 한다고 주장한 것은 바로 국가의 권력구조를 바꾸는 효과도 있지만, 그에 못지않게 불필요한 지출을 줄이자는 목적도 아울러 있었다.

유수원은 대동법 이후 등장한 공인(貢人)에게 지불하는 공가(貢價)가 너무 높은 것도 국가재정과 민생을 해치는 것으로 보고, 이를 시정할 필요를 느꼈다.

그러면 이렇게 절약한 국가의 재정수입은 어디에 지출되어야 하는가? 또 유수원이 그토록 강조한, 세원(稅源) 확대를 통해 늘어난 국가수입은 무엇을 위해서 지출되어야 하는가?

유수원이 국가수입의 확대를 그토록 강조한 것은 크게 보아 두 부분에 대한 지출을 위한 것이었다. 하나는 군사비(軍事費)요, 다른 하나는 이원(吏員) 곧 아전(衙前)들에 대한 봉록(俸祿) 지급이다. 국가가 군사비를 전적으로 부담하는 것은 양역(良役)의 가장 큰 폐단인 군포를 없애는 데 대한 대안(代案)이요, 아전들에 대한 봉록 지급은 백성들에 대한 아전의 침탈을 막기 위한 방법이다. 이렇게 해야 비로소 국가운영이 원만해지고 백성들이 편안하게 살 수 있다는 것이다. 이제 이러한 큰 그림 아래 구체적인 방안을 검토하기로 한다.

2) 군사비 지급

유수원은 보인(保人)이 내는 군포(軍布)를 양역(良役)의 가장 큰 폐단으로 보고 이를 없애야 한다고 강력하게 주장했음은 앞에서 이미 살펴보았다. 그리고 군사는 국가에 의해 양병제(養兵制)로 운영되어야 한다는 주장도 이미 살펴보았다. 그러면 보인(保人)과 군포(軍布)가 없어지면 군사는 어떻게 기르는가? 이를 해결하는 방법은 국가의 정상적인 재정수입으로 군대를 운영해야 한다. 만약 국가재정만 확보된다면 국가수입의 10분의 1만 지출해도 10만 명의 군대를 여유 있게 양성할 수 있다는 것이 유수원의 생각이다.[282]

그러면 군사에 대한 대우는 어떻게 하는가? 먼저, 현재 서울에서 숙위하고 있는 경병(京兵)에게는 매달 식량과 전포(錢布)를 지급하며, 외위의 향병(鄕兵)들은 번상(番上)하는 동안에만 식량과 전포를 지급한다. 다만, 경병(京兵)은 호조에서 지급하고, 향병(鄕兵)은 거주하는 지방관아에서 지불한다. 이 밖에 정군(正軍)에게는 모든 요역을 면제해 주고, 집안의 토지와 재산을 고려하여 몇 무(畝)는 면세전으로 해 주고, 균요미(均徭米)를 면제해 준다.

그러면 군사들에게 매월 지급하는 전포(錢布)는 얼마인가? 유수원에 따르면, 한 명당 10관(貫) 정도를 지급한다. 그렇게 되면 1만 명의 월급은 매년 120만 관, 10만 명의 월급은 매년 1200만 관이 되는 셈이다. 1년에 이렇게 많은 돈을 어떻게 마련하느냐는 객의 질문

---

282) 권9 〈論軍制〉.

에 대해 그는 국가의 염철전매(鹽鐵專賣) 수입만으로도 넉넉할 것이라고 답한다.[283]

3) 인리(人吏)의 승진과 녹봉 지급, 향권(鄕權) 폐지

유수원이 국가수입을 늘리려고 하는 목적 가운데는 인리(人吏) 혹은 이원(吏員), 즉 아전(衙前)에 대한 대우개선이 중요한 위치를 차지하고 있었다. 인리야말로 가장 힘든 일을 도맡아 하면서도 국가로부터 한 푼의 녹봉도 받지 못하고 있으며, 그들이 도둑질하고 뇌물을 받는 것만을 책망하여 원수처럼 보는 것을 매우 통탄스러운 일로 보았다. 그래서 인리에 대한 대우개선책을 논하고 있는데, 그것이 《우서》 권7의 〈논이원역만승발지제(論吏員役滿陞撥之制)〉이다. 그 요지는 다음과 같다.

첫째, 인리 가운데 육방(六房)의 지인(知印, 또는 通引)은 수령에게 딸린 일종의 비서로서 대대로 향리(鄕吏)인 사람 가운데서 뽑아 쓰고, 함부로 그 직책을 바꾸지 않도록 해야 한다. 그래야 행정실무에 익숙할 수 있기 때문이다. 그리고 이들에게는 넉넉한 늠봉(廩俸)이 지급되어야 한다.

둘째, 사령(使令, 심부름꾼)은 중국의 조례(皂隸)에 해당하는 것으로 더욱 힘든 일을 하고 있다. 따라서 이들에게는 더욱 넉넉한 늠봉을 주어서 대대로 그 일을 맡도록 해야 한다. 셋째, 인리들도 정원을 정하고 품계를 주고, 승진의 기회를 주어야 한다. 우선 육방의 인리들은 새로 수령이 부임하면 각 방별로 존안(存案) 곧 〈합행사의책적(合行事宜冊籍)〉을 만들어 바쳐야 한다. 여기에는 그동안 정부로부터 받은 문건이나, 인사이동, 전량(錢糧), 사송(詞訟), 형옥(刑獄), 군오(軍伍)

등 그동안 시행된 모든 행정보고서에 관한 기록을 담아야 한다.

한편, 관찰사는 이들을 시험하여 합격한 사람은 영리(營吏, 감영의 아전)로 올려주고, 영리로서 몇 년간 임기를 마치면 서울로 오게 하여 이조와 예조에서 시험하여, 서울의 아전 가운데서 약 20~30퍼센트, 지방의 아전 가운데서 70~80퍼센트를 선발하여 각 아문의 아전으로 임명한다. 그 뒤 이들의 임기와 성적을 참작하여 현읍(縣邑)의 전사(典史, 현령의 佐貳官)로 임명하고, 다시 군(郡)을 거쳐 주부(州府)의 승(丞, 驛丞, 종9품)까지 승진할 수 있도록 해 준다. 만약 자원하여 퇴임하는 경우에는 관대(冠帶, 모자와 허리띠)를 주어 그 몸을 영화롭게 하고, 도승(渡丞)의 차첩(差帖)을 주어 향리에서 영광을 누리도록 해 주어야 한다.

다음에 유수원은 인리의 대우개선과 관련하여 좌수(座首)와 별감(別監) 등 지방 향청(鄕廳, 鄕所)의 향임(鄕任)을 전사(典史)에게 맡기고, 그 자리를 하나로 줄이는 게 좋다고 주장하고 나섰다. 원래 좌수와 별감은 지방의 사족(士族)인 향족(鄕族)으로 임명해 왔는데, 이들이 많은 폐단을 일으키고 있다고 보았다. 향족들은 향임(鄕任)을 대대로 이어가면서 향권(鄕權)을 형성하고, 토호(土豪)로서 무단(武斷)을 일삼고 있기 때문이다. 다시 말해 향족들은 마치 청금록(靑衿錄)처럼 양반행세를 하고 있다는 것이다. 청금록이란 성균관, 향교, 혹은 서원(書院)의 학생으로 등록된 유생(儒生)들을 말하는데, 이들은 이를 핑계로 양반행세를 하고 있었던 것이다.

유수원은 향임의 존재가 바로 문벌(門閥)을 형성하는 원인으로 보고, 이를 없애지 않으면 문벌의 폐단을 제거할 수 없다고 단언했다. 이 밖에도 유수원은 지방관아의 군교(軍校), 둔전을 감독하는 둔감(屯監), 산성(山城)이나 진도(津渡) 등에서 모집한 별장(別將), 그리고 비장(裨將) 등도 모두 긴요하지 않은 직책으로서 과거출신자도 아니면서

세력에 힘입어 벼슬하고 있는 자들로서 혁파될 필요가 있다고 주장
했다.

4) 대동법, 공인(貢人), 진헌(進獻)의 개선

유수원은 국가의 재정지출과 관련하여 대동법(大同法) 및 대동법을
집행하는 관청인 선혜청(宣惠廳), 공납을 대행하는 공인(貢人), 그리고
국가의 진헌품(進獻品)에 대해서 비판적인 시선을 던졌다. 이 문제를
논한 것이 《우서》 권7의 〈논선혜대동(論宣惠大同)〉과 권10의 〈논진헌
물종(論進獻物種)〉이다.

그에 따르면, 대동법은 공물방납(貢物防納)의 폐단을 시정하는 효과
가 없는 것은 아니지만, 그 대신 공인(貢人)에게 지불하는 공가(貢價)
가 너무 높아 결과적으로 나라를 좀먹고 백성의 기름을 짜내는 것
이라고 평했다. 그의 말을 직접 들어보자.

> 오늘날의 공가(貢價)는 백성의 기름을 긁어모아 놀고먹는 간교하고
> 교활한 시정배를 살찌우고 있다. 나가는 것은 항상 많은데, 들어오는
> 것은 항상 적다. 이는 나라를 좀먹게 하고, 백성의 기름을 긁어내는
> 폐단이 되고 있다.[284]

즉 대동법은 공인(貢人)에게 지불하는 공가(貢價)가 너무 높아 공인
들만 살찌우고 있으며, 결과적으로 국가재정을 어렵게 만들고 백성
들을 골병들게 만들고 있다는 것이다.

그러면 공인과 공가의 폐단을 시정할 대안은 무엇인가? 유수원은
구체적인 실례를 들어 대안을 제시하고 있다. 가령 베, 모시, 무명,

---

284) 권7 〈論宣惠大同〉.

명주 등 옷감의 경우를 들어보자. 이런 토산품은 공인(貢人)을 통해 조달할 것이 아니라 주요 산출처에 원액(元額)의 공가(貢價)를 호조에서 마련하여 산출처에 직접 지급해 준다. 다시 말해 필마다 정가(定價)를 정하여 산출처에 지급해 주고, 각 도에서 정해진 필수(匹數)를 호조에 직접 바치게 한다. 호조는 이를 비축해 두었다가 절일(節日, 명절)마다 필요한 관아에 공급하면 물가가 오르는 폐단이 생길 이유가 없다는 것이다. 즉 공인(貢人)을 살찌울 필요가 없다. 그러니까 국가가 공인을 통하지 말고 산지(産地)에서 직접 물품을 주문생산하고 구입하여 공인이 취하는 중간마진을 없애자는 것이다.

또, 다른 예를 들어보자. 소, 양, 돼지, 염소, 닭, 오리, 채소, 과실, 꿩, 토끼와 같은 식품의 경우를 생각해 보자. 이것도 공인(貢人)에게 비싼 돈을 주고 살 물건이 아니다. 이런 것들은 서울 근교의 목장이나 야산에 백성들을 모아 놓고, 관에서 가축이나 채소의 종자를 주어 기르게 한다. 그리하여 종우(種牛, 종자 소) 1천 마리를 키웠으면, 그 가운데 송아지 몇 마리를 국가에서 가져다 쓴다. 또 종계(種鷄, 종자 암탉) 1만 마리를 키웠으면 1년에 계란 10만 개와 채소, 과실, 시탄(柴炭, 땔감) 몇 근을 바치면 된다. 이렇게 하면 백성들도 이익을 얻고, 국가는 한 푼도 소비하지 않고 필요한 물품을 공급받을 수 있을 것이다.

대동법 이후에 나타난 또 하나의 폐단은 임금에게 바치는 진헌품(進獻品)이었다. 대동법은 진헌의 폐단을 없앨 것으로 기대했으나 사실은 그렇지 못했다. 유수원은 진헌을 전혀 폐지할 수는 없다고 하더라도 긴요하지 않은 물종(物種)이 많다는 것을 지적하고 그 개선책을 제시했다. 예를 들면, 임금의 의복과 가마 등 복어(服御), 궁중음식인 선수(膳羞), 그리고 신하들에게 내리는 반사(頒賜) 등은 진상품목에 넣을 필요가 없다는 것이다. 이런 물품들은 각각 정가(定價)를 매겨 값을 주고 해당 지방의 점포에서 바치게 하는 것이 좋다. 중국에서는 온갖 토산공물을 모두 시장의 점포에서 구입하여 진상하고 있는데 이를 따라야 할 것이다.

진상품을 시장에서 구입하는 것은 불경(不敬)하지 않느냐는 객의 질문에 대해 유수원은 옛날에 김육(金堉)이 이미 이를 반박한 사실을 들어 비판하고 있다.

다음에 생선처럼 부패하기 쉬운 물건은 얼음에 싸서 바쳐야 하는데, 그렇게 되면 비용이 많이 들지 않느냐는 객의 질문에 대해, 유수원은 이런 물건들은 진상에 넣지 말아야 하며, 가능하다면 소금에 절인 것을 진상하는 것이 좋을 것이라고 답했다. 그리고 중국의 역대 황제들도 그렇게 했다는 것을 예로 들고 있다.

진헌물종과 관련하여 또 하나 시정해야 될 예로서 유수원은 내의원(內醫院)의 의약품으로 쓰이는 청죽(靑竹)의 진상을 들었다. 청죽은 구하기가 매우 어려운 것으로서 중국에서도 청죽을 진상한 일이 없으므로 폐지하는 것이 좋다고 한다.

결론적으로 유수원은 왕실생활을 검소하게 운영하여 조달하기 어려운 진헌물종은 없애는 방향으로 나아가야 진헌의 폐단이 시정될 것으로 보았다.

이상 대동법에 대한 유수원의 대책은 궁극적으로 대동법과 진헌, 그리고 공인(貢人)을 당장 없애자는 것이 아니라, 물품에 따라 국가가 직영하거나 산지에서 직접 구입할 수 있는 물품은 공인을 통하지 않고 조달하여 공인의 횡포와 중간마진을 줄이고, 진헌물종도 되도록 줄이자는 것으로 요약된다. 그래서 그는 대동미(大同米) 징수를 현실적으로 인정하고 있는 것이다.

5) 물가와 진휼정책 개선 —— 환곡 폐지

　민생이 안정되려면 물가가 안정되는 것도 매우 중요하다. 그런데 국가가 물가를 조절하는 기능을 상실한 것을 유수원은 큰 문제로 보았다. 물가는 평시서(平市署)와 법부(法部)가 모여 기준가(基準價)를 정해 주고, 이에 따라 공인(貢人)에게 공가(貢價)를 지급해 주어야 하는데, 오직 상인들이 마음대로 물가를 정하므로 물가가 한없이 올라간다는 것이다. 그리하여 생선 한 마리, 과일 한 개에 거의 쌀 1곡(斛, 말)을 소비하여 사들이고 있다. 그 결과 공인(貢人)만 살찌우고 국가재정과 백성들을 곤궁하게 만든다.

　유수원은 나아가 흉년의 진휼정책(賑恤政策)도 바꿔어야 한다고 주장했다. 그동안 진휼은 상평창과 진휼청의 환곡(還穀)으로 시행했으나, 이는 모곡(耗穀, 이자로 받아들인 곡식)의 수량이 얼마 되지 않는 폐단이 컸던 것이다. 그래서 그는 환곡을 비판하고 전혀 색다른 방법을 제시하고 있어 눈길을 끈다. 곧 물가를 낮추어 빈민을 도와주는 방법이 그것이다. 빈민에게 쌀을 빌려주는 것보다 쌀값을 내리게 하는 것이 도리어 빈민을 도와주는 일로 보았다. 말하자면 합리적인 시장경제를 통해 빈민을 도와주자는 것이다.

　그러면 흉년에 쌀값을 안정시키는 방법은 무엇인가? 그에 따르면, 흉년 든 지방의 쌀값을 안정시키려면 흉년을 만난 지방에서 대동(大同)이나 전세(田稅)를 쌀로 받지 말고 돈으로 받되, 쌀 1섬의 풍년 시가(市價)가 3관이라면 흉년이 든 고장에서는 2관으로 내려서 받자는 것이다. 그렇게 되면 자연히 쌀값이 내리고 주민이 모두 득을 보게 될 것이다.

　또 하나의 진휼 방법은 부자(富者)의 자발적인 참여로 빈민을 도와주자는 것이다. 즉 곡식을 국가에 바치는 백성들을 모집하여 그 액

수에 따라 30~50석을 내는 사람은 낭관(郎官, 5·6품)에 해당하는 품
계를 주고, 80~90석을 내는 사람은 의역산화(醫譯算畵) 등 기술직 품
계를 주고, 100석이나 200석을 낸 사람에게는 의민(義民)이라는 칭호
를 주고, 마을에 정표문(旌表門)을 세워주며, 나아가 향촌에서 관대(冠
帶, 관리의 복장)를 사용하도록 허용하는 방법을 제안했다. 그리고 이
렇게 모아진 곡식으로 진민(賑民)을 구휼하자는 것이다.

　종전에도 흉년에 국가에서 직첩(職帖)을 파는 가자첩(加資帖)이 있었
고, 수령이 이른바 자비곡(自費穀)으로 진민을 구제하는 방법이 있었
다. 그런데 가자첩은 가선대부(嘉善大夫, 종3품)나 대장군(大將軍) 등의
높은 직함을 주기 때문에 관직의 명분을 어그러뜨려 좋은 방법이
아니라고 한다. 더욱이 수령의 자비곡은 수령이 스스로 마련한 것이
아니고 백성들로부터 부정한 방법으로 수취한 곡식인데 이를 자비곡
으로 부르는 것 자체가 통탄스러운 일이다. 만약 수령이 자신의 녹
봉을 아껴 자비곡을 만들었다면 무엇 때문에 수령에게 녹봉을 주느
냐고 반문한다. 유수원은 진휼이 본질적으로 수령의 책임이 아니라
고 하면서 다음과 같은 말을 하고 있다.

　백성은 국가의 백성이지 원래 수령의 백성이 아니다. 구제할 수
　있으면 힘을 다해 구해야 하지만 힘이 미치지 못하면 살고 죽는 것
　을 백성들 자신에게 맡기는 것이 옳은 것이다. 어찌 구구하게 수령
　의 자비곡에 의지하는가.[285]

　여기서 "백성이 살고 죽는 것은 수령의 책임이 아니라 백성 자신
에게 맡겨야 한다"는 말은 얼핏 매우 냉정한 말로 들리지만, 사실은
민생문제를 지방관인 수령에게 맡기지 말고, 국가가 직접 나서서 경

---

285) 권7 〈論賑恤賑救〉.

제논리로 풀어야 한다는 뜻으로 해석할 필요가 있다. 그래서 유수원은 현실적으로 가능한 쌀값 안정과 부자들의 의연(義捐)행위를 기대하고 있는 것이다. 요즘 말로 하자면 시장경제의 안정과 민간 기부 행위로 진민(賑民, 빈민)을 구제하자는 것으로 풀이된다.

6) 중앙관서의 재정개혁

유수원은 경관(京官) 곧 중앙관서의 재정운영도 크게 잘못되어 있다고 보고 이 문제를 《우서》 권7의 〈논각사파지공비(論各司派支公費)〉라는 글로 정리했다. 여기서 그는 재정낭비의 첫째 원인으로 중앙관청에 용관(冗官)이 너무 많은 것을 지적했다.

예를 들어, 한성부(漢城府)를 보면 판윤(判尹), 좌윤(左尹), 우윤(右尹), 서윤(庶尹), 판관(判官), 5부 주부(五部主簿), 참군(參軍), 참봉(參奉) 등 16명의 관원이 있고, 그 밖에 사산감역관(四山監役官)이 또 있다. 그러나 이렇게 많은 관원이 있을 필요가 없다. 이 밖에도 혁파해야 할 용관이 많은데, 이에 대해서는 앞에서 이미 설명한 바와 같다. 혁파해야 할 용관 가운데는 이례(吏隸), 이원(吏員)도 포함된다. 이례는 관청뿐 아니라 사대부 집에서도 부리고 있는데, 이는 모두 혁파되어야 한다.

유수원은 관원들이 관청의 공물(公物)과 집기(什器)들을 마음대로 빌어다 쓰고 있는 것도 국가재정을 좀먹는 범죄행위로 보았다. 또, 아랫사람에게 급료 이외의 돈을 주고, 약방[내의원]관원에게 물품을 하사하고, 전임관(前任官)이 죽으면 부조금을 내고, 도감(都監)에서 행사를 마치면 계병(契屛, 병풍)을 만들어 나누어 갖는 것 등을 모두 공비(公費)를 남용하는 사례로 지적했다.

이 밖에 관청이 백성들에게 특정한 물품을 청구해서 가져가거나, 관곡(官穀)을 가지고 식리(殖利, 이자놀이)를 하는 행위도 비루하고 국가를 욕되게 하는 고금에 없는 행위다.

관청에서 기한이 지나지 않은 기물(器物)들이 파손되었을 때는 해당관료가 개인적으로 배상하도록 해야 하며, 관청건물이 기한 내에 파손되었을 때에도 수리하지 못하도록 한다.

관리들이 지방관으로 내려갈 때 승정원에 필채(筆債)라는 이름으로 돈을 납부하는 것도 비루한 짓이고, 이조(吏曹)의 상참가(常參價, 상참의 대가로 내는 돈)니, 양사(兩司)의 발행장(發行狀), 의정부 사인(舍人)의 발패(發牌), 무직(武職)의 면신례(免新禮, 신고식으로 내는 물품) 따위도 모두 나쁜 풍습일 뿐이다.

이상과 같이 공사(公私)가 구별되지 못하는 재정운영을 없애고, 개인에게 속한 재물들을 모두 거두어 호조로 귀속시키며, 반드시 공적으로 필요한 항목의 예산만을 집행하도록 해야 정치의 기강이 잡히고 백성들의 피해가 줄어든다.

또 관리의 부정을 막으려면, 관리의 녹봉을 높여주는 일도 필요하다. 지금 중앙관료 3품 이하의 녹봉은 부유한 관청의 이례(吏隸)가 받는 늠료에도 미치지 못하고 있다. 그러고도 청렴한 생활을 요구하는 것은 무리다. 따라서 녹봉을 넉넉하게 주는 일은 나라의 급선무이다. 유수원은 결론적으로 다음과 같이 말한다.

참으로 이재(理財)의 근원을 밝히고, 쓸데없이 경비를 좀먹는 것들을 없앨 수 있다면, 늠록(廩祿)을 복구하여 봉급을 제정하는 일은 매우 쉽고도 쉬울 것이다.

7) 지방관아의 재정개혁

유수원은 국가재정을 낭비하는 요인의 하나로 지방 군현(郡縣)이 너무 많고, 군현의 등급에 원칙이 없는 것을 지적하고, 나아가 지방 재정의 난맥상을 파헤치면서 그 개혁안을 제시했다. 《우서》 권7의 〈논외방파지공비(論外方派支公費)〉가 그것이다.

첫째, 국토가 좁은 나라에 군현이 너무 많으므로, 작은 군현들을 합병하여 그 수를 줄여야 한다. 그래야 군현의 자립이 가능하고, 군현 백성들의 부담이 줄어들 수 있다.

둘째, 목(牧), 부(府), 군(郡), 현(縣)의 등급은 민호(民戶)의 많고 적음, 전부(田賦)의 크고 작음을 기준으로 결정해야 하는 것인데, 우리나라는 목(牧)의 민호(民戶)가 현(縣)보다 작은 경우도 있고, 현령(縣令, 종5품)과 현감(縣監, 종6품)은 아무런 의미도 없이 차별해 놓았다. 따라서 군현의 등급이 토지와 인구를 기준으로 재조정될 필요가 있다.

셋째, 수령은 낮은 단계에 임명된 뒤 엄밀한 치적을 조사하여 차례로 높은 단계로 승진하는 것이 원칙이다. 그런데 우리나라는 이렇게 성적에 따라 수령들이 임명되거나 승진하는 것이 아니라 "세력 있는 사람은 풍요한 현(縣)을 얻고, 세력 없는 사람은 가난한 현을 얻는다. 그리고 뒷날에 승서(陞敍)하는 명령이 있을 때에도 세력 있는 사람은 좋은 군(郡)에 임명되고, 세력 없는 사람은 가난한 군에 임명되거나 전혀 임용되지 못하기도 하니, 이것이 무슨 정격(政格)인가"[286]고 개탄한다.

넷째, 지방관의 백성에 대한 탐학이다. 우선 수령들이 사사로이 백성들로부터 재물을 받아들이는 것이 관례로 되어 있어서 아무리 청렴한 관리라도 그 관행에서 벗어나지 못하고 있다. 예를 들면, 절선(節扇)이라 하여 단오절에 바치는 부채가 한 고을에서 수천 개에 달하고, 세찬(歲饌)이라 하여 새해 음식을 위한 비용을 내는 일, 신물(新物)이라 하여 계절마다 새로 생산된 물품을 바치는 일, 걸태(乞駄)

---

[286] 권7 〈論外方派支公費〉.

라 하여 재물을 구걸하는 일, 귀장(歸裝)이라 하여 돌아갈 때 바치는 물건 등 헤아릴 수 없이 많은 물품을 거두어들이고 있다. 또 빈객이나 사신에 대한 대접도 지나치게 융숭하고 화려하다. 이 밖에 노비들은 간장, 술, 미역, 고기 등을 나누어 갖다 바친다.

유수원은 지방관의 위와 같은 수취 때문에 "불쌍한 저 소민(小民)들이 어찌 주구(誅求)하는 정사 때문에 더욱 곤궁해지지 않겠는가?"고 묻고 있다. 따라서 백성들이 편안하게 살려면 이런 일들이 모두 없어지고, 지방관은 필요한 물품을 모두 사서 써야 한다. 그리고 어사(御史)나 의금부(義禁府), 포청(捕廳)의 나졸(邏卒)들을 시켜 이런 일들을 샅샅이 적발하여 탄핵해야 한다.

그러나 유수원은 징벌만으로 이런 일들이 해결된다고 보지는 않았다. 기본적으로는 지방관에게 봉전(俸錢, 월급)을 넉넉하게 주어야 하고, 필요한 공비(公費)는 항목을 정하여 기준을 만들어 놓고 써야 한다. 그리고 자신이 제안한 균요전(均徭錢)이 지방재정 안정에도 도움을 줄 수 있을 것으로 기대했다.

유수원은 나아가 상공업이 발달하여 지방 읍내에 상점들이 즐비하게 들어서면 관청에서도 필요한 물품을 매입해서 사용하는 일이 용이하게 될 것으로 보았다. 그래서 그는 "오직 읍내가 쓸쓸하고 매매가 활발하지 못하기 때문에 각 고을들이 물건을 사들이기 어려워서 백성에게 모두 폐해를 입히고 있는 것이니, 어찌 통탄스럽지 않은가"라고 말한다. 결국 단기적으로는 지방관에 대한 징벌과 감독이 필요하지만, 근원적으로는 유통경제가 활성화되어야 백성들로부터 현물을 수취하는 악습이 없어질 것으로 기대하고 있는 것이다.

8) 궁방전(宮房田) 폐지와 궁가, 왕족의 봉록 지급

유수원은 국가의 세금으로 부양할 대상으로 궁가(宮家)와 왕족(王族)도 포함시키고 있다. 이는 왕자, 공주, 옹주 등 궁가에 사패전(賜牌田, 궁방전)을 절수(折授)하고 이를 면세지(免稅地)로 인정하고 있는 것에 대한 대안으로 제시된 것이다. 실제로 조선 후기의 궁방전은 수만 결에 이를 정도로 불어나 심각한 사회문제로 떠오르고 있었던 것이다.

그는 모든 면세지가 없어지고 국가의 수세지(收稅地)로 되어야 한다는 대원칙 아래 궁방전(宮房田)에 대해서도 그 폐지를 주장하고 나선 것이다. 그래야 국가의 재정수입이 안정되고, 세금에 따라 운영되는 국가의 건설이 가능하다고 보았다. 이 문제를 논한 글이 《우서》 권7의 〈논면세보솔지류(論免稅保率之類)〉다.

그런데 궁방의 면세지가 없어지더라도 궁가의 생활은 안정되어야 하므로 궁가에 대한 봉록(俸祿)은 넉넉하게 주어야 한다고 한다. 그러기 위해서는 한 궁방에 해마다 1천 섬의 쌀과 1~2천 관(貫)의 전문(錢文)이 지급될 필요가 있다고 주장한다. 그 대신 손자 대(代)에 이르면 봉록을 중지하고, 다만 품계에 따른 종록(宗祿)만을 지급해야 한다고 한다. 그러니까 봉록은 왕자, 공주, 옹주 등 당대와 아들 대에 한해서 주어야 한다는 것이다.

궁방에 대한 봉록이 너무 많지 않으냐는 객의 질문에 대해 유수원은 임금의 혈육이 극성할 때라 하더라도 왕자, 공주, 옹주의 수효는 10여 명을 넘지 않을 것이므로 걱정할 필요가 없으며, 나아가 국가의 봉록부담이 궁방전 절수의 폐해보다는 나을 것으로 보았다.

9) 내탕(內帑)의 개선

국가재정과 관련하여 문제되는 것 가운데 하나는 왕실의 사유재산인 내탕(內帑)이다. 내탕은 내수사(內需司)를 통해서 취득하는 왕실재산을 말하는데, 내수사에는 많은 토지와 노비, 그리고 공장(工匠)이 소속되어 있어서 이들을 통해 재산을 모으고 있었던 것이다.

내탕에 대해서는 많은 논자들이 일찍부터 그 혁파를 주장해 왔는데, 유수원은 오히려 혁파를 반대하는 주장을 펴고 있다. 그 이유는 선유(先儒)들이 《주례(周禮)》의 정신을 잘못 이해하고 있다는 것이다. 이 문제를 논한 것이 《우서》 권10의 〈논내탕(論內帑)〉이다.

내탕혁파론자들의 논거는 《주례》에 있다. 즉 주(周)나라는 이른바 궁부일체(宮府一體)를 바탕으로 하여 궁중(宮中)에서 필요한 용도는 부중(府中) 곧 정부에서 조달했으므로 왕실은 내탕을 갖지 않았다는 것이다. 그런데 유수원은 이런 주장에 대해 주나라 제도를 잘못 이해한 것으로 보고 있다. 유수원에 따르면, 주나라도 왕실사유재산이 있었다. 예를 들면, 주나라는 태부(太府), 옥부(玉府), 내부(內府) 등이 부세(賦稅)의 나머지를 임금에게 주어 하사품으로 쓰게 했으며, 외부(外府)는 외교와 군대 등에 소요되는 비용을 조달했다는 것이다.

주나라 뿐 아니라 한(漢)나라, 당나라, 송나라도 내외의 비용을 구별하여 내비(內費)는 궁궐비용으로 쓰고, 외비(外費)는 군국(軍國)의 비용으로 썼다. 이 밖에 주자(朱子)의 글을 보더라도 왕실재산을 혁파해야 정치를 잘할 수 있다는 말을 한 일은 없다.

내탕이 필요한 이유는 다음과 같다. 내탕은 신하들에게 물품을 내리는 반사(頒賜), 궁중의 잔치인 연호(燕好), 그리고 완호(玩好, 장신구)나 선복(膳服, 음식과 의복) 등에 들어가는 것인데, 내탕을 갑자기 혁파하면 매번 국가경비에서 가져다 쓸 수밖에 없을 것이다. 또 실제로 내탕은 그렇게 낭비되고 있는 것도 아니라고 그는 보고 있다. 왜 냐하면 내탕수입에 한계가 있고, 또 사용하는 데 규례(規例)가 있어 서 함부로 쓰지 못하고 있기 때문이다.

유수원이 내탕을 긍정적으로 보는 이유 가운데는 아마도 영조의 검소한 왕실생활을 염두에 두었을지도 모른다. 실제로 영조는 오례 (五禮)와 관련된 왕실행사를 근검하게 치르는 데 총력을 기울인 임금 이었다.[287]

내탕을 위험하게 볼 필요가 없는 또 하나의 이유가 있다. 내탕은 임금이 환시(宦侍, 환관)를 거느리는 데 도움을 준다. 환시들은 적은 늠료(廩料)만을 받으면서 온갖 궂은일을 맡고 있는데, 내탕을 관리하 면서 일부를 좀먹어 의복, 음식, 식기 등을 마련하고 있으면서 그나 마 부귀를 누리고 있다. 그런데 만약 내탕을 없앤다면 환시들은 오 히려 정치에 간여하여 더 큰 폐단을 몰고 올 것이다. 현재 우리나라 는 환시들이 정치를 어지럽히는 폐단은 거의 없으므로 환시들을 더 불편하게 만들 필요는 없다고 보는 것이다.

그러나 내탕을 인정한다고 하더라도 개선할 점이 없는 것은 아니 다. 첫째, 내수사(內需司)에서 토지를 절수(折受)하는 폐단을 없애야 한 다. 둘째, 관아에서 파견한 아전(衙前), 곧 관차(官差)의 폐단을 없애야 하며, 셋째 내수사 노비의 신공(身貢)을 감축하고 돈으로 받아야 하 며, 넷째 서울의 성문(城門)에서 받아들이는 세금을 액수를 정하여 내수사에 할당하는 것이 좋다.

이상 유수원의 내탕에 관한 너그러운 견해는 조선 후기 임금들의 검소한 궁중생활, 특히 영조 대의 검소한 궁중생활을 경험한 데서 온 것으로 보인다. 그리고 선유(先儒)들이 내탕의 혁파를 주장한 것

---

287) 영조 대 왕실행사에 대한 내용은 한영우, 《조선왕조 의궤》(일지사, 2005)가 참고된 다.

은 사실은 궁중생활이 지나치게 사치스럽고 호화로웠던 고려 말기나 연산군 대의 경우를 염두에 둔 것이었다. 따라서 유수원 당대에는 내탕의 낭비를 크게 걱정할 단계는 아니었던 점을 고려할 필요가 있다. 참고로, 정조(正祖)가 수원에 화성(華城)을 건설할 때 들어간 80만 냥의 비용도 상당부분 내탕에서 지출된 것을 보면 내탕의 용도가 사치스런 생활에 투입된 것은 아니었다.

10) 왕안석의 신법(新法)과 다른 점

유수원은 자신이 제안한 호적제도와 세원확대정책이 지나치게 각박하여 마치 북송 대 왕안석(王安石)의 신법(新法)을 방불케 하며, 따라서 백성들이 이를 원망하고 피하려고 할 것이 아니냐는 객의 질문에 대하여 다음과 같이 변명한다.

첫째, 중국의 역사를 보면 어느 시대에도 자신이 제안한 것과 같은 정책을 쓰지 않은 때가 없다는 것이다. 한(漢)나라의 산부법(算賦法)이나 산민법(算緡法), 송나라의 물력전(物力錢)과 재장법(財帳法), 금나라의 추배법(推排法), 그리고 "정구(丁口)를 개락(開落)하고, 산전(産錢)을 추할(推割)"할 것을 주장한 주자(朱子)의 팔자법(八字法) 등이 모두 백성들의 재산을 상세하게 조사해서 세금을 부과하려는 정책이다.[288]

왕안석의 신법이 비난을 받은 것은 송나라의 제도가 나쁜 것이 아닌데도 왕안석이 법을 바꾸려고 했기 때문이고, 나아가 청묘법(靑苗法)을 통해 백성들로부터 10분의 2에 해당하는 이식을 취하려고 한 데 있다는 것이다.

그러나 우리나라는 중국과 사정이 다르다. 허다한 이익의 원천이 개인 곧 사문(私門)에 널리 흩어져 있는데도 국가가 여기서 수취할

---

288) 권6 〈論戶口雜令〉.

줄을 모르고 있다는 것이다. 그래서 국가의 세원이 줄어들고 나라가 가난해져서 이를 보충하기 위해 백성들을 불법적으로 수탈하고 고통을 크게 만들고 있다는 것이다.

결국 이상과 같은 유수원의 새로운 세원확대정책은 토지와 노비, 그리고 재산을 많이 가진 부자에게는 매우 불리하고, 가난한 자에게는 유리한 제도라고 할 수 있다. 그러니까 유수원의 새로운 세법은 부자들이 지금보다 더 많은 세금을 내도록 하여 국가재정을 넉넉하게 하자는 주장이라고 할 수 있다. 그리고 이렇게 되어야 비로소 세금의 평등이 이루어질 수 있다고 보는 것이 그의 생각이다.

11) 외척과 공신들에 대한 봉록 지급

유수원은 관제개혁 및 재정문제와 관련하여 왕실의 외척과 공신들에 대한 대책을 제시했는데, 그것이 《우서》 권5의 〈논척원은음(論戚畹恩蔭)〉이다. 그 요지는 다음과 같다.

임금의 장인인 국구(國舅)와 그 자손들이 실권을 차지하고 정사(政事)에 간여하면 세력이 커져서 명류(名流)들이 시의(時議)를 주도하는 당론(黨論)보다도 더 큰 폐단이 생긴다고 보았다. 그래서 이를 막기 위해서는 국구가 군대의 장수(將帥)를 겸임하지 못하게 하고, 그 후손들도 사국(史局, 춘추관)의 판관이나 주부(主簿) 등 낮은 직책을 주고, 다만 봉록(俸祿)만을 받게 해야 한다고 주장했다. 그들이 과거(科擧)를 거쳐 높은 지위에 오르는 것도 막아야 한다는 것이다. 말하자면 외척에 대한 일종의 금고(禁錮)를 해야 국가와 외척집안이 다 함께 편안하게 된다.

유수원은 외척(外戚)에 대한 견제가 종실(宗室)에 대한 견제와 동등하게 해야 한다고 믿었다. 종실은 4대가 내려간 뒤에야 벼슬길에 나갈 수 있었는데, 외척의 폐단은 종실보다도 더 위험하다는 것이 유수원의 판단이었다. 그의 외척에 대한 경계는 실은 조선 후기 당쟁의 배경에 권문세족인 명류와 더불어 외척이 깊이 개입되어 있는 현실에 대한 반성이 담긴 것으로 보인다.

한편, 권력을 마음대로 농단하는 또 하나의 좋지 않은 정치세력은 훈예(勳裔) 곧 공신과 그 후손들이라고 유수원은 보았다. 그래서 그는 《우서》 권10의 〈논훈예(論勳裔)〉를 써서 이 문제를 논했다. 그에 따르면, 건국초기의 훈신(勳臣)들, 예컨대 정도전(鄭道傳), 조준(趙浚), 남은(南誾) 등은 실제로 국가건설에 공이 컸으므로 장수나 재상 등의 책임을 맡긴 것이 이상할 것이 없다. 그러나 공신에 대한 예우가 지나쳐 문제가 발생했다. 예를 들면 중국처럼 봉호(封號)를 9등급[公, 侯, 伯 3등급을 다시 3등급으로 나눔]으로 나누지도 않고, 공훈(功勳)의 크기보다는 직위에 따라 부원군(府院君)이나 군(君)의 칭호를 주며, 봉호의 세습과 음직(蔭職)을 구별하지도 않는다는 것이다.

공신으로서 권력을 농단하여 정치를 어지럽게 만든 경우도 여러 차례 있다. 태조 때 개국공신(開國功臣)들이 첫 번째이고, 세조 때 권남(權擥), 홍윤성(洪允成) 등이 두 번째이고, 중종 때 정국공신(靖國功臣)이 세 번째이다. 우리나라 선비들은 이를 제도적으로 바로잡을 생각은 아니하고 구구하게 공신들의 비행을 들추어내는 것을 깨끗하고 옳은 사론(士論)으로 삼아 왔는데, 이것은 기세등등한 권세가의 기세를 누르는 데 힘을 발휘하지 못한다. 따라서 공신문제는 제도적으로 바로잡는 것이 실정(實政)을 이루는 길이라고 유수원은 보았다.

이 밖에 공신의 남발도 문제로 본다. 예를 들어 왜란 뒤 호성공신(扈聖功臣)을 정할 때 내관(內官), 의관(醫官), 역관(譯官)에서 액례(掖隸, 下吏)나 말을 끄는 무리에 이르기까지 정훈(正勳)을 내렸다. 또 원종공신(原從功臣)이라는 것은 옛날부터 없던 것인데도 사령(使令)이나 공장(工匠)들까지 수천 명을 원종공신으로 봉한 것은 참람하고 해괴하기가 이를 데 없다. 더욱이 공신의 적장자손(嫡長子孫)이 음직(蔭職)을 받는 것은 당연하지만, 모든 자손들에게 음직을 주는 것은 잘못이다. 따라서 공신은 남발해도 안 되고, 봉호에 차등을 세밀하게 두지 않으면 안 되고, 적장자손은 낮은 관직을 주어 봉록(俸祿)을 받는 데 그치게 해야 한다. 그리고 적장자손을 제외한 나머지 자손들로부터는 일반 평민처럼 정전(丁錢)을 받아야 한다.

제 9 장

유수원 실학(實學)의 정체성

제9장 유수원 실학(實學)의 정체성

1. 중국을 어떻게 배울 것인가
— 풍속은 우리 것을 지키자

유수원의 개혁안은 정치·경제·사회·문화 전반에 걸쳐 대부분 중국의 제도를 따르자는 것으로 일관되어 있다. 그가 모범으로 생각하는 중국은 통시대적인 것으로 주(周)나라에서 당송(唐宋), 그리고 명청대(明淸代)에 이르는 전 시기를 포괄한다. 그러나 주나라의 정전제도(丁田制度)나 봉건제도(封建制度) 같은 것은 받아들이지 않고, 오직 주나라의 문물제도의 기틀로 알려진 《주례(周禮)》의 정신을 존중하고 있으며, 현실적으로는 당·송·명·청 대의 정치·경제·사회를 주목하고 있다.

그러나 유수원이 실제로 접하고 있는 중국은 18세기 전반기의 청나라일 것이다. 당시 중국은 청 문화의 극성기를 현출한 강희(康熙, 1662~1722), 옹정(雍正, 1723~1735), 건륭(乾隆, 1736~1796) 시대로, 밖으로도 이미 마카오를 통해 서양과 교역을 하고, 또 서양의 제수이트(Jesuit) 선교사들을 통해 서양의 근세문명을 상당 부분 수용하고 있었기 때문이다. 서양은 아직 산업혁명 단계나 시민혁명을 치르지 않은 상태였으므로 중국보다 모든 면에서 앞섰다고 단언하기는 어럽다.

유수원이 바라본 중국은 사실 본인이 직접 중국을 여행하여 얻은 지식은 아니었다. 유수원이 중국을 다녀왔다는 구체적 자료가 없기 때문이다. 그렇다면 그의 중국에 관한 지식은 아마도 연행사신(燕行使臣)을 거쳐 들어온 중국문헌과 그들의 견문을 통해 얻은 간접적인 지식일 것이다. 이런 사정을 감안하면, 유수원의 중국에 대한 지식은 상당히 정확하고 넓은 것이었다.

그런데 이렇듯 중국을 모델로 설정한 유수원의 개혁안은 자칫 중국에 대한 무조건적인 숭배론자로 보일 수도 있다. 또 중국이 아무리 우리보다 앞선 나라라 하더라도 풍속(風俗)과 사세(事勢)가 다른 조선의 현실에 중국을 따르는 것이 좋은 것이냐는 의문도 생길 수 있다. 유수원은 바로 객(客)이 질문하는 형식을 통해 이런 의문점을 던지고, 그에 답하는 형식으로 중국문화를 받아들이는 자세와 한계를 밝히고 있다. 유수원이 《우서》 권10의 마지막 부분에서 다룬 〈논변통규제이해(論變通規制利害)〉와 《우서》의 첫머리 부분에서 다룬 〈논동속(論東俗)〉 등이 바로 그런 뜻을 담은 글이다.

위 첫 번째 글에서 유수원은 먼저 중국에서 받아들일 필요가 있는 것과 없는 것이 있음을 분명하게 말하고 있다. 받아들일 수 있는 것은 정치 및 경제 제도이고, 받아들일 수 없는 것은 바로 풍속이다. 그는 중국과 우리나라의 풍속(風俗)의 차이를 인정하고, 우리의 풍속을 바꿀 필요가 없다는 것을 강조한다. 그는 나아가 풍속의 차이는 비단 중국과 우리나라 사이에만 존재하는 것이 아니라, 세계 각국이 모두 고유한 풍속이 있는데, 고유풍속을 지켜가는 것이 오히려 바람직하다는 것을 지적하고 있다. 그의 말을 직접 들어보자.

천하의 나라들은 제각기 풍속이 있다. 남만(南蠻)이나 북적(北狄)들이 비록 짐승에 가깝지만, 예부터 지금까지 제각기 본래의 풍속을 지켜 왔기 때문에 그 사람들이 질박하고 일도 간편하여 천 년, 백 년이 지나도록 서로가 편안하여 이른바 새로운 폐단이나 지속하기 어려운 애로가 없는 것이다. 그런데 우리나라에서는 그렇지 못하다. 외국의 조그만 나라로서 중국의 풍속만을 순전히 숭상한 나라는 온 천하에서 우리나라뿐이다.[289]

여기서 유수원은 남만(南蠻)과 북적(北狄)이 질박하고 간편한 자신들의 고유한 풍속을 지켜 천 년, 백 년 동안 서로가 편안하게 살아 왔음을 칭찬하고, 오히려 우리나라가 지나치게 중국의 풍속만을 숭상해 온 것을 개탄하고 있다.

유수원이 지켜야 한다고 주장한 우리의 고유풍속은 음식, 의복, 언어, 혼례, 상제(喪制) 등이다. 먼저, 음식에서 중국인은 육식(肉食)이나 단것을 좋아하지만, 우리는 어물(魚物)이나 짠 것을 좋아한다. 이 경우 우리는 구태여 중국인의 입맛에 맞출 필요가 없다.

둘째, 의복에서 중국인은 네모난 두건인 방건(方巾)을 즐겨 쓰고, 내리닫이 옷인 난삼(襴衫)을 입는데, 우리는 검은 칠립(漆笠, 갓)에 도포(道袍)를 입으니 이것도 구태여 같게 할 필요가 없다.

셋째, 어음(語音)에서 중국은 말이 모두 문자[表意文字]이지만, 우리는 국음(國音)으로 서로 통하고 문자로 마음을 표현할 수 있으므로, 이 또한 똑같게 할 필요가 없다. 다시 말해 중국은 표의문자를 쓰고, 우리는 표음문자를 쓰고 있는데, 중국처럼 표의문자를 쓸 필요는 없다는 말이다.

넷째, 혼례(婚禮)로 말하면, 중국은 오랫동안 오랑캐 풍속에 물들어서 최복(衰服, 거친 상복)을 갓 벗어놓고 결혼해도 수치로 여기지 않

---

289) 권10 〈論變通規制利害〉.

으나, 우리는 일년상도 장례를 지내기 전에는 결혼을 하지 않는다.

다섯째, 상제(喪制)로 말하면, 중국은 복제(服制)를 잘 지키지 않으나 우리는 부모가 돌아가면 3년 동안 상복을 입는다. 이는 중국이 우리를 따르지 못한다.

이상 예로 든 풍속들은 우리 것을 그대로 지키는 것이 좋으며 중국 것을 따를 필요가 없다고 주장한다.

2. 중국문화의 모방적 수용 비판

중국의 풍속은 배울 필요가 없지만, 그 밖의 것은 중국을 배울 필요가 있다는 것이 유수원의 생각이다. 구체적으로 말하면 중국의 사농공상(士農工商)을 배울 필요가 있다는 것이다. 이는 경제 및 사회구조와 관련되어 있다. 다음에 중국의 예악(禮樂), 병제(兵制), 형제(刑制), 선거(選擧, 관리선발), 관제(官制, 권력구조), 세렴(稅斂), 공부(貢賦) 등은 모두 성인(聖人)의 가르침에서 시작된 것으로 이 제도를 따라야 하는데, 여기서 유수원이 '성인의 가르침'이라고 한 것은 유교(儒敎)를 말한다.

유수원에 따르면, 우리나라는 오래전부터 '성인의 가르침'을 흠모하여 시행해 왔으나 "중국 제도의 명목과 껍데기만을 모방"하는 데 급급한 나머지 나라가 부허(浮虛)하고 무실(無實)하게 되고, 실사(實事)와 실정(實政)이 무너지게 되었다는 것이다. 그러니까 우리는 유교를 허위적(虛僞的)으로 받아들임으로써 실학(實學)으로 만들지 못했다는 것이다.

우리가 중국에서 배워야 할 것은 정치제도나 경제조직의 명목이나 껍데기가 아니라 그 정신과 골자를 터득하는 것이라는 시각에서 유수원은 중국 제도의 밑바탕에 깔려 있는 근본정신을 배우는 것이 중요하다는 것을 강조한다.

그러면 우리나라는 역사적으로 중국문화를 어떻게 받아들였으며, 그 결과는 어떻게 되었는가? 그에 따르면 우리나라가 오랑캐 습속을 벗어나 문명을 알게 된 것은 〈팔조교(八條敎)〉를 전해준 기자(箕子)에서 비롯되었다고 한다.290) 그러나 그 뒤 오랑캐 습속에 다시 빠져 삼국과 신라는 매우 거칠고 서툰 정치를 이끌어갔다. 오직 신라 말에 최치원(崔致遠)이 당나라의 시율(詩律)을 배워오면서 비로소 문자(文字)를 알게 되었지만, 성현(聖賢)의 법제(法制)를 제대로 만들어 놓지 못했다. 그러니까 유교를 정치에 실현하지 못했다는 것이다.

우리나라가 그래도 제법 국가체제를 이룩한 것은 고려 이후다. 그러나 고려의 유학도 시율(詩律)의 문학에 빠지는 한계를 지녔다. 무신정권기의 이규보(李奎報) 같은 인물도 문학을 벗어나지 못하고, 원(元) 말의 고려 선비들도 과거시험의 범위 안에서 문학과 경학을 했을 뿐이다. 그래서,

　　고려의 재상들은 시를 읊조리거나 술을 마시는 외에 간혹 선가(禪家, 불교)의 문자를 짓는 것으로 일을 삼았다. 임금과 신하들이 모두 이러한 일 밖에는 별로 하는 일이 없었으니 이러하고도 국가다운 모습을 이룰 수 있겠는가.291)

라고 개탄한다. 그러면서 문학 중심의 유교가 "나라를 다스리는 데 무슨 도움이 되겠는가"고 따끔하게 비판한다. 태조 왕건이 지었다는 유훈(遺訓, 훈요십조)에서도 지리(地理, 풍수지리), 불법(佛法), 탑상(塔

---

290) 권1 〈論東俗〉.
291) 위와 같음.

像) 등의 일을 간곡하게 부탁하는 데 그치고 있으니 이 또한 개탄할 일이 아닐 수 없다.

유수원은 조선의 모든 잘못된 제도의 뿌리를 고려에서 찾아내고 있다. 그래서 권1에서 〈논여제(論麗制)〉를 집필하여, 그 안에 과거(科擧), 학교(學校), 전제(田制), 병제(兵制), 관제(官制), 전주(銓注), 문벌(門閥), 조세(租稅), 부역(賦役), 노비(奴婢) 등을 조목조목 비판하게 된 이유도 여기에 있었던 것이다.

그가 생각하는 진정한 '성현의 가르침'은 성리학(性理學)이다. 그러므로 성리학이 들어오기 이전의 유학이나 그에 기초한 국가운영을 미숙하게 보는 것은 당연한 일이다. 그러면 성리학은 언제 들어왔으며, 그 결과는 어떻게 되었는가? 이를 정리하면 다음과 같다.

원나라 때 충선왕(忠宣王)은 중국 문사(文士)들과 교류하면서 학문에 눈을 떴다. 그래서 정자(程子)와 주자(朱子)의 학문을 익혀 돌아왔고 그 결과 정몽주(鄭夢周) 같은 정학자(正學者)가 나타났다. 하지만 재주가 그만 못한 사람들은 문장을 배웠다. 이색(李穡)이나 권근(權近) 같은 사람들이 그렇다.292)

조선 초에는 정도전(鄭道傳) 등이 나와 이학(理學)을 한다고 떠들었으나 앵무선(鸚鵡禪)에 머무르고 식견이 넓지 못했다. 이들이 고려 말의 폐정(弊政)을 개혁하여 땅과 노비를 본 주인에게 돌려주고, 한미한 집에서도 재상이 나왔으며, 당나라 제도를 본떠서 관제를 비롯하여 과거(科擧), 의문(儀文), 전례(典禮) 등을 바로잡은 점이 있었다. 그러나 강목과 규제가 어설프고 소략함을 면치 못했다.

세종대왕(世宗大王)이 이를 바로잡으려 했으나 보좌해 준 학자가 없었다. 그리하여 관료들을 대상으로 전경(專經, 殿講), 월과(月課), 시사(試射, 궁술시험), 정중(庭重, 庭試와 重試), 발영(拔英) 등의 시험을 치

---

292) 권10 〈논변통규제이해〉.

렀으나 이미 문과를 거친 사람들을 대상으로 한 것으로서 아무 소용이 없었으며, 겉만 화려하고 실속이 없었다.

유수원에 따르면, 우리나라에서 학문의 길을 비로소 알게 된 것은 김굉필(金宏弼), 정여창(鄭汝昌), 조광조(趙光祖) 등이 주자(朱子)의 전주(傳注)를 존중하고 《근사록(近思錄)》을 표장하면서부터이다. 그 뒤 이언적(李彦迪), 이황(李滉)이 나와 유풍(儒風)이 조금씩 진작되고, 학문하는 길이 뚜렷해졌다.

한편, 서경덕(徐敬德), 조식(曺植), 성운(成運), 박영(朴英) 등이 처음에는 유명해졌으나, 이들에게 노자(老子)와 장자(莊子)의 기미(氣味)가 있다는 것을 이황(李滉)이 나오면서 알게 되자 전처럼 숭상을 받지 못하게 되었다. 말하자면 이들에게는 성리학의 순수성이 부족하다는 것이다.

왜란 뒤에는 노수신(盧守愼), 장유(張維) 등이 나왔으나 이들은 육상산(陸象山, 陸九淵)과 왕양명(王陽明, 王守仁) 등의 기미(氣味)에 상당히 물들었다. 왜란 전에 윤근수(尹根壽) 등이 중국에 내왕하고, 왜란 때 총명하고 재주 있는 선비들이 중국인과 교유하면서 다소나마 비루한 문장을 벗어났으나 박실하고 오래갈 수 있는 맛은 오히려 여말선초의 그것보다 못한 점이 있었다.

유수원은 효종(孝宗) 이후 등장한 산림(山林)에 대해서도 비판적 시선을 던졌다. 이때부터 주자학(朱子學)과 성리학(性理學), 도학(道學)이 발달하게 되었으나, 몸과 마음으로 체득한 것이 아니고 껍데기만 주워 모은 것으로 실제에는 아무 소용이 없었다. 그리하여 지금은 학문, 사장(詞章), 예학(禮學), 필한(筆翰), 도화(圖畵), 사학(史學) 등이 다만 흉내만 내는 초보적인 단계에 머물고 치기치인(治己治人)의 대법(大法)을 모르고 있다는 것이다.

유수원은 자기 시대 학문을 다음과 같이 조목조목 비판한다. 사학

(史學)은 기전(紀傳)만을 숭상하고 지표(志表)를 모르고 있다. 이는 바꿔 말해 정치사에만 관심을 두고 문화사에 대한 관심이 적다는 말이다.

사장(詞章)은 겨우 당송팔대가(唐宋八大家)나 전겸익(錢謙益)의 《열조시집(列朝詩集)》, 《고문진보(古文眞寶)》, 《동래박의(東萊博議)》 등을 익히는 데 지나지 않고, 경전(經傳)이나 《사기(史記)》의 근본법칙을 모르고 있다. 이는 문학에 치우쳐서 경학(經學)과 사학(史學)을 소홀하게 여기는 것을 비판한 것이다.

다음에 예학(禮學)은 삼례(三禮)가 세상을 다스리는 큰 법전인 줄을 모르고, 다만 상복(喪服) 문제만 가지고 자잘하게 신경 쓰고 있다. 다시 말해 예학(禮學)은 국가경영에 필요한 《의례(儀禮)》, 《주례(周禮)》, 그리고 《예기(禮記)》 등 이른바 삼례(三禮)를 존중해야 함에도, 국가경영과 관련이 거의 없는 상복(喪服) 논쟁에만 신경을 쓰고 있다는 것이다.

필한(筆翰)은 어떠한가? 윤근수(尹根壽)가 진(晋)나라 글씨를 숭상한 이래로 송나라 태종 때 만든 《순화각법첩(淳化閣法帖)》293)과 송나라 철종-휘종 때 만든 《태청루첩(太淸樓帖)》294) 등이 진나라 왕희지(王義之)의 《필진도(筆陣圖)》나 원나라 조맹부(趙孟頫)의 《칠월편(七月篇)》보다 낫다는 것을 알고 있으나, 법도가 정연하지 못하다가 갑작스럽게 청나라 문징명(文徵明)과 축윤명(祝允明)의 서풍으로 돌아가 필력이 떨어지고 고운 것만을 추구하게 되었다.

도화(圖畵)는 또 어떠한가? 16세기 이징(李澄)과 이정(李楨) 등이 중국인 막하에 출입하면서 사생(寫生)하는 법을 어느 정도 터득했으나,

---

293) 《순화각법첩》은 한(漢: 장지, 최원), 위(魏: 종요), 진(晋: 왕희지, 왕헌지, 유양, 소자운 등), 당(唐: 태종, 현종, 안진경, 구양순, 유공권, 회소, 회인 등)의 필적을 간행하여 순화각에 보관했던 책.
294) 《태청루첩》은 《순화각법첩》에 누락된 유묵들을 모아 만든 책.

오늘의 그림에는 생기가 전혀 없고 원본을 본뜨는 작품만을 그릴 뿐이다.

이와 같이 조선 후기 학문과 문화에 대한 유수원의 비판은 성리학이 진정한 실학(實學)으로 기능하지 못하고 있는 데 대한 불만으로 해석할 수 있다.

3. 명분론적 주자학 비판 — 실학적 주자학 지지

그러면 유수원이 진정한 실학(實學)으로 생각하는 성리학(性理學)은 무엇인가? 그는 자기시대의 학자들이 말로는 주자학자(朱子學者)라고 자처하고 있지만, 실제로는 주자의 학문과는 매우 거리가 멀다고 보았다. 그의 말을 들어보자.

주자의 학문은 통달하지 않은 곳이 없고, 세상을 다스리는 지식도 더욱 정밀하고 심수하다. 그가 평소에 논의한 것을 보면 고원(高遠)한 데에 집착하지도 않고, 비근(卑近)한 것에도 빠지지도 않아 … 참으로 세상을 구제할 수 있는 큰 계책이라고 할 수 있다. 그런데 우리나라 선비들이 과연 이런 본령(本領)이나 식견이 있는가? … 그런데 우리나라 선비들은 … 스스로 주자를 배웠다고 말하지만, 한번 그들에게 국사(國事)를 맡기면 망연하여 조처하는 것이 없고, … 꼭 삼대(三代) 때의 일을 이끌어 시의(時宜)에 맞지 않고 있다. 오직 소학계(小學稧), 현량과(賢良科), 향약(鄕約) 등만을 급선무로 삼으니 … 세상 사람들이 유자(儒者)가 실용(實用)이 없다고 비방하게 만들고 있다. 슬프다. 이들이 과연 주자를 잘 배운 사람이라고 할 수 있는가.[295]

---

295) 권10 〈論變通規制利害〉.

유수원이 이해하는 주자(朱子)의 학문은 분야가 넓고 실용적 경륜을 담고 있음에도 불구하고 주자를 배웠다는 우리나라 선비들은 시의(時宜)에 맞지 않는 삼대(三代)만을 숭상하여 정치의 시의성(時宜性)과 실용성(實用性)이 없다는 것이다.

유수원은 《우서》의 곳곳에서 주자(朱子)를 칭송하고 있는데, 주자야말로 실사(實事)와 실정(實政)에 밝은 학자로 인식하면서 특히 주자학의 중요성을 교육과 과거제도 개혁안에서 강조하고 있음은 앞에서 살핀 바와 같다. 사서오경(四書五經)을 학문의 중심에 두고, 주자의 전주(傳注)를 통해서 이들 경전을 이해할 것을 강조한 것이 그것이다.

유수원은 나아가 우리나라 선비들이 실사(實事)를 모르고 허명(虛名)을 좇는 행태를 다음과 같이 예로 들고 있다. 밀과(蜜果)는 불공(佛供)에 쓰이고 있는 과일이지만, 제사에 써도 좋은 것인데 부처에 바치는 것이라 하여 쓰지 않고 있다. 장례나 제사 때 지전(紙錢)을 사용하는 것은 본래 불교의 윤회사상(輪回思想)에서 나온 것인데도 중국의 선현들이 사용했다는 이유로 그대로 따르고 있다. 심의(深衣)는 송나라 소옹(邵雍)이 입지 않았는데도 꼭 입으려 하고, 명기(明器, 무덤의 부장품)는 주자가 사용하지 않았는데도 도리어 사용하고, 이미 없어진 삼대(三代)의 예절을 시행하려 한다. 이 모두가 실사(實事)를 모르는 행위다. 유수원이 생각하는 실사는 민생에 도움이 되는 실용적 정치 곧 이용후생(利用厚生)의 정치를 의미한다.

여기서 우리는 조선 후기 주자학자들이 두 개의 방향으로 분화되는 것을 볼 수 있다. 하나는 호란 이후로 주자(朱子)의 반금(反金)정서를 중요시하고, 명(明)에 대한 의리와 청(淸)에 대한 복수설치(復讐雪恥)를 내세우면서 동아시아의 문화적 정통성이 조선으로 계승되었다고 믿는 이른바 '조선=중화론'이 주류를 형성했다. 이러한 조선중화주의는 산림(山林) 출신의 대학자인 송시열(宋時烈)을 필두로 하여 서인-노론계열 집권층의 통치이념으로 자리 잡았다.

그러나 유수원은 오히려 효종(孝宗) 이후 등장한 산림계열(山林系列)의 주자학(朱子學)을 껍데기만 모방한 허명(虛名)의 학문으로 비판하고 있다. 유수원의 눈으로 볼 때는 이들의 주자학은 실사(實事)를 무시한 허명(虛名)의 주자학인 것이다.

유수원의 발언을 통해서 우리는 조선 후기 주자학이 노론 중심의 명분론적(名分論的) 주자학과 실리적(實利的), 실학적(實學的) 주자학으로 분화되는 모습을 찾을 수 있다. 그리고 실리적 주자학을 추종하는 학자들은 근기남인(近畿南人)과 소론측(少論側)에 많다는 것을 이해하게 된다.

4. 유수원 학문의 정체성 —— 서울 실학의 계승

그런데 유수원이 그토록 자신을 주자학자로 내세우고 있지만, 실제로 그의 개혁안이 과연 순수하게 주자(朱子)의 사상이나 이황(李滉)계열의 학문을 계승했느냐는 신중하게 따져볼 필요가 있다. 왜냐하면 그의 개혁안을 검토해 보면, 주자(朱子)의 의견을 따랐다기보다는 오히려 《주례(周禮)》에 더 크게 의존하고 있으며, 나아가 상공업(商工業)과 이용후생(利用厚生)을 중시하는 사상은 주자학과는 실상 거리가 멀다. 주자보다는 오히려 이수광(李睟光), 유몽인(柳夢寅), 한백겸(韓百謙), 신흠(申欽) 등 17세기 중엽 서울 학인(學人)들의 실학(實學)과 연결되는 점이 너무나 많기 때문이다. 그리고 18세기 후반기에 등장한 서울 북학파(北學派)의 사상과 공통점이 매우 많다는 것도 고려할 필요가 있다.

17세기 이후 서울에서 등장한 실학(實學)은 실제로 성리학(性理學)에 토대를 두고 있으면서도 주자학(朱子學)과는 상당한 거리를 두고 있으며, 육경고학(六經古學)이나 노장사상(老莊思想)이나 양명학(陽明學), 또는 육상산(陸象山)의 심학(心學), 그리고 소옹(邵雍)의 상수학(象數學, 易學)과 매우 가까웠던 것이다.296) 그가 《주례(周禮)》에 크게 의존하고 있는 것도 주자학과는 거리가 멀다는 것을 단적으로 말해 준다.

그렇다면, 유수원은 왜 자신의 학문을 선배 서울 실학자(實學者)들의 학풍과 연관시키지 않고 주자나 이황 계열만 관련시키고 있을까? 이는 유수원 시대의 정치상황과 관련시켜 해석할 필요가 있다. 그는 주자를 비판하다가 서인-노론계로부터 '사문난적(斯文亂賊)'으로 몰려 화(禍)를 입은 선배학자 윤휴(尹鑴, 1617~1680)나 박세당(朴世堂, 1629~1703)을 크게 의식했을 것이다. 윤휴는 이수광의 둘째 아들인 이민구(李敏求)를 사사한 인물로 《중용주해(中庸註解)》를 써서 주자의 중용해석을 비판하다가 송시열의 미움을 받아 '사문난적(斯文亂賊)'이라는 비판을 받고 숙종 6년(1680)에 서인이 집권하자 사약(賜藥)을 받고 죽었던 인물이다.

한편, 박세당은 소론의 거두인 박태보(朴泰輔)의 부친으로서 유명한 《사변록(思辨錄)》을 지어 주자와 송시열을 비판했다가 노론과 숙종의 미움을 받아 역시 '사문난적'으로 몰려 삭탈관직당하고 유배되었다가 병으로 죽은 인물이다. 특히 박세당은 유수원의 인척으로서 반남 박씨의 후손인 박필몽(朴弼夢), 박필현(朴弼顯) 형제가 이인좌난 때 역모로 죽고, 그 후손인 박사집(朴師緝)은 유수원과 함께 을해옥사(乙亥獄事) 때 함께 역모에 몰려 죽었다는 것은 앞에서 이미 설명한 바 있다.

이상과 같이 주자를 비판하다가 목숨을 잃은 선배 서울학자들의 참담한 종말을 잘 알고 있는 그가 주자를 비판하고 나선다든가, 선

---

296) 한영우, 《실학의 선구자 이수광》(경세원, 2007) 참고.

배 서울 실학자들을 노골적으로 칭송하고 나선다는 것은 스스로 자신의 목숨을 내던지는 것과 다름이 없었을 것이다. 그만큼 그 시대의 주자학은 집권 노론층의 강력한 통치 이데올로기로 자리 잡고 있었던 것이다.

유수원은 자신의 《우서》가 당시의 노론 집권층에게는 매우 위험한 도전장이라는 것을 몰랐을 리 없다. 그렇기 때문에 더욱이 자신의 정체성을 주자학(朱子學)으로 분장했을 가능성이 크다. 그가 《우서》의 마지막 글에서 그 책의 내용이 실현가능하다고 생각하느냐고 묻는 객의 질문에 대해 "그렇지 않다"고 대답한 것이나, 책 이름 자체를 '우활한 책'이라는 뜻을 담아 《우서》라고 이름 붙인 것도 반대파로부터 불어 닥칠지도 모르는 공격의 예봉을 피하기 위한 분장일 수도 있다.

유수원의 정체성을 위와 같이 정리할 때, 우리는 그의 말을 직설적으로 받아들이는 데에는 신중할 필요가 있다고 생각한다. 백 보 양보하여 그의 실학(實學)이 주자학(朱子學)을 토대로 하고 있다고 인정하더라도, 적어도 명분(名分)과 의리(義理)를 무엇보다 존중했던 노론파의 주자학과는 상당한 거리가 있는 것만은 부인할 수 없을 것이다.

맺 음 말

맺음말

18세기 초의 기서(奇書) 《우서(迂書)》에 쏟아 부은 유수원(柳壽垣, 1694~1755)의 꿈과 외침은 처절했다. 그것을 한마디로 요약하면, 이용후생(利用厚生) 곧 농상공(農商工)의 균형적 발전을 통해 국가와 백성을 모두 부자로 만들고, 관제(官制)를 개혁하여 문벌에 기초한 독점적 당파정치를 털어버리고 능력에 따른 관료정치를 정착시키며, 부세(賦稅)를 합리적으로 개편하여 부력(富力)에 따라 세금을 내자는 것이었다.

그가 바라본 18세기 전반기의 조선사회는 그가 품고 있던 꿈과 이상과는 거리가 먼 것이었다. 의리(義理)와 명분(名分)을 존중하는 집권층의 정치 이데올로기는 이용후생(利用厚生)의 실사(實事)와 실정(實政)을 가져오지 못했다. 양반문벌(兩班門閥)은 놀고먹으면서 부(富)와 권력(權力)을 쥐고 군역(軍役)을 피했다. 모든 부담은 가난한 백성에게 돌아가서 민생은 고통에 시달렸다. 정치는 문벌이 언론을 장악하고 특권을 비호하는 당파정치(黨派政治)로 파행되었다.

양반문벌 정치를 극복하려는 개혁사상은 이미 17세기 후반부터 근기남인(近畿南人)들로부터 시작되었지만 대개는 토지제도를 비롯한 농촌문제에 중점을 두고 전개된 것이 특징이었다. 17세기 후반기 실학자 반계(磻溪) 유형원(柳馨遠, 1622~1673)이나 18세기 전반기 성호(星

湖) 이익(李潭, 1681~1763)이 그런 부류의 대표적 실학자였다. 이들의 가장 큰 꿈은 전제개혁(田制改革) 곧 토지재분배에 있었다.

성호 이익과 거의 같은 시기를 살았지만, 유수원의 생각은 이익과는 많이 달랐다. 그가 목격한 현실은 이익이 경험했던 농촌이 아니라, 상공업(商工業)의 중심지로 떠오른 서울이었다. 그는 이미 경제의 중심축이 토지에서 상공업으로 바뀐 것을 보았고, 이를 동력화하는 정치운영의 필요성을 절감했다. 분배정의(分配正義)보다 경제성장(經濟成長)이 더 주요한 과제로 인식되었다. 관료제도(官僚制度), 신분제도(身分制度), 부세제도(賦稅制度), 군사제도(軍事制度) 등 모든 국정이 이러한 시대변화에 맞추어 다시 조정되지 않으면 안 된다고 믿었다. 유수원은 새로운 시대변화에 부응하는 정치를 실사(實事)와 실정(實政), 이용후생(利用厚生)으로 부르고, 이를 향해 나가는 길을 양반문벌(兩班門閥)의 타파로부터 풀어야 한다고 믿었다. 양반문벌의 만연이 정치, 경제, 군사, 부세 등 모든 국정(國政)을 꺾어놓는 원흉으로 보였기 때문이다. 사농공상(士農工商)의 평등과 균형적 발전도 이 때문에 무너졌다.

문벌을 타파하고 사농공상의 사민(四民)이 각각 평등한 위치에서 제자리를 찾게 해주는 것이야말로 개혁의 첫걸음이다. 그래서 사(士)는 진정한 '학생'으로 다시 태어나고, 학생을 관료로 등용하는 방향으로 과거제도(科擧制度)가 개혁되어야 한다. 농(農)은 전제개혁(田制改革)을 통해서가 아니라 현재의 토지소유구조를 그대로 두고 농업의 전문화와 기술혁신으로 생산성을 높여야 한다. 상(商)은 자본합작(資本合作) 또는 자본과 노동력의 합작을 통해 시장규모와 부(富)를 확대하고, 반드시 국가에 세금을 내도록 개편해야 한다. 공(工)은 자본가와 제휴하여 생산능력을 키우고 또한 국가에 세금을 내야 한다.

사농공상은 이렇게 직업이 서로 다른 것이지만, 그 직업은 본인의

능력과 자유의지에 따라 선택되는 것으로서 결코 세습신분이 되어서
는 안 된다. 다시 말해 농공상의 자식들은 능력이 있으면 얼마든지
사(士)를 거쳐 관료로 나가는 길이 열려 있어야 한다.

농공상(農工商) 등 경제를 키우면서 부세(賦稅)도 혁신되어야 한다.
핵심은 세원(稅源)을 확대하여 국가재정을 안정시키고, 국가운영을 국
가의 재정에 의존하자는 것이다. 백성에 대한 중간수탈은 철저하게
금지해야 한다. 그래야 민생이 안정된다.

부세(賦稅)는 신분을 초월해서 오직 부(富)를 기준으로 부과해야 한
다. 종전의 전세(田稅)와 대동미(大同米) 이외에 가호(家戶)를 대상으로
한 균요전(均徭錢)과 균요미(均徭米), 그리고 인정(人丁)을 대상으로 한
정전(丁錢)이 새로이 추가될 필요가 있다. 또, 그동안 국가의 수취대
상에서 제외되었던 사노비도 정전(丁錢)과 균요전(均徭錢)을 국가에 내
야 한다. 그래야 명실상부한 균요(均徭)가 이루어진다. 이 밖에 토지,
가옥, 수레, 배[船], 가축 등을 매매하는 경우에도 세금을 내야 한다.

이상과 같은 세원(稅源)을 확보하려면 무엇보다도 호적제도(戶籍制
度)가 혁신될 필요가 있다. 이제 호적(戶籍)은 단순히 인구(人口)만을
기록하는 것이 아니라, 인구 이외에도 전지(田地), 직업, 가옥, 가축,
수레, 과실수 등 모든 부동산(不動産)을 기록하고, 세금 액수까지 기
록한다. 이를 유수원은 전(田), 정(丁), 사(事, 직업), 산(産, 부동산)이라
고 부른다.

그러나 호적제도를 강화하는 것만으로는 부족하다. 모든 주민을
10호를 1갑(甲), 10갑을 1리(里), 6리를 1향(鄕)으로 편제하여 감독체
계를 강화해야 인구와 재산의 이동을 정확하게 파악할 수 있다. 말
하자면 국부(國富)에 대한 총체적인 파악이 필요한 것이다.

이 밖에 국가는 소금과 철야(鐵冶, 광산)의 전매를 통해 재원(財源)
을 늘리고, 국가운영에 긴요하지 않은 용관(冗官)을 과감하게 혁파하

여 불필요한 지출을 줄여야 한다.

세원을 확대하고, 불필요한 지출을 억제하면 국가 수입은 비약적으로 늘어나게 되며, 가난한 백성들만이 부세를 부담하는 일도 없어진다. 진정한 균역(均役)이란 모든 백성들이 똑같은 액수의 세금을 내자는 것이 아니라, 빈부의 차이에 따라 차등 있게 세금을 내자는 것이다. 문제는 부자(富者)나 양반문벌(兩班門閥)이 이러한 부세제도를 수용하느냐가 성패의 관건이 될 것이다. 유수원이 자신의 개혁안을 스스로 "우활하다"거나 "실현가능성이 작다"고 말한 것도 여기에 이유가 있을 것이다. 그만큼 그는 보수층의 반발이 만만치 않을 것을 예상하고 있었던 것이다.

이렇게 국가수입이 커져야 하는 이유는 무엇보다 양역(良役)의 가장 큰 폐단인 보인(保人)의 군포(軍布)를 없애기 위한 것이다. 당시 백성들을 가장 괴롭히는 것은 군역(軍役)이었으므로 이를 해결하지 않는다면 아무리 그럴듯한 명분과 이념을 내세우더라도 그것은 허위(虛僞)에 지나지 않는다. 군포가 없어지면 양병비(養兵費)는 전적으로 세금으로 충당되어야 한다. 이밖에 국가는 행정실무를 담당하고 있는 이원(吏員) 곧 이서(吏胥)들에게도 봉록(俸祿)을 주어 이서들의 백성 수탈을 근본적으로 해결해야 한다.

유수원은 경제구조의 개혁과 더불어 관제개혁(官制改革)에 대해서도 비상한 관심을 가지고 그 모순점을 지적하면서 합리적인 대안을 제시했다.

현재의 관료조직은 당파정치 곧 특권세력의 기득권을 유지하는데 유리한 방향으로 조직되어 있고, 나아가 민생과 관련된 실사(實事)가 아니라 실사와 관련 없는 문학능력을 존중하는 관청이 너무 많다는 것이다. 구체적으로 말하면 권력구조가 정체불명의 비변사(備邊司)와 홍문관, 예문관, 춘추관, 교서관, 승문원 등 이른바 문한직(文翰

職), 그리고 사헌부와 사간원 등 언관(言官)을 중심으로 짜여져 있다. 그런데 이들 기관은 서로 한통속이 되어 언론을 통해 이른바 여론 (輿論) 또는 공론(公論)을 조성하고, 여론과 공론을 빙자하여 인사권을 휘두르고, 관료의 생사를 마음대로 좌우한다. 그 배후에는 문벌과 당파의 이해관계가 도사리고 있다. 그는 이러한 당파정치는 능력을 바탕으로 한 합리적인 관료정치를 무너뜨리는 요인으로 보고 있다.

유수원은 그 대안으로 행정실무를 맡은 육조(六曹)의 기능이 강화되어야 할 것을 제안한다. 즉 육조가 실권을 가지고 임금의 재가를 받아 정책을 집행하는 육조서사(六曹署事)로 돌아가야 한다. 의정부(議政府)는 윤리적으로 임금을 보좌하는 데 그쳐야 하고, 행정실무에 관여해서는 안 된다. 그러니까 임금이 육조를 통해 국정을 장악하는 것이 중요하다. 그 대신 비변사(備邊司)를 폐지하고, 여러 문한직을 혁파하여 홍문관(弘文館)으로 통합하고, 의금부(義禁府)를 혁파하여 형조(刑曹)에 귀속시키고, 언관직의 기능을 인사탄핵보다는 행정실무를 감독하는 전문적인 행정감사기관으로 변질시켜야 한다.

한편, 지방정치의 실효를 거두려면 군현을 통폐합하여 수를 줄이고, 수령의 기능을 강화하여 지방군사 통수권을 회복시켜 주고, 수령을 감독하는 관찰사(觀察使)의 기능을 강화하여 정식 행정기관으로 승격시켜야 한다. 이 밖에 종친, 의빈, 공신들과 관련된 기관을 없애고, 음서(蔭敍)의 폭을 좁히고, 왕자와 공주를 위한 궁방전(宮房田)을 없애야 한다.

유수원은 자신의 학문을 주자학(朱子學)으로 자처하고 있으며, 정몽주(鄭夢周), 김굉필(金宏弼), 조광조(趙光祖), 이언적(李彦迪), 이황(李滉) 등으로 계승된 성리학통(性理學統)을 정통으로 본다. 그러나 그의 주자학은 당시 집권 노론층이 내세운 주자학과 매우 다를 뿐 아니라, 그 내용면에서는 이황 계열의 학문과도 같지 않다.

노론 집권층의 주자학은 매우 이념지향적이었다. 다시 말해 주자의 정통론(正統論)과 명분론(名分論)을 받아들여 중화(中華)와 이적(夷狄)을 엄격하게 가르고, 명나라의 정통(正統)이 조선으로 계승되었다는 조선중화주의(朝鮮中華主義)를 내걸고 있었다. 이는 현실적으로 반청애국심(反淸愛國心)을 높이면서 국민을 정신적으로 통합시키는 기능을 수행하고 있었다. 그리고 주자학을 비판하는 윤휴(尹鑴), 박세당(朴世堂) 등을 사문(斯文)을 어지럽히는 난적(亂賊) 곧 '사문난적(斯文亂賊)'으로 몰아 억압했던 것이다.

유수원은 이러한 집권층의 주자학을 허위(虛僞)로 인식했다. 이는 국부민안(國富民安)이라는 정치의 실효에 별로 도움을 주지 못하는 것으로서 "중국의 학문을 껍데기만 배우는" 것으로 보았다. 그러므로 이는 실학(實學)이 될 수 없다고 보았다.

그가 주장하는 실학(實學)은 그 내용면에서 왜란 이후 서울에서 등장한 침류대학사(枕流臺學士)들의 실학과 매우 유사하다. 이들은 성리학을 바탕에 두면서도 노장사상(老莊思想), 양명학(陽明學), 소옹(邵雍)의 역학(易學), 선학(禪學) 등을 가미하고 절충하면서 주자학을 극복하려는 태도를 취하고 있었다. 이들은 상공업(商工業)의 중요성을 인식하고, 《주례(周禮)》의 정신을 존중하면서 육경(六經) 중심의 고학(古學)을 지향하고 있었던 것이다. 그리고 순수한 왕도정치(王道政治)보다는 왕도(王道)와 패도(覇道)가 절충된 국왕중심의 정치구조를 지향했다.

유수원의 개혁사상은 실제로 이들 서울 학인의 그것과 유사성이 매우 크다. 따라서 유수원은 선배 서울 실학자들의 학문을 계승했다고 볼 수 있다. 그런데도 유수원은 겉으로는 이들 학문과의 연계성을 주장하지 않았다. 그것은 이들의 학문을 계승하다가 사문난적으로 몰려 박해당한 윤휴(尹鑴)와 박세당(朴世堂) 등의 비참한 최후를 보았기 때문일 것이다. 그만큼 호란(胡亂) 이전과 이후의 주자학을 바라보는 정치판의 분위기가 엄청나게 달라졌기 때문이다.

유수원의 개혁사상은 18세기 후반기에 등장한 서울 노론의 북학사상(北學思想)과 매우 비슷하다. 박지원(朴趾源), 박제가(朴齊家), 홍대용(洪大容) 등이 내건 북학은 이용후생과 상공업의 진흥을 내걸고 있다는 점에서 유수원과 공통점이 크다. 그렇다면 북학은 실제로 그의 개혁사상을 계승 발전시켰다고 볼 수 있다. 그런데도 북학자들이 그의 영향을 내세우지 않는 것은 당파가 서로 다르다는 것과 유수원이 모역(謀逆)으로 죽었기 때문일 것이다. 말하자면 정치적 이유 때문으로 보인다.

유수원은 비록 모역으로 천수를 다하지 못하고 죽었지만, 그의 개혁사상은 실제로 영조 전반기의 정치개혁에 상당한 영향을 주었다. 영조 자신이 재위 17년(1741)에 그를 직접 불러 그의 관제개혁안(官制改革案)을 듣고 토론을 벌였고, 당시 이광좌(李光佐), 조현명(趙顯命) 등 소론 대신들이 《우서》를 직접 보고 칭송했다. 영조가 당시 인사제도의 모순으로 지적한 이조 낭관의 통청권(通淸權)과 한림(翰林)의 회천법(回薦法)을 폐지한 것은 그의 영향을 받은 것이다. 다시 말해 이조 낭관은 청직(淸職)이자 언관직(言官職)인 삼사(三司)의 관원을 추천할 수 있는 통청권을 가지고 있었고, 예문관에서 사관(史官)의 직책을 띠고 있던 한림은 후임 한림을 추천할 수 있는 회천권을 가지고 있었는데, 영조는 이것이 당쟁의 도구로 이용된다고 생각하여 폐지했던 것이다.

그리고 무엇보다 영조 26년(1750)에 단행된 균역법(均役法)은 《우서》의 영향이 매우 컸던 것으로 짐작된다. 균역법은 비록 유수원이 죽기 5년 전에 시행되었지만, 《우서》는 균역법보다 10여 년 전에 저술되었기 때문이다.

물론 유수원이 주장한 균역개혁안과 실제의 균역법은 상당한 차이가 있다. 유수원의 개혁안이 한층 철저한 내용을 담고 있다. 그러나 부자들과 양반들에게 군역을 지운다는 정신은 서로 공통점이 있는 것이다.

유수원의 개혁사상은 결코 메아리 없는 재야의 숨겨진 목소리가 아니었다. 유수원이라는 인간은 망각되었으나, 그의 목소리는 망각된 것이 아니었음을 알 수 있다. 그래서 그의 목소리는 그 뒤 개혁사상가들의 마음속에 새겨져 오다가 드디어 왕조의 굴레를 벗어난 일제시대 이후 근대 학자들의 조명을 다시 받게 된 것이다. 이제 그는 더 이상 모역의 죄인이 아니었다. 소론의 후손인 정인보(鄭寅普)가 한국인으로서는 처음으로 그를 '실학자'로 부른 것도 우연한 일이 아닐 것이다.

귀머거리 개혁사상가 유수원, 그는 개혁을 위해 목숨을 던진 18세기 소론의 대표적 사상가로 부를 수 있을 것이다.

찾아보기

ㅊ

ㅋ